Gewalt und Geschlecht

Patricia Zuckerhut / Barbara Grubner (Hrsg.)

Gewalt und Geschlecht

Sozialwissenschaftliche Perspektiven
auf sexualisierte Gewalt

PETER LANG

Frankfurt am Main · Berlin · Bern · Bruxelles · New York · Oxford · Wien

Bibliografische Information der Deutschen Nationalbibliothek
Die Deutsche Nationalbibliothek verzeichnet diese Publikation
in der Deutschen Nationalbibliografie; detaillierte bibliografische
Daten sind im Internet über http://dnb.d-nb.de abrufbar.

Umschlaggestaltung:
Olaf Glöckler, Atelier Platen, Friedberg

Gedruckt mit Unterstützung des Bundesministeriums
für Wissenschaft und Forschung in Wien

ISBN 978-3-631-61289-7

© Peter Lang GmbH
Internationaler Verlag der Wissenschaften
Frankfurt am Main 2011
Alle Rechte vorbehalten.

www.peterlang.de

Inhalt

Barbara Grubner

Vorwort: Sozialwissenschaftliche Perspektiven auf Gewalt und Geschlecht

Sozialwissenschaftliche Auseinandersetzungen mit Gewalt beginnen üblicherweise mit dem Hinweis auf die Komplexität des Gewaltphänomens und die vielschichtigen Analyseprobleme, vor die es die Forschung stellt. Eine der Kernfragen ist dabei, wie verbindlich festgelegt werden könnte, was Gewalt *ist*, was sie umfasst und was nicht mehr sinnvoll mit diesem Terminus bezeichnet werden soll.[1] Was macht Gewalt zu einem so schillernden und schwer fassbaren Begriff? Dass sich das Phänomen hartnäckig einer allgemein gültigen Definition widersetzt, hat mit zumindest drei Merkmalen zu tun: Gewalt ist *heterogen*, sie ist *ambivalent* und sie verstrickt unmittelbar ins *Feld des Politischen*.

Heterogen ist Gewalt sowohl in Bezug auf die *Formen* und *Ausprägungen*, in denen sie quer durch Raum und Zeit in Erscheinung tritt, als auch in ihren *Folgewirkungen*:

> „Sowohl im historischen Kontext als auch in aktuellen Auseinandersetzungen geht es immer um Varianten der Zerstörung und ihre destruktiven Ergebnisse, die unterschiedliche Folgen nach sich ziehen können, indem sie entweder in endgültiger Vernichtung enden, dauerhaftes Leid erzeugen oder auch neue Chancen für Menschen, Kollektive und gesellschaftliche Ordnungen hervorbringen." (Heitmeyer/Soeffner 2004: 11)

Damit ist ein Spektrum aufgemacht, in dem Gewalt sowohl für den sozialen Zusammenbruch als auch für die soziale Erneuerung eine zentrale Rolle spielen kann: sie kann sowohl Inbegriff für *Verbindung* als auch für *Trennung* sein (Harvey 1997: 124). Die Zweideutigkeit des Begriffs in Bezug auf seine moralische Bewertung, die in Teilen der jüngeren Gewaltforschung starke Aufmerksamkeit erhält, lässt sich auch in der Herkunft des deutschen Wortes „Gewalt" deutlich nachzeichnen. Es leitet sich vom althochdeutschen *waltan* ab und bezieht sich auf den Besitz von Kraft oder Macht, verstanden als Befähigung, Einwirken und Verfügen, aber auch als Mittel der Verletzung, Schädigung und des Schmerzzufügens. Der Unterschied der beiden Begriffsdimensionen lässt sich nicht an der konkreten Handlung selbst ablesen, sondern er liegt im Kriterium der *Legitimität*: Der Einsatz von Kraft, Macht oder Zwang kann legitim sein (zum Beispiel Gottesgewalt, Staatsgewalt) oder illegitim (Schädigung und Verletzung durch nicht autorisierte Personen). Im Lateinischen, Englischen und Französischen werden diese Dimensionen durch zwei getrennte Begriffe beschrieben, *potestas / power / pouvoir* und *violencia / force* (Hugger 1995: 20f.). Legitimität und Illegitimität sind selbst nie ein für alle Mal festgelegt, sondern Gegenstand politischer Ausverhandlung und historischer Veränderung. Es existierte etwa das Gewaltverbrechen „Vergewaltigung in der Ehe" nicht, so lange

---

1 Siehe unter vielen anderen Neidhardt 1986; Moore 1994; Imbusch 2002; Heitmeyer/ Soeffner 2004.

die Annahme legitim und unhinterfragbar war, dass es in der Ehe keine Vergewaltigung geben könne, sondern nur die legitime Durchsetzung ehelicher Pflichten – eine Überzeugung, die sich etwa in Deutschland bis zum Jahr 1997 hielt
(Gerste 1997).

Die Arbeit am Gewaltbegriff, insbesondere die Reflexion der Grundannahmen,
die hinter der Wahrnehmung von Gewalt stecken, ist daher nie eine rein akademische Übung, sondern bestimmt wesentliche Vereinbarungen in der Ausgestal-
tung von Gesellschaft: Sie beeinflusst, welche Handlungen kriminalisiert und
skandalisiert werden und welche hingegen bagatellisiert und zur Normalität erklärt werden, welche gesetzlichen Regelungen in Bezug auf Gewaltschutz
durchsetzbar sind und welche Modelle der Gewaltprävention und der Therapie
zur Anwendung kommen.

Gewalt verweist auf die Verfasstheit der sozialen Ordnung – das heißt, sie transportiert immer eine spezifische Theorie über die Gesellschaft und ein spezifisches Verständnis von Macht und Herrschaft (Hagemann-White 2002a: 29;
dies. 2002b: 124; Harvey 1997: 124). Ein Gewaltbegriff, auf welcher Grundlage
er auch immer basiert, kann somit auf keinen feststehenden Bedeutungsinhalt
verweisen. Faulseit et al. (2001: 16) bringen es auf den Punkt: „Der Gewaltbegriff hat kein eindeutiges Denotat, sondern ist ein soziokulturelles Konstrukt,
das je nach Macht- und Interessenslage eine unterschiedliche Wertung erfährt.
Jegliche Gewaltdefinition ist somit ein hochpolitisches lobbyistisches Konstrukt". Die *politische Dimension* von Gewalt – und jeder Rede von Gewalt – ist
daher ein weiterer und vielleicht der folgenreichste Grund dafür, dass die Definition des Begriffs schwierig, nämlich grundlegend umstritten und umkämpft ist.

In der aktuellen sozialwissenschaftlichen Forschung steht die Bemühung um
eine Schärfung und Präzisierung des Gewaltbegriffs auch im Zusammenhang
mit der Frage, ob in jüngster Zeit neuartige Formen gewaltsamer Auseinandersetzungen in Erscheinung getreten sind. Traditionelle Formen von Krieg und
Konflikt, so die Prognose, sind auf der globalen Bühne längst in den Hintergrund getreten. Es dominieren stattdessen Anschläge, Attacken und (Klein)
Kriege, die sich durch folgende Merkmale auszeichnen: sie werden verstärkt auf
so genannte ethno-nationale, kulturelle oder religiöse Motive zurückgeführt (vgl.
für eine Diskussion dieses Befundes Heitmeyer 1994) und sie sind in hohem
Maße gegen ZivilistInnen gerichtet, die zu direkten Zielscheiben von Gewalt-
eskalationen werden. Braun et al. (2006: 7) weisen darauf hin, dass sich mit dieser Entwicklung die Beziehung zwischen Gender und Krieg grundlegend verändert hat. Geschlechtsbezogene Gewalt, sexualisierte Folter und Massenvergewaltigungen sind seit dem Jugoslawienkrieg stärker ins internationale Bewusstsein gerückt und haben mit der Weltfrauenkonferenz in Beijing 1995 auch Eingang in die Menschenrechtsdebatte gefunden (Müller 2004: 549; Hagemann-
White/Bohne 2004: 555). Wenn vergeschlechtlichte Übergriffe dieser Art Ausprägungen einer spezifisch zeitgenössischen Gewalt sind, so steht heute zur Diskussion, ob diese mit herkömmlichen Forschungszugängen noch adäquat erfasst
werden können.

In der sozialwissenschaftlichen Forschung ist geschlechtsbezogene Gewalt nach wie vor ein marginalisiertes und untertheoretisiertes Forschungsfeld. Auch wenn einigen Formen sexualisierter Gewalt aus geschlechtertheoretischer Perspektive Rechnung getragen wird (zum Beispiel Stiglmayer 1993; Boidi 2003; Amesberger et al. 2004; Nussbaum 2006), ist das Themenfeld in seiner Bandbreite kaum systematisch aufgearbeitet und in seiner Logik weitgehend unverstanden geblieben (vgl. Moore 1994; Dackweiler/Schäfer 2002).

Dennoch kann die Reflexion des Zusammenhangs zwischen Gewalt und Geschlecht bereits auf eine längere Forschungstradition zurückblicken. Wie Carol Hagemann-White (2002a; 2002b) umfassend aufgearbeitet hat, muss eine Spurensuche zu dieser Thematik allerdings jenseits der Universitäten beginnen: Gewalt im Geschlechterverhältnis zählte zu den Kernthemen und Ausgangspunkten von Frauenbewegungen weltweit, mit regional jeweils unterschiedlichen Schwerpunktsetzungen.[2] Um sie überhaupt als öffentlich relevantes Thema benennen und bekämpfen zu können, musste die Geschlechtergewalt erst aus ihrer sozialen Unsichtbarkeit geholt und als alltägliches Phänomen skandalisiert werden. Das bedeutete, gegen einen gesellschaftlichen Konsens zu mobilisieren, der körperliche und psychische Gewalt in Intimbeziehungen als Privatangelegenheit anzusehen bereit war und staatliche Intervention als unzuständig erklärte. Gewalt gegen Frauen war in diesem Sinne einer der zentralen Bezugspunkte für die Parole „das Private ist Politisch", mit dem Ziel, Männergewalt als Instrument zur Machtausübung und Verletzung von Frauenrechten sichtbar zu machen. Den gesellschaftspolitischen Umbruch, der damit erwirkt werden konnte, fängt Hagemann-White (2002a: 35) mit den Worten ein: „Das, was für die Großmutter Schicksal war, kann dann als Unrecht aufgefasst und benannt, vielleicht sogar als Verbrechen angezeigt werden". Feministinnen und Aktivistinnen haben einen weit verbreiteten Missstand aufgedeckt und öffentlich angeprangert, sie haben darüber hinaus aber auch noch etwas anderes erreicht, nämlich die Etablierung eines *diskursiven Feldes* und damit einer Grundlage sowohl für Forderungen nach staatlichen Einrichtungen für Prävention und Opferschutz (Beratungsstellen, Notrufe, Frauenhäuser, Interventionsstellen)[3] als auch für die Durchführung erster wissenschaftlicher Studien zum Thema.

---

2 Im deutschsprachigen Raum ging es zunächst hauptsächlich um häusliche Gewalt und sexuellen Missbrauch, während in den USA lange Zeit das Thema Vergewaltigung im Zentrum stand (Hagemann-White 2002b: 128f.).

3 Eine eindrückliche Anekdote für diesen Prozess schildert Maria Mies im Zusammenhang mit der Entstehung des ersten Frauenhauses in Köln 1976. Auf die Forderung nach einem Haus für misshandelte Frauen durch eine Frauengruppe reagierten die zuständigen Behörden mit der Gegenforderung, dass der angebliche Bedarf nach einem solchen Haus erst einmal nachgewiesen werden sollte. Aktionen im öffentlichen Raum (Unterschriftenlisten, Diskussionen mit Passantinnen etc.) erbrachten diesen Beweis so unmissverständlich, dass das Frauenkollektiv umgehend private Unterkünfte für von Gewalt betroffene Frauen zur Verfügung stellen und in Eigenregie betreuen musste, eine Aufgabe, die sich aufgrund der rasant ansteigenden Zahl von Anfragen und Anrufen sehr bald nicht mehr bewältigen ließ. Innerhalb kürzester Zeit wurde in der Folge ein Frauenhaus bereitgestellt (Mies 1984: 17ff.).

Im deutschsprachigen Raum gab und gibt es zwischen feministischen Untersuchungen, die großteils als wissenschaftliche Begleitforschungen durchgeführt wurden, und den akademischen Gewaltstudien auffällig geringe Berührungsflächen. Hagemann-White (2002a: 32) vermutet, dass die mangelnde Bezugnahme zunächst auf unterschiedliche Zielsetzungen, Schwerpunkte und Wirkbereiche frauenbewegter und akademischer Auseinandersetzungen mit Gewalt zurückgeführt werden kann. Ein Blick auf die heutige Wissenschaftslandschaft macht allerdings auch sehr schnell deutlich, dass die akademische Gewaltforschung eines jener hegemonialen Untersuchungsfelder ist, in die geschlechtsbezogene Analysen und feministische Befragungen besonders schwer Eingang in laufende Debatten finden. Gängige Praxis ist es, geschlechts- oder „frauen-" bezogene Aspekte als Randthemen eigens abzuhandeln oder gänzlich auszusparen (zum Beispiel Sponsel/Gregor 1994; Trotha 1997; Koehler/Heyer 1998; Aijmer/Abbink 2000; Heitmeyer/Soeffner 2004). Wie Regina-Maria Dackweiler und Reinhild Schäfer (2002: 10) in Anbetracht dieser Problematik zu Recht kritisieren, ist eine solche „Arbeitsteilung"[4] für ein umfassendes Verständnis von Gewalt kontraproduktiv. Analysen aus der feministischen Forschung sollten stattdessen breiten Eingang in die interdisziplinäre Gewaltdebatte finden und eine fruchtbare Zusammenarbeit angestoßen werden. Vereinzelte Sammelbände geben einen Eindruck über mögliche Erträge eines derartigen Dialogs (zum Beispiel Lamnek/Boatcă 2003, Seifert 2004; Braun et al. 2006), an der „Rezeptionssperre" gegenüber feministischen Forschungsergebnissen (Dackweiler/Schäfer 2002: 10) hat sich allerdings wenig verändert.

Aus den gegenwärtigen Auseinandersetzungen mit dem Thema Gewalt lassen sich drei Streitpunkte herausgreifen, anhand derer sich konkurrierende Positionen, heiße und umstrittene Kernthemen in der sozialwissenschaftlichen, vor allem deutschsprachigen Landschaft, andeuten lassen. Sie zeigen, dass in der aktuellen Forschungskonjunktur ganz grundlegende Befragungen stattfinden, die geeignet sind, im Folgenden eine Positionierung zentraler Perspektiven auf den Zusammenhang von Gewalt und Geschlecht vorzunehmen.

Gewalt und Sozialität

Eine Grunddifferenz in den Zugangsweisen bezieht sich auf die Frage, wie das Verhältnis von Gewalt und Gesellschaft zu denken ist. Ist Gewalt eine gesellschaftliche Randerscheinung oder vielmehr integraler Bestandteil der Sozialität? Bei dieser Diskussion ist zu berücksichtigen, dass die Bezeichnung „randständig" auf Unterschiedliches verweisen kann:
So wurde Gewalt einerseits als ein Phänomen gefasst, das historisch oder geographisch entfernte, vermeintlich unzivilisierte „Andere" charakterisiert, aber kein Kennzeichen der modernen westlichen Gesellschaft ist. Dementsprechend wird der Ausbruch von Gewalt als „Rückfall in die Barbarei", als „Störfall der

---

4 Hagemann-White (2002a: 32f.) differenziert diesbezüglich zwischen der männlich dominierten Mainstream-Gewaltforschung mit Schwerpunkt auf (männlichen) Tätern, Motiven, Ursachen von Gewalt und weiblich dominierter feministischer Gewaltforschung mit Fokus auf (weiblichen) Opfern.

Zivilisation" betrachtet. Bekanntester Vertreter dieser These ist Norbert Elias, der in seinem Werk „*Der Prozess der Ziviliation*" (1939) die Entwicklungsgeschichte von Gesellschaften auch als Entwicklung zur Gewaltlosigkeit nachzeichnet. Der Entgegnung dieser Sichtweise hat Hans Peter Duerr sein mehrbändiges Werk über den „*Mythos vom Zivilisationsprozess*" gewidmet (Band 1: 1988, Band 5: 2002). Nach Duerr hat es keinerlei soziales Voranschreiten in Richtung Friedfertigkeit gegeben. Gewalt ist alles andere als eine überwundene Entwicklungsstufe, sondern eine allgegenwärtige, überzeitliche Konstante in der Menschheitsgeschichte.

Gewalt als „randständig" zu bezeichnen kann aber auch bedeuten, sie als pathologisches Ausnahmephänomen und damit in erster Linie als (staatliches) Ordnungsproblem zu verstehen. Gewalt ist hier gleichbedeutend mit Chaos, Unordnung, Desintegration, etwas, das verhindert, bekämpft, eliminiert werden muss. Gegen diese in der medialen und politischen Auseinandersetzung verbreitete Annahme treten heute Teile der soziologischen Forschung vehement auf (vgl. Trotha 1997): Sie kritisieren die verkürzte Sichtweise auf den öffentlich legitimierten Ordnungsdiskurs, die ganz wesentliche Ausprägungen des komplexen Gewaltphänomens (wie etwa das staatliche Gewaltmonopol) nicht zu erfassen vermag. Um aber einem Verständnis ihrer *Funktionslogik* näherzukommen, muss Gewalt vielmehr jenseits moralischer und politischer Belange in ihrer Vielschichtigkeit erkannt werden, nämlich als eine grundlegend formative, immanent soziale Kraft und somit als integraler Bestandteil von Kultur und Gesellschaft (ibid.; vgl. auch Sofsky 1996; 2002).[5]

Dass „Gewalt" und „Kultur" zwei eng verflochtene Begriffe sind, haben kulturanthropologische Arbeiten bereits sehr früh zu zeigen versucht. Nicht nur in so genannten „traditionellen" oder nicht-staatlich verfassten, sondern in allen bekannten Gesellschaftsformen, so der Befund, ist Gewalt ein Phänomen, das kulturell geprägt oder codiert ist. Es ist weder chaotisches noch atavistisch und steht auch keineswegs immer außerhalb der sozialen Ordnung. In vergleichender Perspektive hat etwa der Kulturanthropologe René Girard Gewalt als Bedingung von Kultur, als ein Gründungselement von Sozialität bezeichnet. Eindämmung und Eskalation von Gewalt gehören in seiner Konzeption unmittelbar zusammen und ihre Steuerung und Kanalisierung wird häufig dem Feld des „Heiligen" überantwortet:

> „Die Verfahren, die es den Menschen ermöglichen, ihre Gewalttätigkeit zu mäßigen, sind sich insofern alle ähnlich, als keines der Gewalt fremd

---

5 Mit dieser Diagnose richtet sich die Gewaltsoziologie gegen Forschungen wie sie etwa von der so genannten „Gewaltkommission" zu Fragen der Gewaltursachen und der Gewaltprävention vorgelegt wurden (Schwind/Baumann 1990). Die Kritik richtet sich darauf, dass diese 1987 von der deutschen Bundesregierung eingesetzte Forschungsgruppe, bestehend aus 36 Personen aus Wissenschaft, Polizei und Justiz, das Phänomen Gewalt unhinterfragt als Ordnungsproblem definiert und analysiert. Somit kann sie die Beziehung von Staat und Gewalt nicht kritisch reflektieren und wird schließlich selbst zur Handlangerin der staatlichen Macht/Gewalt.

ist. Man kann annehmen, dass sie durchwegs im Religiösen verwurzelt sind." (Girard 1994: 40).[6]

Ethnologische Forschungen haben allerdings auch auf die Existenz von Gesellschaften hingewiesen, in denen tätliche Auseinandersetzungen und gewaltsame Konflikte nicht oder kaum vorkommen bzw. extrem sanktioniert werden (vgl. Sponsel/Gregor 1994; Bonta 1996; in Bezug auf Vergewaltigungen siehe Sanday 1986).[7]

Die Diskussion um die Universalität von Gewalt macht vor allem eines deutlich: die Einschätzung dieser Frage hängt letztlich davon ab, ob sich ihre Definition auf interpersonelle Übergriffe bezieht (an deren An- oder Abwesenheit die Existenz von friedfertigen Gesellschaften gemessen werden kann) oder ob, wie beim Befund einer genuinen Durchdringung von Gewalt und Kultur, eine viel breitere Begriffsbestimmung zugrunde gelegt wird.

Eine andere Perspektive auf Gewalt als Teil der Alltagskultur, als integrale Komponente der sozialen Ordnung, wirft von Anfang an die feministische Forschung. Wie schon der Entstehungszusammenhang im frauenpolitischen Kontext deutlich macht, ist und war männliche Gewalt nicht als Ausnahme- oder Randphänomen konzipiert, sondern als konstitutiver Bestandteil der Geschlechterordnung. Daraus folgt, dass eine aussagekräftige Analyse nicht bei einzelnen Gewalthandlungen stehenbleiben kann, sondern diese als Symptom für eine gewalthaltige Sozialordnung verstehen muss. Geschlechtergewalt

„stellt [...] für feministische Gewaltanalysen gerade nicht ‚Normverletzung' an der Peripherie, sondern ‚Normverlängerung' im Zentrum der Gesellschaft dar und wird als solche machttheoretisch und herrschaftskritisch analysiert [...]." (Dackweiler/Schäfer 2002: 13)

In der heutigen Diskussion trifft man – um nochmals zur Ausgangskontroverse zurückzukehren – nur noch selten auf die These, dass Gewalt ein vormodernes Phänomen, Relikt einer überwundenen Epoche ist. Wissenschaftliche Analysen sind heute stärker mit der Reflexion der umgekehrten Einschätzung beschäftigt, dass Gewalt in der gegenwärtigen Weltgesellschaft mehr und mehr im Zunehmen begriffen sei (siehe zum Beispiel Lamnek/Boatcǎ 2003; Schroer 2004). Eine dritte Prognose lautet schließlich, dass Gewalt weder generell mehr noch

---

6 Auch andere Kultur- und SozialanthropologInnen haben in diesem Zusammenhang die Ambivalenz von Gewalt in Bezug auf ihre Destruktions-, aber auch *Produktions*potenziale hingewiesen. Girard stellt das religiöse Opfer in den Mittelpunkt seiner Überlegungen, man kann in diesem Zusammenhang aber auch an Formen des ritualisierten Kampfes oder die enorme Bandbreite von Ritualen denken, in denen Gewalt eine wichtige Rolle spielt (siehe zum Beispiel zur Diskussion von kriegerischen Auseinandersetzungen im Kontext des indigenen Südamerika Vilaça 2002, Viveiros de Castro 1992, Halbmayer 2001).

7 In Bezug auf die Debatte um die „Randständigkeit" von Gewalt ist die Anmerkung interessant, dass in vielen der so genannten friedfertigen Gesellschaften Gewalt weniger unbekannt oder per se inexistent ist, sondern einem gefährlichen, „unzivilisierten" Außen/Anderen zugeschrieben wird, von dem das Ethos der eigenen Gesellschaft differenziert und distanziert wird. Diese „Anderen" können sowohl menschliche als auch nicht-menschliche Wesen sein (vgl. Grubner 2004: 228f.).

weniger wird. Vielmehr gibt es unter der globalen Bedingung gleichzeitiger Ausdifferenzierung und Vernetzung „sowohl eine Steigerung der Humanitäts- als auch der Destruktionspotentiale" (Heitmeyer/Soeffner 2004: 12), das heißt sowohl mehr als auch weniger Gewalt. Unter diesen widerstreitenden Interpretationen – die meist eine Spezifizierung dessen schuldig bleiben, woran Gewalthaltigkeit oder Friedfertigkeit gemessen werden – lässt sich für die Verfasstheit gegenwärtiger Geschlechterordnungen dem folgenden Befund zustimmen:

> „Die Gewalt verschwindet nicht, um plötzlich wieder aufzutauchen, sie nimmt nicht ab, um später wieder zuzunehmen; sie ist vielmehr immer da, ändert ihr Gesicht, verbirgt sich, wandert in Räume ab, in denen man sie bisher nicht vermutete, tarnt sich dort so erfolgreich, dass sie kaum noch als Gewalt erkennbar ist [...]. Die an- und abschwellenden Gewaltdiskurse verdanken sich hauptsächlich der Tatsache, dass sich ändert, was wir als Gewalt wahrzunehmen bereit sind." (Schroer 2004: 152)

Gewalt und Sinn

Ein weiterer Diskussionspunkt in der wissenschaftlichen Auseinandersetzung ist die Frage, ob Gewalttaten einen *sozialen Sinn* besitzen oder ob sie typischerweise *sinnlos* sind. Hier gibt es als Extrempole jene, die Gewalt auf rationale Motive, Ursachen oder (subjektiv verstehbare) Ziele zurückführen und jene, die im Gegenteil davon ausgehen, dass die Ermittlung der Rationalitäten von Gewalt kaum aufschlussreich ist. Wenn Gewalt überhaupt einen Sinn habe, so die letztgenannte Position, dann liege dieser in sich selbst (Selbstreflexivität, Eigendynamik, Prozesshaftigkeit von Gewalt). Wieder andere plädieren für ein Kontinuum, entlang dessen Gewalttaten von „sinnhaften" bis hin zu „sinnlosen" angeordnet werden könnten (Nedelmann 1997: 79).

Die Debatte um den Sinn von Gewalt hat eine Quelle in der zunehmenden Unzufriedenheit mit der herkömmlichen Erforschung von *Ursachen* und *Motiven* für Gewaltausübung. Die unüberschaubare und widersprüchliche Auflistung vermeintlicher Gründe, die in einem stets anschwellenden Literaturkorpus nachzulesen sind, führt einige nun zu dem Schluss, dass „Gewalt an keinen bestimmten Umstand und Anlass gebunden" (Sofsky 2002: 176) sein kann. Wenn Gewalt aber typischerweise *sinnlos* ist (Neumann, zitiert in Nedelmann 1997: 64), dann sollte die „falsche Fährte der Ursachenforschung" (Trotha 1997: 11) aufgegeben werden, um sich auf die Analyse der *inneren Dynamik* von Gewalt, auf das detailreiche „was" und „wie" von Gewalthandlungen zu konzentrieren.

Mit dieser Fokusverschiebung gerät jedoch in den Hintergrund, dass es viele Formen von Gewalt gibt – darunter sexualisierte und geschlechtsbezogene Misshandlungen – für die eine Analyse des *breiteren Kontextes* weitaus erhellender ist als das „innere Wesen" der Gewalttat selbst. In dieser Frage lohnt sich ein Blick auf jene anthropologische Gewaltforschung, die den regelgeleiteten und kommunikativen Dimensionen von Gewalt besondere Aufmerksamkeit schenkt und sich darauf konzentriert, was Gewalt zum Ausdruck bringt und was sie kommuniziert:

„Rather than defining violence *a priori* as senseless and irrational, we should consider it as a changing form of interaction and communication, as a historically developed cultural form of *meaningful* action. Frequently used qualifications such as ‚senseless' and ‚irrational' reflect a western bias and indicate how often cases of violence are divorced from their context. Without knowledge of their specificness and circumstantiality, without a thick description of those cases, they cannot but appear as ‚senseless' and ‚irrational'. Ironically, then, these qualifications close off research precisely where it should start: with questions about form, meaning and context of violence." (Blok 2000: 24)

Der instrumentelle Aspekt von Gewalt reicht in den seltensten Fällen zu ihrer Erklärung aus. Viele Ziele können mit viel geringerem Aufwand erreicht werden und es scheint, als ob Gewalthandlungen oft nur auf eine ganz bestimmte, *expressive, ritualisierte* Weise ausgeführt werden können. Gewalt folgt Regeln, Codes und Etiketten, die entschlüsselt werden können. Diese oft als sekundär eingestufte symbolische und kommunikative Funktion von Gewalt betrifft nicht nur entferntere Phänomene (zum Beispiel Pubertätsriten in nicht staatlich verfassten Gesellschaften) oder randständige Praktiken bestimmter Subgruppen (Rituale der Jagd, von Rittergilden, Burschenschaften oder Krawalle von Hooligans am Fußballplatz), sondern insbesondere auch Formen sexualisierter Gewalt. Sie spielt etwa für ein Verständnis von Kriegsvergewaltigungen eine zentrale Rolle. Massenvergewaltigungen in kriegerischen Auseinandersetzungen können sowohl systematisch und zweckrational sein (wie Thurshen 2001 für die Kriegsvergewaltigungen in Ruanda und Mozambique zeigt), als auch die Form extremer Grausamkeit und Raserei annehmen (siehe Nussbaum 2006 über das sexualisierte Massaker in Gujarat 2002). Sie besitzen zusätzlich meist eine starke symbolische und expressive Dimension, die nach einer kulturwissenschaftlichen Decodierungsarbeit verlangt. Auffallend sind die gemeinschaftsstiftenden, quasi-rituellen Züge dieser Gewalthandlungen, die in den Worten der Militärpsychologin Ruth Seifert Kriegsvergewaltigung in ein „Teilstück der männlichen Kommunikation" verwandeln: Männliche Gewalt am weiblichen Körper wird eingesetzt, um zwischen Männern Rangordnung und Hierarchien zu verhandeln oder der gegnerischen Seite abwertende Botschaften (üblicherweise in Begriffen fehlender oder außer Kraft gesetzter Potenz und Männlichkeit) zukommen zu lassen (Seifert 1993: 91f.; dies. 1995). Diese Analysen bieten auch wichtige Anknüpfungspunkte zu aktuellen Männlichkeitsforschungen, die die Logik des so genannten „produktiven" Aspekts männlichen Gewalthandelns (im Sinne patriarchaler Vergemeinschaftung und *male bonding*) weiter zu beleuchten suchen (vgl. Meuser 2003; ders. 2006; Kersten 2003).

Bezugspunkt und Reichweite von Gewalt

Von besonderer Bedeutung für die Gewaltdebatte und Kern der Definitionsproblematik ist der Streit um Bezugspunkt und Reichweite von Gewalt: Soll sich der Gewaltbegriff exklusiv auf körperliche Verletzungen beziehen oder fallen auch andere Grenzüberschreitungen und Einschränkungen darunter?

Soziale Bewegungen wie die Friedens- und die Frauenbewegung hatten seit den 1960er Jahren starken Einfluss auf eine Ausweitung der sozialwissenschaftlichen Gewaltdefinition. Im Gegensatz zu einem Verständnis von Gewalt als „Anwendung erhöhter körperlicher Kraft zur Überwindung eines Widerstands" (Meyers Konversationslexikon um 1904, zit. in Nunner-Winkler 2004: 21) sollte der Begriff auch schwerer erkennbare, zum Beispiel körper- und personenlose Zwangseinwirkungen umfassen. Der norwegische Friedensforscher Johan Galtung prägte das für die feministische Forschung wichtige Konzept der „strukturellen Gewalt", mit dem er Einschränkungen von Freiheit und Menschenwürde sowie Beschneidungen von Lebens- und Entfaltungschancen fassbar machte.

> „Gewalt liegt dann vor, wenn Menschen so beeinflusst werden, dass ihre aktuelle somatische und geistige Verwirklichung geringer ist als ihre potenzielle Verwirklichung. […] Gewalt ist das, was den Abstand zwischen dem Potenziellen und dem Aktuellen vergrößert oder die Verringerung dieses Abstandes erschwert." (Galtung 1975: 9)

Auch der Terminus „Gewalt gegen Frauen" lässt sich nicht auf körperliche Übergriffe und Verletzungen reduzieren, sondern bezieht sich auch auf nichtphysische Grenzüberschreitungen (psychische, verbale) sowie auf strukturelle und institutionelle Gewaltverhältnisse. Personale Gewaltübergriffe in Geschlechterbeziehungen werden stets im Kontext viel breiter gefasster geschlechtlicher und staatlicher Strukturen gedacht, die für Männer und Frauen zu höchst ungleichen Chancen und Sicherheitsrisiken führen (Sauer 2002: 99). Hagemann-White definiert Gewalt auf der Grundlage wissenschaftlicher Begleitforschungen zu Frauenhäusern dementsprechend als „jeden Angriff auf die körperliche und seelische Integrität eines Menschen unter Ausnutzung einer gesellschaftlich vorgeprägten relativen Machtposition" (Hagemann-White et al. 1981, zitiert in Hagemann-White 2002b: 127). In diesem Zusammenhang ist schließlich auch der Begriff der „symbolischen Gewalt" zu nennen, der sich besonders eignet, der Sicht entzogene, vergeschlechtlichte Gewaltverhältnisse zu benennen. Der von Pierre Bourdieu geprägte Terminus bezeichnet die Einschreibung von Herrschaftsstrukturen in das Denken, Handeln und Wahrnehmen. Die Art und Weise, wie die Beherrschten über sich und die anderen nachdenken können, sind selbst schon durch die bestehenden Herrschaftsverhältnisse geprägt. Die Kraft des Symbolischen braucht keinen physischen Zwang, sie wirkt durch die Prägung und Transformation des Körpers: durch die nachhaltige Einschreibung herrschaftsförmiger Strukturen und Identitäten in Denk-, Handlungs- und Wahrnehmungsschemata, die sich in „Normalität" verwandeln und somit kaum mehr als Gewalt erkennbar sind (vgl. Bourdieu 1997: 164f.).

Im Gegensatz zu diesen Versuchen, multiple Dimensionen des Gewaltphänomens begrifflich einzufangen, gibt es heute in weiten Teilen der wissenschaftlichen Auseinandersetzung einen starken Trend, die Definition von Gewalt wieder streng auf die körperliche Verletzung engzuführen:

> „Gewalt ist eine Interaktion (im Sinne von Wechselwirkung), in deren Verlauf mindestens einer der Beteiligten absichtlich und gegen den Willen

seiner Interaktionspartner Handlungen vollzieht, die zu deren physischer
Verletzung führen oder führen können",
definiert etwa der Sozialanthropologe Wolfgang Gabbert (2004: 97) den
Begriff.[8] In der soziologischen Debatte nimmt diese Stoßrichtung eine program-
matische Dimension an: „Gewalt ist körperlicher Einsatz, ist physisches Ver-
letzen und körperliches Leid – das ist der unverzichtbare Referenzpunkt aller
Gewaltanalyse" (Trotha 1997: 26). Explizit abgelehnt werden alle so genannten
„vergeistigten" oder „entmaterialisierten" Begriffsbestimmungen, das heißt Aus-
weitungen des Terminus um nicht direkt körperliche Dimensionen, somit
psychische, verbale, strukturelle, symbolische Grenzverletzungen. Eine derartige
Ergänzung, so das Argument, würde die Schärfe des Gewaltbegriffs beeinträchtigen und ihn schlussendlich in die Bedeutungslosigkeit treiben, da plötzlich „alles" (jede Ungerechtigkeit und Asymmetrie) als Gewalt skandalisiert
werden könne. Begriffe wie „strukturelle Gewalt", so gibt Gertrud Nunner-
Winkler (2004: 45) zu bedenken, würden auf keine klar umschreibbaren Phänomene, sondern auf „strittige Probleme" wie Fragen nach Gerechtigkeit und
sozialer Ungleichheit verweisen. Statt dem politischen Charakter des Phäno-
mens und des Diskurses über Gewalt Rechnung zu tragen, wird diese Dimension
anderen Wissenschaftsdiziplinen überantwortet. Das verkürzt nicht nur den
Kompetenzbereich sozialwissenschaftlicher Gewaltforschung, sondern schränkt
auch ein Verständnis der Multidimensionalität des Gewaltphänomens bedeutend
ein, einer Multidimensionalität, auf die Hans Saner schon vor fast 30 Jahren hingewiesen hat:

> „Die drei Formen (personal, strukturell, symbolisch) können zwar logisch
> unterschieden werden (je nach Subjekt, Mittel, Objekt), aber der konkrete
> Gewaltakt ist fast immer eine Verschachtelung der drei Formen." (Saner
> 1982: 92)

Gewalt und Geschlecht

In der neuen Konjunktur der Gewaltforschung hat sexualisierte und geschlechtsbezogene Gewalt bisher keinen prominenten Platz erhalten. Gewaltstudien
zeichnen sich stattdessen immer noch durch einen „geschlechterblinden Zugriff"
aus (Dackweiler/Schäfer 2002: 13). Wenn Gewalt als „Jedermanns-Ressource"
(Trotha 1997: 24) bezeichnet wird, im Sinne einer Verletzungsmacht, die jedem
Menschen prinzipiell zur Verfügung steht, dann wird übersehen, dass den Geschlechtern Gewalt, ihre Anwendung und Erduldung in äußerst unterschiedlicher
Weise zugeschrieben bzw. zugebilligt wird. Einer schutzbedürftigen, gewaltlo-
sen Weiblichkeit steht dabei eine verletzungsmächtige, aggressive Männlichkeit
gegenüber, eine soziale Konstruktion, die Manuela Boatcă als tief eingeschrie-
benen „Kulturcode" westlicher Gesellschaften identifiziert. Während er dem
männlichen Geschlecht eine „Gewaltlizenz" (Boatcă 2003: 57) erteilt, ist der

---

8 Weitere Vertreter eines engen, auf interpersonelle Verletzungen eingeschränkten Gewaltbegriffs in der Sozialanthropologie sind beispielsweise Georg Elwert (1997) und David Riches
(1986).

Einsatz von Gewalt durch Frauen ein massiver Verstoß gegen eine Gesellschafts- und Geschlechterordnung, die ihre strukturelle Position als Opfer festschreibt.

„Die Sozialisation von Mädchen und Frauen beinhaltet ein ‚Opfertraining' [...]. Gewalt selbst wird als Bestandteil von Normalität betrachtet [...]. Normalitätsvorstellungen werden insbesondere in modernen Gesellschaften jedoch nicht alleine und ausschließlich durch körperliche Gewalteinwirkungen durchgesetzt, sondern durch ein subtiles System von Sanktionierungs- und Disziplinierungsmaßnahmen. Dadurch unterliegt auch der Gewaltbegriff diesem ordnungspolitischen Diskurs." (Faulseit et al. 2001: 16f.)

Oder, wie man mit der Politikwissenschafterin Birgit Sauer (2002: 88) formulieren könnte: Gewalt *ist* dieser wirkmächtige Ordnungsdiskurs.

Auf der Grundlage der vorangegangenen Überlegungen und Befunde lassen sich aus den drei oben skizzierten Streitfragen der Gewaltforschung folgende Ausgangsperspektiven für den Blick auf geschlechtsbezogene Gewalt resümieren: Gewalt ist *kein randständiges soziales Phänomen*, keine Form der Zerfallserscheinung. Geschlechtsbezogene Gewalt gehört vielmehr zum Normalfall patriarchal strukturierter Gesellschaftsordnungen. (Sexualisierte) Gewalt ist keine pathologische Randerscheinung, sondern Instrument zur Aufrechterhaltung geschlechtshierarchischer Sozialsysteme. Sexualisierte und geschlechtsbezogene Gewalthandlungen müssen als *genuin sinnhafte Handlungen* bezeichnet werden. Von Bedeutung ist dabei weniger der „subjektive Sinn", den TäterInnen einer Gewalthandlung verleihen, sondern vielmehr, was Gewalt „sagt" und zum Ausdruck bringt, das heißt was sie *bedeutet*. Hier ist der Blick auf die regelgeleiteten und kommunikativen Dimensionen von Gewalt aufschlussreich, auf Form, Bedeutung und Kontext von Gewalt: Gewalthandlungen werden häufig auf eine ganz bestimmte, *expressive, ritualisierte* Weise ausgeführt und besitzen somit eine symbolische Funktion, die in den Analysen oft zu Unrecht als sekundär eingestuft wird. Der Gewaltbegriff umfasst *weit mehr als die Dimension der physischen Verletzung*. Die Engführung des Terminus widerspricht einer der zentralen und plausibelsten Hypothesen aus der Frauenbewegung, nämlich dem Zusammenhang von Geschlechtergewalt mit dem hierarchisierten Geschlechterverhältnis und bedeutet letztlich einen Rückschritt in der Gewaltforschung insgesamt.

In den Beiträgen des vorliegenden Sammelbandes wird deutlich, dass der Zusammenhang zwischen Gewalt und Geschlecht eine Konzeption erfordert, die es erlaubt, Gewalthandlungen mit breiteren sozialen Kontexten und gesellschaftlichen Strukturen zu verbinden – denn es sind diese Strukturen, in denen sowohl das Verständnis von Gewalt als auch von Geschlecht geprägt wird. Gewalthandlungen können nicht aus sich heraus verstanden werden, sondern müssen in ihren Bedeutungen, Symbolisierungen und sozialen Verortungen gedacht werden. Gewalt findet im Kontext sozialer Hierarchien statt und steht nicht für sich selbst. In diesem Sinne deutet sich allerdings auch an, dass die Isolierung feministischer Perspektiven in weiten Teilen der akademischen Gewaltforschung folgenreicher ist, als der Befund einer Vernachlässigung von geschlechtsbezogener Gewalt in der Wissenschaftsdebatte nahe legt. Marginalisiert und untertheoretisiert sind nicht nur Akte der Gewalt, die Menschen als *Frauen* und *Männer* in je spezifischer Weise (be)treffen, sondern vielmehr der Zusammenhang, das Zusammen- und Ineinanderwirken von Gewalt und Geschlecht in einem viel breiteren Sinn. Denn mindestens ebensosehr wie der Gewaltbegriff hat sich auch der Geschlechterbegriff ausdifferenziert und bezieht sich in der heutigen Forschungslandschaft schon lange nicht mehr ausschließlich auf Frauen und Männer als Geschlechtsgruppe oder Geschlechtsrolle.[9] Solange die Vergeschlechtlichung von Gewalt auf Verletzungen und Übergriffe zwischen Männern und Frauen enggeführt wird – denen, wie oben ausgeführt, durch gesonderte Beiträge Rechnung getragen werden soll – wird dieses Thema auch weiterhin ein „Frauenthema" bleiben (Hagemann-White/Bohne 2004: 555) und nicht in seiner gesamtgesellschaftlichen Tragweite untersucht werden können. Für die sozialwissenschaftliche Gewaltforschung stellt sich diesbezüglich die Frage, ob geschlechtsbezogene Gewaltphänomene tatsächlich von anderen Gewaltformen klar unterschieden werden können. Die vorliegenden Beiträge thematisieren je unterschiedliche Dimensionen der Vergeschlechtlichung von Gewalt und stellen letztlich zur Diskussion, ob der Versuch, Gewalt jenseits ihrer geschlechtlichen Ausprägung begreifen zu wollen, überhaupt ein mögliches, aufschlussreiches und lohnendes Unternehmen ist.

Bibliographie

Aijmer, Goran and Jan Abbink (eds.). 2000. Meaning of Violence: A Cross-Cultural Perspective. Oxford.

Amesberger, Helga, Katrin Auer und Brigitte Halbmayr. 2004. Sexualisierte Gewalt. Weibliche Erfahrungen in NS-Konzentrationslagern. Wien.

Becker-Schmidt, Regina und Gudrun-Axeli Knapp. 2000. Feministische Theorien zur Einführung. Hamburg.

Blok, Anton. 2000. The Enigma of Senseless Violence. In: Aijmer, Goran and Jan Abbink (eds.). Meanings of Violence. New York, pp. 23-38.

Boatcă, Manuela. 2003. Kulturcode Gewalt. In: Lamnek, Siegfried und Manuela Boatcă (Hg.). Geschlecht – Gewalt – Gesellschaft. Opladen, S. 55-70.

Boidi, Maria Cristina. 2003. Frauenhandel. Das neue Gesicht der Migration. In: Arbeitsgruppe Migrantinnen und Gewalt (Hg). Migration von Frauen und strukturelle Gewalt. Wien, S. 53-68.

Bonta, Bruce D. 1996. Conflict Resolution among Peaceful Societies: The Culture of Peacefulness. In: Journal of Peace Research 33 (4): 403-420.

---

9 Für einen aktuellen Überblick und wesentliche Weiterentwicklungen des Genderkonzepts siehe zum Beispiel Becker-Schmidt/Knapp 2000, Braun/Stephan 2000; Dietze/Hark 2006.

Bourdieu, Pierre. 1997. Die männliche Herrschaft. In: Dölling, Irene und Beate Krais (Hg.). Ein alltägliches Spiel. Geschlechterkonstruktion in der sozialen Praxis. Frankfurt/Main, S. 153-217.

Braun, Christina von, Ulrike Brunotte, Gabriele Dietze, Daniela Hrzán, Gabriele Jähnert und Dagmar Pruin (eds./Hg.). 2006. ‚Holy War‘ and Gender. ‚Gotteskrieg‘ und Geschlecht. Berlin.

Braun, Christina von und Inge Stephan (Hg.). 2000. Gender Studien. Eine Einführung. Stuttgart, Weimar.

Dackweiler, Regina-Maria und Reinhild Schäfer. 2002. Gewalt, Macht, Geschlecht – eine Einführung. In: Dackweiler, Regina-Maria und Reinhild Schäfer (Hg.). Gewalt-Verhältnisse. Feministische Perspektiven auf Geschlecht und Gewalt. Frankfurt/Main und New York, S. 9-26.

Dietze, Gabriele und Sabine Hark (Hg.). 2006. Gender kontrovers. Königstein/ Taunus.

Elwert, Georg. 1997. Gewaltmärkte. Beobachtungen zur Zweckrationalität der Gewalt. In: Trotha, Trutz von (Hg.). Soziologie der Gewalt. Opladen, S. 86-101.

Faulseit, Andrea, Karin Müller, Constance Ohms und Stefanie Soine. 2001. Anregungen zur Entwicklung eines lesbisch-feministischen Gewaltbegriffs als Grundlage für politisches Handeln. In: beiträge zur feministischen theorie und praxis 24 (56/57): 13- 30.

Gabbert, Wolfgang. 2004. Was ist Gewalt? Anmerkungen zur Bestimmung eines umstrittenen Begriffs. In: Eckert, Julia M. (Hg.). Anthropologie der Konflikte. Georg Elwerts konflikttheoretische Thesen in der Diskussion. Bielefeld, S. 88-101.

Galtung, Johan. 1975. Strukturelle Gewalt. Beiträge zur Friedensforschung. Reinbek bei Hamburg.

Gerste, Margrit. 1997. Endlich: Vergewaltigung in der Ehe gilt künftig als Verbrechen. In: ZEIT ONLINE 21/1997. http://www.zeit.de/1997/21/ehe.txt.19970516.xml (Zugriff: 7.10.2008)

Girard, René. 1994. Das Heilige und die Gewalt. Frankfurt/Main.

Grubner, Barbara. 2004. Gabe und Geschlecht. Versuch einer feministischen Analyse anthropologischer Tauschtheorien unter besonderer Berücksichtigung des Amazonastieflandes. Phil. Diss., Wien.

Hagemann-White, Carol. 2002a. Gewalt im Geschlechterverhältnis als Gegenstand sozialwissenschaftlicher Forschung und Theoriebildung: Rückblick, gegenwärtiger Stand, Ausblick. In: Dackweiler, Regina-Maria und Reinhild Schäfer (Hg.). Gewalt-Verhältnisse. Feministische Perspektiven auf Geschlecht und Gewalt. Frankfurt/Main und New York, S. 29-52.

Dies. 2002b. Gender-Perspektiven auf Gewalt in vergleichender Sicht. In: Heitmeyer, Wilhelm und John Hagan (Hg.). Internationales Handbuch der Gewaltforschung. Wiesbaden, S. 124-149.

Hagemann-White Carol und Sabine Bohne. 2004. Gewalt- und Interventions-
    forschung: Neue Wege durch europäische Vernetzung. In: Becker, Ruth
    und Beate Kortendiek (Hg.). Handbuch Frauen- und Geschlechterfor-
    schung. Theorie, Methoden, Empirie. Wiesbaden, S. 555-563.
Halbmayer, Ernst. 2001. Socio-cosmological contexts and forms of violence.
    War, vendetta, duels and suicide among the Yukpa of north-western
    Venezuela. In: Schmidt, Bettina and Ingo Schröder (eds.). Anthropology
    of Violence and Conflict. London, pp. 49-75.
Harvey, Penelope. 1997. Die geschlechtliche Konstitution von Gewalt. Eine ver-
    gleichende Studie über Geschlecht und Gewalt. In: Trotha, Trutz von
    (Hg.). Soziologie der Gewalt. Opladen, S. 122-138.
Heitmeyer, Wilhelm. 1994. Nehmen die ethnisch-kulturellen Konflikte zu? In:
    Ders. (Hg.). Das Gewalt-Dilemma. Gesellschaftliche Reaktionen auf
    fremdenfeindliche Gewalt und Rechtsextremismus. Frankfurt/Main,
    S. 383-403.
Heitmeyer, Wilhelm und Hans-Georg Soeffner. 2004. Einleitung: Gewalt.
    Entwicklungen, Strukturen, Analyseprobleme. In: Dies. (Hg.). Gewalt.
    Entwicklungen, Strukturen, Analyseprobleme. Frankfurt/Main, S. 11-17.
Hugger, Paul. 1995. Elemente einer Kulturanthropologie der Gewalt. In:
    Hugger, Paul und Ulrich Stadler (Hg.). Gewalt. Kulturelle Formen in Ge-
    schichte und Gegenwart. Zürich, S. 17-27.
Imbusch, Peter. 2002. Der Gewaltbegriff. In: Heitmeyer, Wilhelm und John
    Hagan (Hg.). Internationales Handbuch der Gewaltforschung, Wiesbaden,
    S. 26-57.
Kersten, Joachim. 2003. „Gender and Crime". Die Tragweite kulturübergreifen-
    der Ansätze. In: Lamnek, Siegfried and Manuela Boatcă (eds.). Ge-
    schlecht – Gewalt – Gesellschaft, S. 71-84. Opladen.
Koehler, Jan und Sonja Heyer (Hg). 1998. Anthropologie der Gewalt. Chancen
    und Grenzen der sozialwissenschaftlichen Forschung. Berlin.
Lamnek, Siegfried und Manuela Boatcă (Hg). 2003. Geschlecht – Gewalt – Ge-
    sellschaft. Opladen.
Meuser, Michael. 2003. Gewalt als Modus von Distinktion und Vergemein-
    schaftung. Zur ordnungsbildenden Funktion männlicher Gewalt. In:
    Lamnek, Siegfried und Manuela Boatcă (Hg.). Geschlecht – Gewalt –
    Gesellschaft. Opladen, S. 37-54.
Ders. 2006. Hegemoniale Männlichkeit. Überlegungen zur Leitkategorie der
    Men's Studies. In: Aulenbacher, Brigitte, Mechthild Bereswill, Martina
    Löw, Michael Meuser, Gabriele Mordt, Reinhild Schäfer und Sylka
    Scholz (Hg.). FrauenMännerGeschlechterforschung, State of the Art.
    Münster, S. 160-174.
Mies, Maria. 1984. Methodische Postulate zur Frauenforschung – dargestellt am
    Beispiel der Gewalt gegen Frauen. In: beiträge zur feministischen theorie
    und praxis 11: 7-25.

Moore, Henrietta. 1994. The problem of explaining violence in the social sciences. In: Harvey, Penelope and Peter Gow (eds.). Sex and Violence. Issues in representation and experience. London – New York, pp. 138-155.

Müller, Ursula. 2004. Gewalt: Von der Enttabuisierung zur einflussnehmenden Forschung. In: Becker, Ruth und Beate Kortendiek (Hg.). Handbuch Frauen- und Geschlechterforschung. Theorie, Methoden, Empirie. Wiesbaden, S. 549-554.

Nedelmann, Brigitta: 1997. Gewaltsoziologie am Scheideweg. Die Auseinandersetzung in der gegenwärtigen und Wege der künftigen Gewaltforschung. In: Trotha, Trutz von (Hg.). Soziologie der Gewalt. Opladen, S. 59-85.

Neidhardt, Friedhelm. 1986. Gewalt. Soziale Bedeutungen und sozialwissenschaftliche Bestimmungen eines Begriffs. In: Bundeskriminalamt (Hg.). Was ist Gewalt? Auseinandersetzungen mit einem Begriff. Band 1. Wiesbaden, S.109-147.

Nunner-Winkler, Gertrud. 2004. Überlegungen zum Gewaltbegriff. In: Heitmeyer, Wilhelm und Hans-Georg Soeffner (Hg.). Gewalt. Entwicklungen, Strukturen, Analyseprobleme. Frankfurt/Main, S. 21-61.

Nussbaum, Martha C. 2006. Rape and Murder in Gujarat. Violence Against Muslim Women in the Struggle for Hindu Supremacy. In: Braun, Christina von, Ulrike Brunotte, Gabriele Dietze, Daniela Hrzán, Gabriele Jähnert und Dagmar Pruin (Eds./Hg.). ‚Holy War' and Gender. ‚Gotteskrieg' und Geschlecht. Berlin, pp. 121-142.

Riches, David. 1986. The Anthropology of Violence. Oxford.

Sanday Reeves, Peggy. 1986. Rape and the Silencing of the feminine. In: Tomaselli, Sylvana and Roy Porter (eds.). Rape. An historical and cultural enquiry. London, pp. 84-101.

Saner, Hans. 1982: Personale, strukturelle und symbolische Gewalt. In: Ders. Hoffnung und Gewalt. Zur Ferne des Friedens. Basel, S. 73-95.

Sauer, Birgit. 2002. Geschlechtsspezifische Gewaltmäßigkeit rechtsstaatlicher Arrangements und wohlfahrtsstaatlicher Institutionalisierungen. Staatsbezogene Überlegungen einer geschlechtersensiblen politikwissenschaftlichen Perspektive. In: Dackweiler, Regina-Maria und Reinhild Schäfer (Hg.). Gewalt-Verhältnisse. Feministische Perspektiven auf Geschlecht und Gewalt. Frankfurt/Main, S. 81-106.

Schroer, Markus. 2004. Gewalt ohne Gesicht. Zur Notwendigkeit einer umfassenden Gewaltanalyse. In: Heitmeyer, Wilhelm und Hans-Georg Soeffner (Hg.). Gewalt. Entwicklungen, Strukturen, Analyseprobleme. Frankfurt/Main, S. 151-173.

Schwind, Hans-Dieter und Jürgen Baumann (Hg). 1990. Ursachen, Prävention und Kontrolle von Gewalt. 4 Bde. Berlin.

Seifert, Ruth. 1993. Krieg und Vergewaltigung. Ansätze zu einer Analyse. In: Stiglmayer, Alexandra (Hg.). Massenvergewaltigung. Krieg gegen die Frauen. Freiburg, S. 85-108.

Dies. 1995. Der weibliche Körper als Symbol und Zeichen. Geschlechtsspezifische Gewalt und die kulturelle Konstruktion des Krieges. In: Gestrich, Andreas (Hg.). Gewalt im Krieg. Ausübung, Erfahrung und Verweigerung von Gewalt in Kriegen des 20. Jahrhunderts. Freiburg, S. 13-33.

Dies. (Hg.). 2004. Gender, Identität und kriegerischer Konflikt. Das Beispiel des ehemaligen Jugoslawien. Münster.

Sofsky, Wolfgang. 1996. Traktat über die Gewalt. Frankfurt/Main.

Ders. 2002. Der Prozess der Gewalt. In: Klein, Michael (Hg.). Gewalt – interdisziplinär, Münster - Hamburg - London, S. 173-184.

Sponsel, Leslie E. and Thomas Gregor (eds.). 1994. The Anthropology of Peace and Nonviolence. Boulder-London.

Stiglmayer, Alexandra (Hg.). 1993. Massenvergewaltigung. Krieg gegen die Frauen. Freiburg.

Trotha, Trutz von. 1997. Zur Soziologie der Gewalt. In: Trotha, Trutz von (Hg.). Soziologie der Gewalt. Opladen, S. 9-56.

Turshen, Meredith. 2001. The Political Economy of Rape. In: Moser, Caroline O.N. and Fiona C. Clark (eds). Victims, Perpetrators or Actors? Gender, Armed Conflict and Political Violence.   London and New York, pp. 55-68.

Vilaça, Aparecida. 2002. Making Kin out of Others in Amazonia. In: Journal of the Royal Anthopological Institute 8: 347-365.

Viveiros de Castro, Eduardo. 1992. From the Enemy's Point of View. Humanity and Divinity in an Amazonian Society. Chicago and London.

Patricia Zuckerhut

Einleitung: Geschlecht und Gewalt

„Man sollte mich nicht der Willkür bezichtigen, wenn ich die *Chingada*, die geschändete Mutter, mit der *Conquista* in Verbindung bringe, die ebenso Schändung war, und zwar nicht nur eine historische, sondern die fleischliche Schändung der Indianerin." (Paz 1998: 89)
„Die *Chingada* ist weit passiver, ja geradezu verwerflich passiv, denn sie leistet der Gewalt keinen Widerstand. Sie ist ein träger Haufen aus Blut, Knochen, Staub. Ihr Stigma entspricht ihrer Konstitution und beruht [...] auf ihrem Geschlecht [...]." (ibid.)

Octavio Paz, in seinem Bemühen die sexualisierte Komponente der Eroberung Mexikos zum Ausdruck zu bringen, verfällt dabei in bekannte Muster epistemischer Gewalt. Gewalt in ihren sexualisierten und epistemischen Formen und Varianten ist das Thema, mit dem wir uns auf den folgenden Seiten befassen werden.

Der vorliegende Sammelband entstand im Anschluss an zwei Workshops zum Thema Geschlecht und Gewalt, abgehalten auf der Jahrestagung der Österreichischen Lateinamerika-Forschung und am Institut für Kultur- und Sozialanthropologie der Universität Wien,[1] in denen die gesellschaftlichen Zusammenhänge von Über- und Unterordnung in Bezug auf Kolonialismus, Modernität und Globalisierung in den Weltregionen Lateinamerika, Europa und Südafrika im Zentrum standen. Eine der Grundannahmen ist, dass die Welt in

---

1 Der Workshop mit dem Titel „*Gewalt in Lateinamerika: Geschlecht – Macht – Politik*" wurde auf der Jahrestagung der „Arbeitsgemeinschaft Österreichische Lateinamerika-Forschung" in Strobl am Wolfgangsee, vom 16.-18.06.2006 abgehalten; Vorwort und Einleitung des Sammelbandes sowie die Beiträge von Gerlinde Heindl („*Die grausame Logik des Karnophallogozentrismus in Carmen Boullosas* Son vacas, somos puercos") und von Jens Kastner und Elisabeth Tuider („*Zentrale RandBewegungen. Zur Konstitution von Gewalt an der Schnittstelle von Geschlecht, Sexualität, Ethnizität*") gehen auf Vorträge auf dieser Tagung zurück. Der Workshop „*Anthropologie der Gewalt: Geschlecht – Macht – Politik*" fand im Rahmen der Tage der Kultur- und Sozialanthropologie des Wiener Instituts für Kultur- und Sozialanthropologie, vom 26.-27.04.2007 statt. Die Artikel von Brigitte Fuchs („*„Weiblichkeit', Monstrosität und ,Rasse'. Anthropophagie, Ökonomie und Doppelmoral im Zeitalter der Konquista*") und Gabriele Habinger („*„Genderless white power' – Europäische Reiseschriftstellerinnen als Befürworterinnen und ,Agentinnen' des Kolonialismus*") sind auf diese Veranstaltung zurückzuführen. Die verbleibenden Beiträge von Patricia Zuckerhut („*Lateinamerika – innere und äußere Grenzziehungen der Moderne. Sexualisierte, rassisierte und epistemische Gewalt als Grundlagen von Kolonialität und Modernität*") und Martina Mezgolits („*Sexualisierte Gewalt und Apartheid am Beispiel Südafrika*") wurden speziell für das Buch verfasst. Der Text von Barbara Grubner („*Frauenmigration und Gewalt. Überlegungen zu transnationalen Arbeits- und Gewaltverhältnissen im Privathaushalt*") ist bereits erschienen in: Utta Isop, Viktorija Ratković und Werner Wintersteiner (Hg.). 2009. „*Spielregeln der Gewalt. Kulturwissenschaftliche Beiträge zur Friedens- und Geschlechterforschung. Kultur & Konflikt*", Band 1, S.185-206. Bielefeld.

ihrer heutigen Ausprägung, in der Westeuropa und die Vereinigten Staaten von Amerika nach wie vor industrialisierte Zentrumsregionen (mit ihren jeweiligen internen „Peripherien") darstellen, Lateinamerika, Afrika und große Teile Asiens hingegen als „noch zu entwickelnde" (semi-)periphere Gebiete gelten, wesentlich auf Gewalt in ihren unterschiedlichen Ausprägungen beruht, und dass diese Gewalt immer auch geschlechtlich konnotiert ist.

Gewalt ist – insbesondere bezogen auf das Thema der vorliegenden Publikation, Gewalt und Geschlecht – möglichst breit, im Sinne von Johan Galtung (1975)[2] zu fassen. Besonders deutlich wird das in Hinblick auf die beiden Schlüsselkonzepte *sexualisierte Gewalt* und *epistemische Gewalt*, wie ich im Folgenden mit Fokus auf ihre Bedeutung in den einzelnen Beiträgen kurz darlegen werde. Anschließend erfolgt eine Zusammenfassung über kultur- und sozialanthropologische Ansichten zum Themenfeld Gewalt, den Abschluss dieser Einleitung bildet ein Überblick zu den einzelnen Artikeln des Buches.

Sexualisierte Gewalt

Wenden wir uns also zunächst der Problematik der *sexualisierten Gewalt* zu, als einer Form, die sich bewusst und gezielt auf die Verletzung der Integrität eines Menschen als Angehörige/r einer Geschlechtsgruppe richtet. Nach heute gängigen Definitionen bezeichnet sie „alle Angriffe und Übergriffe, die auf eine Verletzung des sexuellen Intimbereichs eines Menschen abzielen" (Mischkowski 2004: 18). Das umfasst neben körperlichen Misshandlungen auch andere Formen der „Grenzüberschreitung" – von der Verletzung des Schamgefühls, verbalen Erniedrigungen, psychischer Nötigung (Amesberger et al. 2004: 19) bis hin zu institutionalisierten Zwangsmaßnahmen. Auch sexuelle Belästigung ist eine Form sexualisierter Gewalt, stellt eine Grenzüberschreitung in einem Machtgefälle dar. Die in der Literatur gängige Verwendung des Begriffs „sexualisierte" statt „sexuelle" Gewalt verweist darauf, dass die Gewalthandlung weniger sexuell motiviert ist oder sein muss, sondern dass die Sexualität selbst zum Mittel der Machtausübung und Misshandlung wird.

In Anlehnung an Helga Amesberger, Katrin Auer und Brigitte Halbmayr (2004: 326ff.) differenziert Martina Mezgolits in ihrem Beitrag „*Sexualisierte Gewalt und Apartheid am Beispiel Südafrika*" für diesen regionalen und histo-

---

2 Strukturell bedingte Armut fällt für Galtung – neben der „klassischen" körperlichen Gewalt zwischen Personen – ebenso unter den Begriff der Gewalt wie die Vorenthaltung von Schulbildung für marginalisierte Gruppen. TrägerInnen der Gewalt sind u.a. Strukturen, Institutionen, Herrschaftssysteme, also Einheiten, die praktisch nicht zu fassen sind und somit auch nicht zur Verantwortung gezogen werden können. Die scheinbare Allmächtigkeit einer Gewalt, die ohne AkteurInnen auskommt, ist einer der zentralen Kritikpunkte an diesem Konstrukt. Daher wird Galtung auch vorgeworfen, dass sein Konzept zu allgemein gefasst sei. Um sein Konzept begrifflich zu schärfen sind daher Spezifizierungen notwendig, im Sinne einer jeweils neu zu treffenden Unterscheidung zwischen physischer und psychischer Gewalt, sowie zwischen einer akteurslosen strukturellen also indirekten und einer personalen beziehungsweise direkten Gewalt, zwischen intendierter und nicht intendierter, zwischen einer objektbezogenen und einer objektlosen Gewalt, sowie zwischen manifester und latenter Gewalt (vgl. Amesberger et al. 2004: 18f.).

rischen Kontext zwischen sexualisiert-frauenfeindlicher Gewalt, als einer Form, die sich primär gegen Frauen als Frauen richtet, sexualisiert-rassistischer Gewalt, das heißt, die Gewalt richtet sich gegen Frauen als Angehörige einer bestimmten Ethnie oder *race* (nämlich der Schwarzafrikanischen Bevölkerung), und sexualisiert-ökonomischer Gewalt, wobei die Gewalt primär in wirtschaftlichen Belangen zum Ausdruck kommt. Resümierend hält sie fest, dass auch heute noch, mehr als zehn Jahre nach dem Ende der Apartheid, Frauen massiven Formen sexualisierter Gewalt ausgesetzt sind, dass die genauen Formen wie sie unter den geänderten Bedingungen zum Ausdruck kommen, aber noch zu erforschen sind.

Ebenfalls eine Variante sexualisierter Gewalt stellt die von Brigitte Fuchs in *„'Weiblichkeit', Monstrosität und 'Rasse'. Anthropophagie, Ökonomie und Doppelmoral im Zeitalter der Konquista"* beschriebene, umfassende Gewalt, wie sie im Zuge der Reconquista in Europa und der anschließenden Eroberung Lateinamerikas im „langen 16. Jahrhundert" (Wallerstein 1974) stattgefunden hat, dar. Sexualisiert bezieht sich in diesem spezifischen Fall weniger darauf, dass die Sexualität zum Mittel von Machtausübung wird, sondern in weit stärkerem Maße darauf, dass sie dazu herangezogen wird, Eroberung, Domestizierung und Vernichtung zu legitimieren. Die der „Moderne" innewohnende Gewalt erweist sich somit von Beginn an als immanent sexualisiert und geschlechtlich, ein Faktum, auf das auch Patricia Zuckerhut in ihrem Artikel *„Lateinamerika – innere und äußere Grenzziehungen der Moderne. Sexualisierte, rassisierte und epistemische Gewalt als Grundlagen von Kolonialität und Modernität"* hinweist.

Jens Kastner und Elisabeth Tuider widmen sich in ihrem Beitrag *„Zentrale RandBewegungen. Zur Konstitution von Gewalt an der Schnittstelle von Geschlecht, Sexualität, Ethnizität"* dem Phänomen der Konsolidierung der mexikanischen Nation mittels sexualisiert-sexistischer und sexualisiert-rassistischer Gewalt, wobei sie darauf hinweisen, dass diese zwar im feministischen und zapatistischen Diskurs aufgedeckt wird, damit aber neue Auslassungen – die der Gewalt gegenüber indigenen, wie auch lesbischen Frauen, aber auch der strukturellen und symbolischen Gewalt – einhergehen. In diesem Sinne fordern sie insbesondere angesichts der massiven Auswirkungen neoliberaler Strukturen in Lateinamerika einen möglichst breit gefassten Gewaltbegriff ein.

Auf Europa bezogen, jedoch Frauen aus aller Welt betreffend, zeigt Barbara Grubner (b) in *„Frauenmigration und Gewalt. Überlegungen zu transnationalen Arbeits- und Gewaltverhältnissen im Privathaushalt"* die vielfältigen Formen von Gewalt auf, denen ArbeiterInnen – in hohem Ausmaß weibliche MigrantInnen in größtenteils ungesicherten Beschäftigungsverhältnissen – im Privathaushalt ausgesetzt sind. Neben den körperlichen und sexualisierten Übergriffen, die von Haushaltsarbeiterinnen signifikant häufig berichtet werden, lenkt Grubner die Aufmerksamkeit auf jene strukturellen, institutionellen und symbolischen Gewaltverhältnisse, die derartige Übergriffe erst ermöglichen, selbst aber der öffentlichen Sicht und Diskussion gänzlich entzogen sind.

Epistemische Gewalt

In anderer Weise als das oben, in verschiedenen Varianten dargelegte Konzept der sexualisierten, verweist das der epistemischen Gewalt ebenfalls auf die Notwendigkeit eines breit gefassten Verständnisses des Begriffs. Gayatri Chakravorty Spivak[3] (1988; 1994; 2000 et al.) beschreibt damit die Macht- und Gewaltverhältnisse in der Produktion von Wissen, wie sie im (post-)kolonialen Diskurs des Okzidentalismus und Orientalismus zum Ausdruck kommen: An der Konstruktion der/des Anderen („Othering") sind verschiedene auch divergierende, an unterschiedliche gesellschaftliche und historische Zusammenhänge geknüpfte Interessen beteiligt. Dabei wird eine hierarchisch angeordnete Wirklichkeit erzeugt. Die epistemische Gewalt ist nun jene diskursive Macht, „die bei der Durchsetzung binärer Repräsentationen die Grenze zwischen der eigenen und der anderen Gruppe markiert und festschreibt" (Potts et al. 2006: 49). Ein besonders charakteristisches Beispiel ist für Spivak (wie sie es beispielsweise 1994: 76; 2000: 266f. ausführt) das Projekt der Konstituierung des kolonialen Subjekts als Anderes. So kommen im Begriff „Inderin" gleichzeitig koloniale Diskurse und Identität zum Tragen; das heißt er ist das Ergebnis „imperialistischer Geschichte der Subjektkonstitution" (1994: 82). Unvergleichbare Lebenserfahrungen werden in einem Terminus homogenisiert, mit äußerst negativen politischen Folgen insbesondere „für diejenigen postkolonialen Subjekte [...] die am untersten Ende der sozialen Hierarchie verortet sind" (Castro Varela/Dhawan 2005: 56).

Auch das „Schreiben über" kann eine Form epistemischer Gewalt sein (Spivak 1988), insofern es Grenzziehungen und Hierarchien festschreibt. Nancy Lindisfarne (2007: 5) spricht von einer Naturalisierung von Ungleichheit über ein kapitalistisch/orientalistisches Paradigma und den damit einhergehenden stereotypen Dichotomien. In diesem Sinne arbeitet Gabriele Habinger in ihrem Artikel *„Genderless white power' – Europäische Reiseschriftstellerinnen als Befürworterinnen und ,Agentinnen' des Kolonialismus"* den kolonialen Diskurs in seiner wechselseitigen Bezugnahme auf „das Eigene und das Fremde" heraus. Sie zeigt, wie dieser Diskurs auf die Selbst- und Fremdwahrnehmung reisender Frauen im 19., Anfang des 20. Jahrhunderts wirkt und auch die Rezeption von Reiseberichten dieser Frauen durch dualistische Denkmuster geprägt ist. Habinger spricht von einem „kolonialen Eroberungshabitus" der Frauen, einerseits bezogen auf die Auffassung einer Überlegenheit „des Westens" und einem daraus resultierenden Recht auf Kolonisierung im Allgemeinen, andererseits auf ihnen als (westlicher, weißer) Person selbstverständlich zukommende Privilegien und Vorrechte im besonderen. Über die Hautfarbe werden die Europäerinnen

---

3 Zwar ist die epistemische Gewalt ein Schlüsselkonzept der postkolonialen Studien, aber Spivak prägt dieses in besonderer Weise, indem sie auch auf die Verschränkung hegemonialer indigener oder postkolonialer Kritik an dominanten Diskursen mit diesen verweist. In ihrem Werk wird in verschiedener Weise immer wieder darauf Bezug genommen. Eine gute Zusammenfassung von Spivaks Verständnis epistemischer Gewalt findet sich in Potts et al. 2006: 49-59.

zu sichtbaren Repräsentantinnen westlicher Macht, kommen sie in den Genuss einer „genderless white power".

Eine besondere Form epistemischer Gewalt wird bei Gerlinde Heindl in ihrem Text „*Die grausame Logik des Karnophallogozentrismus in Carmen Boullosas Son vacas, somos puercos*" angeschnitten: die des Karnophallogozentrismus als einer im westlichen Denken (des *logos*) begründeten Bevorzugung des Mannes gegenüber der Frau sowie des Menschen gegenüber dem Tier. Im Anschluss an Cary Wolfe unterscheidet sie zwischen *animalized animals, humanized animals, animalized humans* und *humanized humans*, wobei die „animalisierten Menschen" eine Kategorie repräsentieren, deren Angehörige ungestraft getötet werden können. Insbesondere rassisierte und sexualisierte Menschen laufen Gefahr dieser Gruppe zugerechnet zu werden.

Patricia Zuckerhut beschreibt in ihrem Beitrag „*Lateinamerika – innere und äußere Grenzziehungen der Moderne. Sexualisierte, rassialisierte und epistemische Gewalt als Grundlagen von Kolonialität und Modernität*" die Entstehungsbedingungen epistemischer Gewalt im Sinne von Okzidentalismus (und später erst des Orientalismus), indem sie die erste der drei von Ramón Grosfoguel und Ana Margarita Cervantes-Rodríguez (2002) vorgestellten Phasen der Modernität in Hinblick auf die sie begründende sexualisierte und rassisierte Gewalt präsentiert. Das von Pelizzon (2002) beschriebene „Gendering" in Europa erweist sich als wesentliche Grundlage für die Kolonisierung Lateinamerikas, wie diese ihrerseits eine Voraussetzung in der Herausbildung und Konsolidierung des kapitalistischen Weltsystems bildet.

Nach dieser kurzen Ausführung zu zwei wesentlichen, das Buch in vielerlei Hinsicht prägende Fassungen von Gewalt, gehe ich im folgenden Abschnitt auf die Diskussionen um den Gewaltbegriff in der Kultur- und Sozialanthropologie ein. Diese unterscheiden sich von jenen in anderen Disziplinen durch die Fokussierung auf äußerst heterogene Gesellschafts- und Denkformen und können damit wichtige Impulse für die Analyse geschlechtsbezogener/sexualisierter Formen von Gewalt geben. Mit dieser Zusammenfassung sollen darüber hinaus die theoretischen Ausgangsbedingungen deutlich gemacht werden, die die Auswahl der Beiträge wesentlich mitbestimmten.

Die Gewaltdebatte in der Kultur- und Sozialanthropologie

Die Kultur- und Sozialanthropologie ist, aufgrund ihres Selbstverständnisses, sich mit unterschiedlichen Lebens- und Denkweisen zu befassen, mit einem komplexen Problem befasst: Auf der einen Seite ist das Konzept der Gewalt nicht in allen Gesellschaften gleichermaßen vorhanden, auf der anderen Seite gilt ein- und derselbe Akt (in ein- und derselben Gesellschaft/Gruppe) in bestimmten Zusammenhängen als gewaltsam, in anderen jedoch nicht (vergleiche auch Barnard/Spencer 2004: 560). Sie unterscheidet daher zwei Ebenen von Gewalt – die Innensicht aus der betreffenden Kultur oder Gruppe heraus, und eine kulturübergreifende Außensicht, ausgehend von der Annahme, es gäbe eine allen Gewaltkonzepten inne wohnende Gemeinsamkeit (vergleiche unter anderem

Hugger 1995: 24). David Riches (1986; 1991) spricht in diesem Zusammenhang von einer *repräsentationalen* Ebene, auf der sich die Unterschiede der Gewaltkonzepte manifestieren, einer Ebene, auf der über eine Handlung/Situation reflektiert und geurteilt wird; und von einer *situationalen* Ebene die auf die Universalität des Gewaltbegriffs hindeutet und einen Vergleich zwischen den Gesellschaften und Kulturen ermöglichen soll. Die situationale Ebene bezieht sich – anders als die repräsentationale – auf das Hier und Jetzt einer Handlung, auf die unmittelbaren Empfindungen und Gefühle von TäterInnen und Opfern, wobei die Auffassungen dieser beiden Gruppen sich in Hinblick auf die Legitimität des Handelns in der Regel diametral entgegenstehen. Auf der repräsentationalen Ebene hingegen kann möglicherweise auch ein Konsens zwischen allen Beteiligten darüber bestehen, dass eine Handlung legitim und somit nicht Gewalt ist. Ein Beispiel hierfür wäre das Züchtigungsrecht des (männlichen) *pater familias* gegenüber den Angehörigen seines Haushalts, wie es lange Zeit in Europa bestand. Das Schlagen der Kinder wie auch der Ehefrau oder anderer untergeordneter Haushaltsmitglieder, sofern es ein gewisses Ausmaß nicht überschreitet, gilt hier als legitimes Mittel der Disziplinierung und nicht als Akt der Gewalt (vergleiche dazu neben Riches Ausführungen unter anderem Boatcă 2003).

Wenn wir die Debatten zum Gewaltbegriff in der Kultur- und Sozialanthropologie, wie sie sich in einigen der zentralen Werke[4] zu dieser Thematik präsentieren, kurz zusammenfassen, so wird zum einen überwiegend auf die physische Dimension von Verletzung rekurriert – wobei der Definition von „Körper" unhinterfragt das in den euroamerikanischen Gesellschaften vorherrschende Konzept[5] zugrunde liegt –, zum anderen steht die Frage der Legitimität einer Handlung im Zentrum der Auseinandersetzung um ein allgemein gültiges Gewaltkonzept, das auch einen Kulturvergleich möglich macht. David Riches Überlegungen lieferten dafür eine zentrale Grundlage.

---

4 Vgl. v.a. Koehler/Heyer 1998; Schmidt/Schröder 2001; Stewart/Strathern 2002. Im Sammelband von Aijmer/Abbing (2000) wird zwar keine Definition von Gewalt gegeben, in den Beiträgen dominiert aber der physische Gewaltbegriff. Die Frage der Legitimität spielt hier keine Rolle – die primäre Intention ist es auf die kommunikative, die symbolische Dimension von Gewalt zu fokussieren, d.h. die Frage nach der Sinn- und Bedeutungshaftigkeit steht im Zentrum der Überlegungen. Das et al. (2000; 2001) hingegen beziehen sich ganz bewusst auf einen sehr breiten Gewaltbegriff indem sie die Gewalten des Alltagslebens herausarbeiten und sich gezielt mit dem Phänomen des „sozialen Leidens" befassen. Physische Gewalt spielt in den Einzelbeiträgen dennoch eine große Rolle. In keinem der zuletzt genannten Werke wird allerdings auf die Problematik der Vergleichbarkeit von Gewaltphänomenen näher eingegangen.

5 „Körper" im euroamerikanischen Weltbild gilt als etwas „natürlich" Gegebenes, im Unterschied zum „Geist", der soziokulturell geprägt sei. Die Unterscheidung zwischen Natur und Kultur, ein Merkmal der „rationalisierten Weltbilder" bzw. der „modernen Gesellschaft" nach Eder (1980; 2002), wie sie sich im Verlauf des „langen 16. Jahrhunderts" herausbildete, spielt hierfür eine wesentliche Rolle. Im Zuge der neuen Technologien kommt es allerdings auch oder gerade in den Naturwissenschaften – die sich für die Befassung mit dem Körper zuständig fühlten – zu neuen Sichtweisen. Körper wird nun zunehmend entnaturalisiert und fragmentiert (Weber 2006).

Die Frage der Legitimität einer Handlung stellt also eines der Schlüsselthemen des Gewaltkonzepts der Kultur- und Sozialanthropologie dar. Neben den genannten AkteurInnen Opfer und TäterIn sind in diesem Zusammenhang auch die ZeugInnen einer Gewalthandlung zu nennen, deren Sichtweise über die Legitimität eines Aktes entsprechend ihrer Beziehung zum Täter/zur Täterin oder zum Opfer variieren kann.[6] Die Frage der Legitimität ist daher selbst oft Gegenstand von Unstimmigkeiten (Stewart/Strathern 2002: 9). Auf der anderen Seite mag zwar ein gewisser gesellschaftlicher Konsens bezüglich der Legitimität bestehen, dennoch wird nicht allen Personen einer Gesellschaft gleichermaßen die Ausübung von Gewalt zugestanden.

Die Legitimität gewaltsamen Handelns hängt dabei von einer Reihe von Faktoren ab. Zugehörigkeiten zu Persongruppen – die sich über die Aneignung von Verhaltensweisen oder über geschlechtlich zugeschriebene Eigenschaften, aber auch Eigenschaften, die auf der Grundlage anderer Klassifizierungen gemacht werden, wie „Rasse", Klasse, Alter, etc. definieren, die in bestimmten Kontexten auch überschritten werden können (zum Beispiel im Rahmen von Ritualen) – entscheiden darüber, ob einem Menschen „gewalttätiges" Handeln erlaubt wird oder nicht.[7] Dazu kommen noch all jene Formen „legitimer Gewalt", die von der jeweiligen Gesellschaft selbst nicht als Gewalt oder aber als eine „notwendige" Form von Gewalt gesehen werden, wie die „Staatsgewalt", Gewalt im juridischen Kontext, oder auch die große Bandbreite ritueller Formen von Gewalt.

Gewalt entpuppt sich letztendlich aber als ein soziokulturelles Phänomen im Sinne einer „changing form of interaction and communication" (Blok 2000: 24), einer Interaktion und Kommunikation sowohl auf der Ebene des Subjekts und der Person, als auch auf der kommunalen und gesellschaftlichen Ebene. Vermittels gewalttätigen Handelns werden sowohl bewahrende als auch zerstörende Aspekte von Person, Subjektivität, Gemeinschaft, etc. zum Ausdruck gebracht. Über Gewaltaktionen entsteht Solidarität (zwischen den AkteurInnen) ebenso wie Abgrenzung und Differenzierung (zwischen TäterInnen und Opfern); sie schaffen Personen und Subjektpositionen (wie Männlichkeiten im Falle von homosozialer Gewalt) und zerstören sie auch (im Falle der heterosozialen Gewalt) (vgl. Meuser 2002). Gewalttätiges Handeln ist gleichermaßen ein Aspekt von Gemeinschaft/Gesellschaft – wie das insbesondere im Ritual zum Ausdruck gebracht wird (symbolisch-kulturelle Ansätze); wie auch ein Aspekt von Zerrissenheit und Zerstörung von Gemeinschaft – wie das in jenen Theorien zum Ausdruck gebracht wird, die von einer Zunahme der interpersonellen Gewalt in marginalisierten und pauperisierten Gruppen ausgehen (funktionale Ansätze).[8]

---

6 Zur Problematik von Riches (1986) „Dreiecks der Gewalt" und den jeweils verschiedenen Sichtweisen vgl. Stewart/Strathern 2002: 3ff.

7 Für die westliche Gesellschaft spricht Manuela Boatcă (2003) in diesem Sinne von einem Gewaltmonopol der Männer, da Männern in stärkerem Ausmaß als Frauen zu gewalttätigem Handeln ermächtigt seien.

8 Diese Unterscheidung wird von Stewart/Strathern (2002) eingeführt: Der funktionale Ansatz sieht Gewalt in Hinblick auf ihre Beziehung zu „Gesetz und Ordnung" und tendiert dazu sie der Ordnung gegenüber subversiv zu definieren. Daher müsse sie selbst durch

Nach diesem kurzen Einblick in wichtige Aspekte der (anthropologischen) Gewaltforschung fasse ich zum Abschluss einige zentrale Ergebnisse in ihrer besonderen Relevanz für eine Beschäftigung mit geschlechtsbezogener/sexualisierter Gewalt zusammen:

1) Nicht in jeder Gesellschaft gibt es einen eigenen Begriff „Gewalt"; wo ein solches Konzept existiert, ist es mit äußerst heterogenen Inhalten gefüllt. Auch die Kultur- und Sozialanthropologie selbst verfügt über keinen einheitlichen, allgemein anerkannten Gewaltbegriff.

2) In jedem Fall ist zunächst von einem möglichst breiten und umfassenden Konzept auszugehen; Einschränkungen sind jeweils auf die spezifische Situation und Region beziehungsweise das Forschungsthema vorzunehmen.

3) Gewalt definiert sich häufig (aber nicht immer) über die Frage der Legitimität einer Handlung; dieselbe Handlung ist nicht für alle Mitglieder einer Gesellschaft gleichermaßen legitim; die Legitimität einer Handlung ist womöglich umstritten.

4) Gewalt ist nie vollkommen sinn- oder bedeutungslos. Sie ist nie isoliert zu sehen, sondern muss immer im Gesamtkontext betrachtet werden; Gewalt drückt immer irgendeine Art von Beziehung mit anderen aus.

Diese vier Punkte standen als Thesen gleichsam am Beginn der Konzeption der beiden Workshops, die die Grundlage für den vorliegenden Sammelband bilden.

Zu den Beiträgen

Brigitte Fuchs beschreibt die im Zuge der Herausbildung der kapitalistischen Weltwirtschaft erfolgte Rekonfigurierung der symbolischen Ordnung: zu eroberndes Land erscheint in der Metapher des weiblichen Körpers; zu erobernde, zu vertreibende oder zu vernichtende Bevölkerungsgruppen werden feminisiert und naturalisiert. Deutlich wird das neue Konzept von Land, Menschen und Frauen als etwas zu Domestizierendes, Unterwerfendes oder zu Vernichtendes im dualistischen Bild der bürgerlichen Ehefrau (domestiziert, asexuell und passiv) und der Prostituierten („wild", sexuell und aktiv) wie es sich im Zuge der Neukonzipierung der Ehe seit dem Spätmittelalter herausbildet.

Von ähnlichen Prämissen ausgehend fokussiert *Patricia Zuckerhut* das Gendering, die bürgerliche Doppelmoral und die verschiedenen Grenzziehungen, die dem Mythos der „Überlegenheit des Westens" gegenüber dem „Rest" der Welt (Hall 1992) zugrunde liegen. Der Okzidentalismus, wie er im Kontext der Entdeckung, Eroberung und Kolonisierung Lateinamerikas, einhergehend mit massiven geschlechtlichen und rassisierten Formen der Gewalt, entstand, er-

---

Zwangsmaßnahmen kontrolliert werden. Der zweite Ansatz ist symbolisch. Die Untersuchungen konzentrieren sich hier auf die subjektiven und kulturellen Bedeutungen, die mit gewalttätigen Akten verbunden sind und wie diese die AkteurInnen beeinflussen, gewaltsame Akte zu begehen. Diese mögen in einem Sinne subversiv sein, in einem anderen konstitutiv. Gewalt kann als etwas gesehen werden, das Ordnung zerstört, oder als etwas, das sie erst herstellt.

weist sich – wie bereits von Walter Mignolo (2000: 34f.) herausgearbeitet[9] – als Voraussetzung für den Orientalismus.

Gabriele Habinger zeigt, dass Kolonialismus nicht als rein männliches Projekt zu verstehen ist; dass Frauen ebenso wie Männer zum kolonialen Diskurs, geprägt durch genaue Vorstellungen von oben und unten, „weiß" und „nicht-weiß", dem „Westen und dem Rest" beitrugen und diesen auch für sich nutzten. Beispielsweise die Österreicherin Ida Pfeiffer profitierte auf ihren Reisen nicht nur von den jeweiligen Kolonialmächten, sie verteidigte und befürwortete auch eindeutig das Projekt der Kolonisierung. Die Verknüpfung von „Rasse"/ethnische Zugehörigkeit/Hautfarbe und Geschlecht erfährt dabei in den verschiedenen von Habinger aufgearbeiteten Beispielen jeweils unterschiedliche Ausprägungen; Geschlecht tritt womöglich in den Hintergrund zugunsten von „Rasse" und Klasse.

Barbara Grubner (b) befasst sich mit jenen „unsichtbaren Formen von Gewalt", die die gegenwärtige Organisation von haus- und personenbezogenen Dienstleistungen im Privathaushalt, die vorzugsweise von Migrantinnen ausgeführt werden, prägen. Es handelt sich dabei um ein Tätigkeitsfeld, das nicht nur gesellschaftlich abgewertet, sondern auch als eine „genuin weibliche" Aktivität gilt, die in den westlichen Industrieländern zu einem großen Teil im Rahmen der „Schattenwirtschaft" (also im rechtlichen Graubereich) durchgeführt wird. In ihre Analyse des Ineinanderwirkens unterschiedlicher Gewaltformen und -verhältnisse (personale wie akteurslose, körperliche wie strukturelle), integriert Grubner auch eine symboltheoretische Annäherung an typische Konfliktdynamiken solcher Arbeitsverhältnisse im Privathaushalt, in deren Zentrum der ambivalente Umgang mit Schmutz und Unreinheit steht.

Jens Kastner und *Elisabeth Tuider* sprechen in ihrem Beitrag zu Mexiko von symbolischer Gewalt im Sinne eines „Unsicherheitsregimes" für Frauen. Diese findet sich insbesondere auch am Kreuzungspunkt von Geschlecht und Ethnizität, aber auch im Widerstand lesbischer Frauen und der Frauen in der zapatistischen Bewegung. Sie verweisen auf die besondere Bedeutung sexualisiert-ethnisierter Gewalt im Kontext der Nationwerdung Mexikos und welche Rolle diese noch heute im mexikanischen Nationalbewusstsein spielt. Mannsein und Männlichkeit verwob sich strukturell mit Gewalt und es entstand ein Herrschaftscode der Dominanz, der sich auf der Beherrschung der Frau (und der Indigenen) und der Bereitschaft, Gewalt anzuwenden, gründete.

Gerlinde Heindl erläutert die Bedeutung des Derrida'schen Konzepts des Karnophallogozentrismus im Roman „Son vacas, somos puercos" der mexikanischen Schriftstellerin Carmen Boullosa. Sie zeigt die Doppelgesichtigkeit der Erzählung als scheinbare Verherrlichung der blutrünstigen und frauen- beziehungsweise lebensverachtenden Welt der Piraten der Karibik des 17. Jahrhunderts und ihre gleichzeitige Hinterfragung durch die Dekonstruktion der Legitimität menschlich-männlicher Dominanz wie auch der Grenze Mensch-Tier.

---

9 Mignolo geht allerdings nicht auf Gendering und bürgerliche Doppelmoral und damit auch nicht auf die mit der Entdeckung, Eroberung und Kolonisierung Lateinamerikas einhergehende sexualisierte Gewalt ein.

Martina Mezgolits schließlich, befasst sich mit unterschiedlichen Formen sexualisierter Gewalt in Südafrika zur Zeit der Apartheid. Gerade die Gewalttätigkeit des Regimes, die strukturellen Bedingungen der Ausgrenzung und Benachteiligung, die durch massive direkte Gewalt durchgesetzt und unterstützt wurde, lässt umso mehr verwundern, dass die Frage der geschlechtlich konnotierten und sexualisierten Gewalt bisher in vielen Diskussionen kaum Beachtung fand.

Bibliographie

Aijmer, Goran and Jan Abbink (eds.). 2000. Meanings of Violence. A Cross Cultural Perspective. Oxford – New York.

Amesberger, Helga, Katrin Auer und Brigitte Halbmayr. 2004. Sexualisierte Gewalt. Weibliche Erfahrungen in NS-Konzentrationslagern. Wien.

Barnard, Alan and Jonathan Spencer (eds.). 2004. Encyclopedia of Social And Cultural Anthropology. London.

Blok, Anton. 2000. The Enigma of Senseless Violence. In: Aijmer, Goran and Jan Abbink (eds.). Meanings of Violence. New York, pp. 23-38.

Boatcă, Manuela. 2003. Kulturcode Gewalt. In: Lamnek, Siegfried und Manuala Boatcă (Hg). Geschlecht – Gewalt – Gesellschaft. Otto-von-Freising-Tagungen der Katholischen Universität Eichstätt-Ingolstadt, Band 4. Opladen, S. 55-70.

Castro Varela, María do Mar und Nikita Dhawan. 2005. Postkoloniale Theorie. Eine kritische Einführung. Cultural Studies 12. Intro. Bielefeld.

Das, Veena, Arthur Kleinman, Mamphela Ramphele and Pamela Reynolds (eds.). 2000. Violence and Subjectivity. Berkeley et al.

Das, Veena, Arthur Kleinman, Margaret Lock, Mamphela Ramphele and Pamela Reynolds (eds.). 2001. Remaking a World. Violence, Social Suffering and Recovery. Berkeley et al.

Eder, Klaus. 1980 [1976]. Die Entstehung staatlich organisierter Gesellschaften. Ein Beitrag zu einer Theorie sozialer Evolution. Frankfurt am Main.

Ders. 2002. Die Natur: Ein neues Identitätssymbol der Moderne? Zur Bedeutung kultureller Traditionen für den gesellschaftlichen Umgang mit der Natur. In: Gingrich, Andre und Elke Mader (Hg.). Metamorphosen der Natur. Sozialanthropologische Untersuchungen zum Verhältnis von Weltbild und natürlicher Umwelt. Wien-Köln-Weimar, S. 31-68.

Fuchs, Brigitte. In diesem Band. „Weiblichkeit", Monstrosität und „Rasse". Anthropophagie, Ökonomie und Doppelmoral im Zeitalter der Konquista.

Galtung, Johan. 1975. Strukturelle Gewalt. Beiträge zur Friedensforschung. Reinbek bei Hamburg.

Grosfoguel Ramón and Ana Margarita Cervantes-Rodríguez. 2002. Unthinking Twientieth-Century Eurocentric Mythologies: Universalist Knowledges, Decolonization, and Developmentalism. In: Grosfoguel, Ramón and Ana Margarita Cervantes-Rodríguez (eds.). The Modern/ Colonial/ Capitalist World-System in the Twentieth Century. Global Processes, Antisystemic

Movements, and the Geopolitics of Knowledge. Westport, USA, pp. xi-xxix.

Grubner, Barbara. In diesem Band (a). Vorwort: Sozialwissenschaftliche Perspektiven auf Gewalt und Geschlecht.

Dies. In diesem Band (b). Frauenmigration und Gewalt. Überlegungen zu transnationalen Arbeits- und Gewaltverhältnissen im Privathaushalt.

Habinger, Gabriele. In diesem Band. „Genderless white power" – Europäische Reiseschriftstellerinnen als Befürworterinnen und „Agentinnen" des Kolonialismus.

Hall, Stuart. 2003 [1992]. Der Westen und der Rest: Diskurs und Macht. In: Hall, Stuart, Herausgegeben und übersetzt von Ulrich Mehlem, Dorothee Bohle, Joachim Gutsche, Matthias Oberg und Dominik Schrage. Rassismus und kulturelle Identität. Ausgewählte Schriften 2. Hamburg, S. 137-179.

Heindl, Gerlinde. In diesem Band. Die grausame Logik des Karnophallogozentrismus in Carmen Boullosas *Son vacas, somos puercos*.

Hugger, Paul. 1995. Elemente einer Kulturanthropologie der Gewalt. In: Hugger, Paul und Ulrich Stadler (Hg.). Gewalt. Kulturelle Formen in Geschichte und Gegenwart. Zürich, S. 17-27.

Kastner, Jens und Elisabeth Tuider. In diesem Band. Zentrale RandBewegungen. Zur Konstitution von Gewalt an der Schnittstelle von Geschlecht, Sexualität, Ethnizität.

Koehler, Jan und Sonja Heyer (Hg.). 1998. Anthropologie der Gewalt. Berlin.

Lindisfarne, Nancy. 2007. Starting from Below. Fieldwork, Gender and Imperialism Now. In: Austrian Studies in Social Anthropology. Sondernummer KSA-Tage 2007: 1-18. http://www.univie.ac.at/alumni.ethnologie/journal/volltxt/Lindisfarne%20KSA%202007.pdf (Zugriff: 01.09.2008)

Mezgolits, Martina. In diesem Band. Sexualisierte Gewalt und Apartheid am Beispiel Südafrika.

Meuser, 2002. „Doing Masculinity" – Zur Geschlechtslogik männlichen Gewalthandelns. In: Dackweiler Regina-Maria und Reinhild Schäfer (Hg). Gewalt-Verhältnisse. Feministische Perspektiven auf Geschlecht und Gewalt. Frankfurt am Main/New York, S. 53-78.

Mignolo, Walter D. 2005. The Idea of Latin America. Padstow, Cornwall.

Mischkowski, Gabriela. 2004. Sexualisierte Gewalt im Krieg. Eine Chronik. In: medica mondiale e.V. (Hg.). Sexualisierte Kriegsgewalt und ihre Folgen. Handbuch zur Unterstützung traumatisierter Frauen in verschiedenen Arbeitsfeldern. Frankfurt am Main, S. 17-56.

Paz, Octavio. 1998. Das Labyrinth der Einsamkeit. Frankfurt am Main.

Pelizzon, Sheila. 2002. Writing on Gender in World-Systems Perspective. In: Grosfoguel, Ramón and Ana Margarita Cervantes-Rodríguez (eds.). The Modern/ Colonial/ Capitalist World-System in the Twentieth Century. Global Processes, Antisystemic Movements, and the Geopolitics of Knowledge. Westport, USA, pp. 199-211.

Potts, Lydia, Silke Wenk, Martina Kamp, Achim Rohde und Mona Motakef. 2006. Geschlechterkonstruktionen und Gewalt – ein Literaturbericht. Projekt. Geschlechterkonstruktionen und Gewalt. Ambivalenzen der Moderne im Prozess der Globalisierung. Carl von Ossietzky Universität Oldenburg. Zentrum für interdisziplinäre Frauen- und Geschlechterforschung. (unveröffentlicht).

Riches, David. 1986. The Anthropology of Violence. Oxford.

Ders. 1991. Aggression, War, Violence: Space/Time and Paradigm. In: Man (N.S.) 26: 281-298.

Schmidt, Bettina and Ingo Schröder (eds.). 2001. Anthropology of Violence and Conflict. London.

Spivak, Gayatri Chankravorti. 1988. A Literary Representation of the Subaltern: A Woman's Text from the Third World. In: Dies. In Other Worlds: Essays in Cultural Politics. London, pp. 241-268; 301-309.

Dies. 1994. Can the Subaltern Speak? In: Williams, Patrick and Laura Chrisman (eds.). New York, pp. 66-111.

Dies. 2003 [1999]. A Critique of Postcolonial Reason. Toward a History of the Vanishing Present. Cambridge, Massachusetts, London, England.

Stewart, Pamela J. and Andrew Strathern. 2002. Violence.Theory and Ethnography. London, New York.

Wallerstein, Immanuel. 1974. The Modern World System. New York.

Weber, Jutta. 2006. From Science and Technology to Feminist Technoscience. In: Davis, Kathi, Mary Evans and Judith Lorber (eds.). Handbook of Gender and Women's Studies. London, Thousand Oaks, New Delhi, pp. 397-414.

Zuckerhut, Patricia. In diesem Band. Lateinamerika – innere und äußere Grenzziehungen der Moderne. Sexualisierte, rassialisierte und epistemische Gewalt als Grundlagen von Kolonialität und Modernität.

Brigitte Fuchs

„Weiblichkeit", Monstrosität und „Rasse"
Anthropophagie, Ökonomie und Doppelmoral im Zeitalter der Konquista

Einleitung

Von seiner dritten Reise auf der Suche nach einem Seeweg nach Indien schrieb Kolumbus in einem Brief an die katholischen Könige Spaniens, er sei zur Ansicht gelangt, dass die Erde keineswegs wie eine Kugel geformt sei. Vielmehr bestätigt er entsprechend der autoritativen mittelalterlichen Kosmologie (vgl. Simek 1992: 59f.), dass die Erde in der Nähe des Paradieses, wo er sich aufzuhalten wähnte, „aufwärts" führte. Dabei handle es sich aber nicht, wie bisher von den „Autoritäten" behauptet, um einen „steilen Berg" (Columbus 1994: 389). Vielmehr sei die Erde im „Osten" wie „eine Birne" oder die Brust einer Frau geformt, mit einer Erhebung in der Mitte, die einer Brustwarze gleiche (ibid.: 381). Diese gälte es zu erreichen, vermutet doch Kolumbus im „besten Teil der Welt" (Colón 1997: Anm. 32, 377) Reichtümer im Überfluss.

Kolumbus präsentiert also „Indien" – das Land, das in Europa wegen seines legendären Reichtums an Gold und Gewürzen begehrt war, als den Busen der „Frau Welt" – jener mittelalterlichen Allegorie des Materiellen, das als Gegensatz des Geistigen gesehen wurde. Für Walther von der Vogelweide war an der Wende vom 12. zum 13. Jahrhundert „Frau Welt" von vorne „wunderbar anzusehn", während er „von rückwärts" so viel „Schändliches" erblickte, dass er sie „immer schmähen" werde. Der Dichter wendet sich daher von Frau Welt ab. Im Gegensatz dazu segelt Kolumbus 1492 auf das Land zu, das ihm seine Reichtümer wie eine mütterliche Brust darzubieten scheint (Walther 1962: 102f.).

War auch die Assoziation von Land und Weiblichkeit im Mittelalter geläufig, so war die Einführung einer Metaphorik des weiblichen Körpers für ein Land, das es anzueignen galt, um 1500 völlig neu. Um sich der Frage der Bedeutung dieser neuen Metaphorik anzunähern, ist es nahe liegend, sich des von Stuart Hall (1997: 24) vertretenen „konstruktionistischen" Ansatzes zur Analyse von „Repräsentationssystemen" zu bedienen. Diesem zufolge legen nicht die Individuen den Sinn von Zeichen, Sprache und Bildern fest, sondern die Bedeutung wird durch das „Repräsentationssystem" konstruiert. Dabei ist strikt zwischen den materiellen Dingen und der symbolischen Ordnung jener Prozesse und Praktiken zu unterscheiden, in deren Rahmen Repräsentation, Bedeutung und Sprache wirksam wird. Da die Sexualisierung des Landes auf eine neue symbolische Ordnung deutet, scheint es sinnvoll, diese mit jenem Prozess zu assoziieren, den Foucault (1977: 19; 34) als „Diskursivierung des Sexes" beschrieben hat. Foucault geht in Abgrenzung von der psychoanalytisch-marxistischen „Repressionshypothese" davon aus, dass Sexualität keinen unterdrückten, sondern vielmehr einen zentralen Diskurs („Sexualitätsdispositiv") jener „Bio-Macht" darstellt, durch die sich das – moderne – Individuum als Subjekt einer Sexualität konstituiert. Allerdings negiert Foucault jede Beziehung zwischen Bio-Macht und Ökonomie, und er blendet die Beziehung zwischen europäischem Expansionismus und jener neuen „Ordnung der Dinge" (Foucault 1971) völlig aus, in deren Rahmen die Diskursivierung des Sexes sich vollzieht.

Im Folgenden wird der Versuch unternommen, die Rekonfiguration der symbolischen Ordnung im Verhältnis zum modernen (kapitalistischen) Weltsystem (Wallerstein 1994) – und seiner grundlegend kolonialen „Genealogie" – zu diskutieren. Zunächst wird gezeigt, wie die sexuelle Metapher für „das Land" eine neue, auf Profit orientierte Ökonomie legitimiert, während gleichzeitig eine – prinzipiell weiblich bestimmte – Sexualität allmählich in ihre Warenform überging. Da sich die Profitorientierung auf Basis der autoritativen christlichen Lehren nicht völlig rechtfertigen ließ, wurden deren spezifisch kapitalistische Elemente in Stereotype einer als illegitim bestimmten „weiblichen Sexualität", „Wildheit" und Anthropophagie „verschoben" und Anderen zugeschrieben. Die dadurch ausgedrückte Ambivalenz offenbart sich insbesondere auch als westliche bürgerlich-patriarchale Doppelmoral, die im Prozess europäischer Expansion ihrerseits universalisiert und in sämtliche sozio-ökonomischen und politischen Verhältnisse eingeschrieben wurde.

Die Eroberung der América

Ein Kupferstich, den Theodor Galle um 1600 nach einer Zeichnung (1575) von Jan van der Straet (Johannes Stradanus) anfertigte, zeigt, wie durch die „Verweiblichung" des Landes das koloniale Streben nach Bereicherung als moralisch richtig dargestellt wird. Bereits Peter Hulme (1986), Anne McClintock (1995) und Sabine Schülting (1997) haben auf die Signifikanz von Straets Repräsentation der „Entdeckung" der Neuen Welt als Zusammentreffen zwischen einem Mann, der Allegorie Europas, und einer Frau, der Allegorie der Neuen Welt, hingewiesen. Die Frau sitzt unbekleidet bis auf Helm, Fußreif und Lendenschurz in einer Hängematte und streckt ihre Hand dem Mann entgegen, der gerade an Land gegangen ist. Der Mann und Entdecker ist voll bekleidet und namentlich als „Americus" – Amerigo Vespucci – gekennzeichnet. In seiner rechten Hand trägt er Schwert, Banner und Kreuz; in der linken hält er ein Astrolabium – jenes in der Navigation unerlässliche Instrument, das sich über die Vermittlung arabischer Seefahrer im Mittelalter in den westlichen Mittelmeerländern verbreitet hatte, um nun als Symbol des überlegenen europäischen Wissens präsentiert zu werden. Im Hintergrund des Bildes verzehren – offenbar weibliche – Figuren ein kannibalisches Mahl (vgl. McClintock 1995: 26f.).

In einer Szene, die ebenso auf die Symbolik einer Taufe wie einer Heirat rekurriert, nimmt „Americus" – ausgestattet mit allen Insignien europäischer Herrschaft – den unbekannten Kontinent für das Abendland in Besitz, indem er ihm seinen eigenen feminisierten Namen, „América", gibt. Die Inschrift auf dem Stich besagt „Amerigo entdeckt Amerika wieder ... einmal ... und immer" und drückt damit aus, dass der neue Kontinent „für immer" zu Europa gehört. „Amerika" bietet ihre Reichtümer der männlichen Allegorie Europas in einer Szene an, die stark sexuell konnotiert ist. Americus gibt ihr seinen Namen, um sie von nun an christlich zu belehren, die „Wildnis" urbar zu machen und dem

Kannibalismus ein Ende zu setzen. Er beansprucht territoriale Rechte über Amerikas „Körper" – die Menschen und die Früchte des Landes. Die koloniale Hierarchie ist in das Geschlechterverhältnis verschoben, wobei die Herrschaft „männlich" repräsentiert wird, während das Objekt der Herrschaft – das Land mitsamt seinen Reichtümern und BewohnerInnen – als „weiblich" erscheint. Der „weibliche" Charakter des Landes wird dadurch unterstrichen, dass die Konquistadoren innerhalb weniger Jahrzehnte dazu übergingen, die Neue Welt als „jungfräuliches Land" zu bezeichnen (Schülting 1997: 47f.). Der Begriff der Jungfräulichkeit dient in erster Linie dazu, das „Land" unter Ausblendung indigener Zivilisationen und Menschen als „reich", aber unkultiviert und „leer" zu präsentieren – als Land, das seiner Nutzung durch europäische Mächte seit langem geharrt hatte. Das Land und seine BewohnerInnen sind zu Objekten der Eroberung und Ausbeutung verschmolzen, wenn sich auch das fremde Land in den Augen der „Entdecker" und Konquistadoren seiner „Entdeckung", Ausbeutung und Erschließung bis zu einem bestimmten Grad widersetzt. Die Konquistadoren gingen davon aus, dass sie neben der Feindseligkeit von „wilden" KannibalInnen auch die Grausamkeit von Handel treibenden „Amazonen" fürchten mussten (ibid.). Ein anderer Kupferstich Galles zeigt eine Allegorie Amerikas unter diesem feindseligen und bedrohlichen Aspekt (abgebildet zum Beispiel in Kohl 1987: 84; vgl. auch Kohl 2008). Amerika ist als nackte, mit einem Speer bewaffnete Amazone dargestellt, die in ihrer rechten Hand eine Kopftrophäe hält. Sie schreitet über ein nacktes Bein und verstreute Waffen (Bogen, Köcher und Streitaxt) hinweg. Diese gehören offenbar zu jenem getöteten Mann, dessen abgetrennten Kopf sie in ihrer Hand hält. Obwohl der Getötete durch seine Waffen als „Wilder" gekennzeichnet ist, scheint „América" diese Bestrafung auch den europäischen Eroberern anzudrohen.

Das Verhältnis der Konquistadoren zum „jungfräulichen Land" blieb daher ambivalent, und diese Ambivalenz wird in Bildern weiblicher Sexualität repräsentiert. Das weiblich allegorisierte Land erscheint gleichermaßen von begehrten Reichtümern und tödlichen Gefahren erfüllt. Die Ambivalenz, mit der „América" als Objekt der Begierde und als potentielle Bedrohung (Europas) dargestellt wird, zeigt sich nicht zuletzt als Ausdruck und Folge der Auslöschung der indigenen Namen und Historien beider Amerikas. Amerika ist in Bildern von Nacktheit, Kannibalismus und Amazonentum „aufgehoben" – in Bildern einer Bedrohung, die den Kontrapunkt zum Akt der Namensgebung bildet, der der Legitimation der Aneignung des Landes durch Europa dient.

Die Genese der bürgerlichen Doppelmoral

Galles Stich zeigt Vespucci/„Europa" und „América" in einer Szene, die insbesondere im Hinblick auf das zugrunde gelegte normative Geschlechterverhältnis zu interpretieren ist. Offenbar weist die Szene Überschneidungen zur Neukonzeptualisierung der Ehe auf, die sich mit dem Aufstieg des städtischen Bürgertums und der Akkumulation privater Vermögen seit dem Spätmittelalter in Westeuropa angebahnt hatte. Den Ausgangspunkt dafür bildete ein bevölkerungspolitisches Argument, das in Zusammenhang mit den Pestepidemien im

14. Jahrhundert und den Niederlagen der christlichen Armeen gegen den Islam in den Zentren kapitalistischer Entwicklung – Italien und Südfrankreich – zur Klage über Bevölkerungsverluste geführt hatte. Diese Verluste an Soldaten und Arbeitskräften wurden vor allem auf die sittenbedingt mangelnde Bereitschaft zur Zeugung von Nachkommen zurückgeführt (Rossiaud 1989: 155ff.). In diesem Kontext entwickelte sich allmählich die Auffassung, dass die Ehe als sittliche Institution im Mittelpunkt des menschlichen Daseins stehen solle. Dazu war es notwendig, die ältere christliche Auffassung fallen zu lassen, der zufolge auch die eheliche Sexualität als wenig wünschenswert galt. Das Ideal der Ehelosigkeit, das einen populären weiblichen Lebensentwurf darstellte (Shahar 1986: 143), wurde zurückgedrängt. Gleichzeitig tritt im Spätmittelalter die Ehefrau in den Mittelpunkt von Neuinterpretationen des kanonischen Eherechts, die ihre Abhängigkeit vom Ehemann einfordern und verstärken. Nach den Worten von Bernhard von Siena sei es die Pflicht des Ehemannes, seine Frau zu belehren und sittlich zu bessern; die Pflicht der Ehefrau sei es, ihren Mann zu fürchten, ihm zu dienen und zu gehorchen (ibid.: 173f.). Der Ehemann wird dazu aufgefordert, seine Frau zur „richtigen" Form von Sexualität zu erziehen, insbesondere dürfe sie nicht zur „Sinnlichkeit" verleitet werden. Im Rahmen der Ehe sollte eine auf Fortpflanzung gerichtete Sexualität praktiziert werden, die von Männern an Frauen „ausgeübt" wird. Metaphorisch werden die Frauen mit Land gleichgesetzt, das von Männern im sexuellen Akt bearbeitet oder „gepflügt" wird (Rossiaud 1989: 104).

Die Betonung der männlichen sexuellen Nutzungsrechte von Frauen geht überdies mit der im städtischen Bürgertum erhobenen Forderung einher, Frauen auch rechtlich als Eigentum ihrer Väter und Gatten zu definieren. Die sexuellen und ökonomischen Nutzungsrechte an Frauen bleiben nicht auf Ehe und Familie beschränkt. Vielmehr wird auch die Prostitution mit dem Argument in den Rang einer öffentlich und theologisch legitimierten Institution erhoben, dass „widernatürliche Akte" der Sexualität wie Homosexualität (Sodomie) und – männliche – Masturbation ein noch wesentlich gefährlicheres Übel für die Gesellschaft darstellten. Darüber hinaus sollte die Prostitution der *amour fou* vorbeugen, die junge Männer von nützlicher Betätigung abhalte (Rossiaud 1989: 92).

Ungeachtet ihrer Institutionalisierung wurden der Prostitution ambivalente Gefühle entgegengebracht. Die Prostituierte verkörperte eine unmoralische, unproduktive Sexualität, was sich in der gelehrten Auffassung ausdrückt, dass Prostituierte generell unfruchtbar seien. Die Prostitution wurde im Rahmen von Kleiderordnungen einem Reglement öffentlicher Kennzeichnung unterworfen und immer von neuem tauchte das Ansinnen auf, sie völlig zu verbieten. Sie wird an einer Grenze der Moralität angesiedelt, die im frühneuzeitlichen Konstrukt der „Hexe" endgültig überschritten und verfolgt wird. Die bürgerliche patriarchale Familie stellt sich bereits im Prozess ihrer Genese als eine Institution dar, die vor einer „außerhalb" angesiedelten „gefährlichen" weiblichen Sexualität abgeschirmt werden muss. Diese wird andererseits zugelassen, um der „innerhalb" der Familie lauernden Gefahr der „widernatürlichen Sexualität" zu begegnen.

Während Frauen am Ausgang des Mittelalters generell durch ihre Sexualität beziehungsweise sexuelle Moral definiert werden, zerfällt die weibliche Sexualität aber in eine „sittliche", passive, die als Ergebnis männlicher patriarchaler Kontrolle erscheint sowie in die „unsittliche" Sexualität der Prostituierten. Diese ambivalente sexuelle Metaphorik, die der Doppelmoral entspringt, prägt jene europäische „ethnographische" Wissensproduktion, die sich nach 1500 im Zuge des „Reisens und Entdeckens" formierte.

Die imaginären Ethnographien der Monstra

Als Kolumbus die „Westindischen" Inseln auf seiner ersten Reise erreichte, war er zunächst davon überzeugt, sich in „Cipangu" (Japan) zu befinden, auf jener Inselgruppe, die Asien als im Osten vorgelagert galt. Marco Polo hatte diese Inseln laut Hörensagen als Wohnorte von „Menschenfressern" beschrieben. Daher zögerte Kolumbus auch nicht, die BewohnerInnen der Neuen Welt als AnthropophagInnen zu identifizieren, galten doch den mittelalterlichen Gelehrten unbekannte Welten in klassischer Tradition als Wohnorte von „Monstren", die seit jeher jenseits der bekannten, erforschten und unterworfenen Welt angesiedelt worden waren (vgl. zum Beispiel Frank 1987: 207).

Die Beschreibung von Monstren nahm in mittelalterlichen Reiseberichten oft breiten Raum ein. So zählt John de Mandeville in seinem berühmten, vermutlich rein fiktiven *„Bericht über Reisen durch das Gelobte Land, Indien und China"* (1356) eine Vielzahl von Monstrositäten in den damals weitgehend unbekannten Regionen der Erde auf. Die Monstrositäten umfassen mehrere Typen, darunter unterschiedliche Fabelwesen und die monströsen Menschenarten, die sich in drei Gruppen gliedern lassen. Die erste Form menschlicher Monstrosität besteht in einer grotesken Körperlichkeit, wobei Mandeville (1966: 104; 127; 131f.; 181f.) neben Zwergen (ibid.: 104), Riesen, Einfüßigen und Hundsköpfigen auch jene legendären Menschen anführt, die keinen Kopf besitzen und ihr Gesicht auf der Brust tragen. Eine zweite Kategorie menschlicher Monstrositäten wird vorwiegend durch die ihnen zugeschriebenen „monströsen Sitten" definiert. In dieser Kategorie befinden sich etwa Menschen, die „weder essen noch trinken", Menschen, die ihre Toten an Vögel verfüttern oder Menschen, die keinen Ackerbau treiben und „keine Sprache" haben (ibid.: 190f.; 197; 126). In diese Kategorie fällt auch die prominenteste aller menschlichen Monstrositäten, die Anthropophagie (ibid.: 130). Diese bildet nicht nur in Europa, sondern in vielen Kosmologien der Welt eine Praxis, die Anderen zugeschrieben wird, um sie als unmenschlich, nicht kulturell und „wild" zu beschreiben.

Die Anthropophagie markiert wie die „Nacktheit", die John de Mandeville ebenfalls als Zeichen der Monstrosität wertet, die Grenze zwischen „Wildnis" und „Kultur". Unbekleidete Menschen galten im Sinn des biblischen Schöpfungsmythos als Menschen, die sich in einem Zustand „vor der Erkenntnis", das heißt „vor der Erbsünde", also jenseits der Moral befinden. Die Nacktheit erscheint in Europa als ebenso nicht kulturell wie die Anthropophagie, die als Symbol einer Wildheit dient, die in vielen europäischen Mythologien mit mythischen Wesen assoziiert wurde, die ihre geisterhafte Existenz in unkultivierten Regionen, besonders in Wäldern und auf Bergen, entfalteten. Diese „wilden Leute" galten als Wesen, die den Menschen manchmal halfen, ihnen aber auch gefährlich werden konnten, wobei ihnen stark erotische Aspekte zugeschrieben wurden. Die „willden Männer" wurden im Mittelalter oft mit „Satyrn" gleichgesetzt, die „Wildfrauen" waren ebenfalls stark erotisch konnotiert.

Als dritte Kategorie der Monstrosität erscheint bei Mandeville (ibid.: 133) schließlich eine groteske Geschlechtlichkeit, die zum einen – wie bei „Zwittern" (Hermaphroditen) – auf den Körper bezogen ist, zum anderen auf die sozialen Geschlechterrollen. So durfte auch bei Mandeville (ibid.: 101–103) die klassisch tradierte Monstrosität der Amazonen – Frauen, die ohne Männer leben und männliche Tätigkeiten ausführen – nicht fehlen. Die Amazonen werden später in den Beschreibungen der Konquistadoren, im unzugänglichen tropischen Regenwald des Amazonasraumes angesiedelt. Sie symbolisieren, anders als im Mittelalter, nicht eine „verkehrte" Geschlechterordnung, sondern ein Land, das nicht unterworfen werden kann und als wild und unkultiviert gelten muss. Da Land nunmehr als weiblich gilt, symbolisiert die Amazone, die als Krieg oder Handel treibende „wilde Frau" beschrieben wird, eine weibliche Sexualität, die sich entsprechend der bürgerlichen Doppelmoral als illegitim verbietet.

Am Beispiel der Amazonen wird deutlich, wie die Konquistadoren die tradierten Stereotype der Wildheit mit völlig neuen Bedeutungen versahen. Dies gilt auch für die nun weiblich konnotierte Anthropophagie, an deren Dokumentation die Konquistadoren auch ein unmittelbar ökonomisch motiviertes Interesse hatten, gestattete doch die spanische Krone die Versklavung freier Indios und Indias ausschließlich für den Fall, dass sie AnthrophagInnen waren. Die Anthropophagie bildete in den Augen des christlichen Europa ebenso wenig wie die „verbotene" weibliche Sexualität der Amazone ein Vergehen, das allein in beiden Amerikas angesiedelt wurde. Diese Vergehen wurden in ähnlicher Weise auch „Juden" und „Hexen" in Europa zugeschrieben, sodass die Anthropophagie keineswegs einen Vorwurf bildet, der im Zusammenhang mit der tatsächlichen Fremdheit der indigenen Menschen Amerikas auftauchte. Vielmehr wurden indigene AmerikanerInnen auf Grundlage eines Musters beschrieben, das sich im Zug der mit Zwangstaufen und Verfolgung von „NeuchristInnen" verbundenen Kampagnen zur Vereinigung der Iberischen Halbinsel unter christlicher Herrschaft herausgebildet hatte (vgl. Geiss 1988: 117f.). Bezeichnenderweise sollte die spanische Krone im Jahr der „Entdeckung" einer Neuen Welt alle NichtchristInnen ihres Herrschaftsgebietes verweisen. Dadurch wurde eine Kette von Gewaltakten besiegelt, die retrospektiv als „Wiedereroberung" bezeichnet wurde, so als ob die Iberische Halbinsel immer schon christlich gewesen wäre. In diesem Kontext wurde auch (West-)„Europa" als geographische, politische und religiöse Einheit definiert – der römische Papst Pius II identifizierte 1458 die „Christenheit" mit „Europa" (Hulme 1986: 84f.). Damit einher gehend wurden alle NichtchristInnen in den Mittelpunkt ethnographischer Diskurse über „Ökonomie" und „Sexualität" gerückt. In einem anti-muslimischen Diskurs wurde die neue Form von Ökonomie in sexualisierten Begriffen als Kunst des „richtigen Haushaltens"

definiert, während in einem antijüdischen Diskurs deren „monströse Über-
schreitung" symbolisiert wurde.

Die christliche Ethnographie des Islam

Der östliche Mittelmeerraum war als Region der „heiligen Stätten" der Christenheit seit dem 12. Jahrhundert von europäischen Pilgern und Kreuzfahrern häufig
beschrieben worden. Im Brennpunkt dieser Berichte standen der Reichtum und
Luxus des Orients sowie die „heiligen Stätten" selbst, wobei die Verfasser zwar
Stellung gegen den Islam bezogen, aber in ganz anderer Weise als in den Reiseberichten der frühen Neuzeit. Die mittelalterlichen Reiseberichte hatten den
Islam als feindlich beschrieben, während er im 15. Jahrhundert zunehmend als
fremd dargestellt wurde. Diese Verfremdung wurde mit Hilfe einer neuen Tech-
nik der Reisebeschreibung erzielt, die darin bestand, stereotype Beobachtungen
als authentisch zu präsentieren (Porter 1991). Im Zentrum der authentischen Beschreibung des Orients stand zum einen das politische System des Islam, zum
anderen das „türkische" Geschlechterverhältnis. Frauen, die nicht „wirtschaften"
und Männer, die ihre Frauen nicht zum „Wirtschaften" anhalten, sind das Übel,
das europäische Reisende im Osmanischen Reich seit dem 15. Jahrhundert regelmäßig anprangerten. Die Art und Weise, wie der deutsche Protestant Salo-
mon Schweigger in seiner „*Newen Reyßebeschreibung nach Constantinopel und
Jerusalem*" (1608) die „Faulheit" türkischer Frauen beschreibt, sollte über Jahrhunderte hinweg autoritativ bleiben:

> „Diese ‚Gnädigen' treiben keinerlei Arbeit: Weder spinnen sie, noch
> stricken, weben oder wirken sie noch fertigen Handarbeiten irgendwelcher
> Art. Sie können nicht Haushalten. Unsere Kinder der Christenheit […] be-
> stellen ihr Hauswesen – das Essen, Trinken und Kochen etc. – weit besser
> und mit mehr Verstand als die türkischen Schlampen, die nur in ihrem
> Haus sitzen wie ein Gast, der sich um nichts kümmern muss. Allerdings
> haben sie viele Mägde […]." (zit. nach Harbsmeier 1994: 158, Über-
> setzung B.F.)

Dieses stereotype Bild der „faulen Orientalin" war kaum das Resultat von Beobachtungen, die europäische Reisende in „orientalischen" Haushalten gemacht
hatten. Es verfolgt vielmehr den Zweck, die „Christin" als eine Frau zu bestimmen, die „arbeitet" und sich darauf versteht „hauszuhalten". In der Reiseerzäh-
lung wird die „Türkin" zur negativen Folie des europäischen Weiblichkeits-
ideals der „tüchtigen Hausfrau", wobei dessen Realisierung nicht dem guten
Willlen der „Christin" überlassen wurde. Denn die „Faulheit" der Frauen im
Osmanischen Reich entsprach gemäß europäischen Beobachtungen bloß dem
Fehlverhalten der „türkischen" Männer: „Eigentlich davon zu reden/seyn die
Türcken irer Weiber Trippelknecht/die da müssen die Haushaltung versorgen
[…]" (Schweigger 1608: 201, zit. nach Harbsmeier 1994: 161).

Das europäische Stereotyp des Wohllebens der „Orientalin" auf Kosten des Ehemannes verknüpft sich an dieser Stelle mit einem weiteren Stereotyp, das sich
bis zum 18. Jahrhundert in Europa allgemeiner Beliebtheit erfreute. Die Tatsache, dass muslimische Frauen sich an der Öffentlichkeit verschleierten, galt

europäischen Reisenden schon als hinreichender Beweis dafür, dass die „Türkinnen" allesamt „Ehebrecherinnen" und „Huren" seien. Die der „Orientalin" zugeschriebene „Faulheit" und „Hurerei" werden dabei vor allem als Ausdruck der Unfähigkeit „orientalischer Männer" gewertet, das „richtige" (europäische) patriarchale Geschlechterverhältnis herzustellen. Die „falschen" Geschlechterverhältnisse im „Orient" stellen sich vor allem als Ausdruck und Folge der falschen Gewaltverhältnisse im Staat dar, die den eigentlichen Mittelpunkt orientalistischer Texte bilden. Die „Despotie des Sultans" wird den Bürgern Europas zum Inbegriff der „ungerechten" Herrschaft. Die absolute „tyrannische" (despotische) Macht des Herrschers über seine Untertanen sowie das Fehlen von Privateigentum an Grund und Boden erscheinen als das grundlegende Übel, das Männer zu „Knechten von Weibern" und schlimmer noch, zu Hahnreis macht (vgl. Harbsmeier 1994: 163ff.).

Der Diskurs über den Orient weist somit offensichtlich auf eine neue soziale Gruppe in Europa – das städtische Bürgertum, das in „orientalistischen" Ethnographien sein Selbstverständnis definierte (vgl. Said 1995). Die Konzeptualisierung der „orientalischen Despotie" diente zunehmend der Kritik der patriarchal legitimierten Macht europäischer Monarchen, wobei diese Herrschaftsform vor allem aus moralischen Gründen verworfen wurde. Der feudale, patriarchale Staat wird als Institution charakterisiert, der die „rechtmäßige" patriarchale Autorität männlicher Privateigentümer gegenüber ihren Frauen und Kindern untergräbt. Das Selbstbild des Bürgers als Privateigentümer, der dem Monarchen nichts schuldet, ist daher untrennbar mit dem Selbstbild des Bürgers als „Patriarchen" verknüpft, der für den Wirtschaftsfleiß und die „Sittlichkeit" der Familie sorgt, die sich in der „guten Frau" symbolisiert.

Juden, „leere" Länder und Anthropophagie

An die Eroberung beider Amerikas knüpft sich der aggressive Expansionismus portugiesischer, spanischer, britischer und französischer Handelsflotten, die danach strebten, immer neue Quellen merkantiler Bereicherung zu erschließen. Obwohl der koloniale Expansionismus vorwiegend auf eine Expansion des Handels zielte, strebten die Konquistadoren vorgeblich nach einer Art von Bereicherung, die sich – wie auf Galles Stich – als Aneignung der Früchte der „weiblichen" Erde durch die „männliche" kultivatorische Tätigkeit darstellte. Gemäß den Kirchenlehrern konnte nur der landwirtschaftlich produzierte „natürliche" Surplus als theologisch rechtmäßig gelten.

Der Handel wurde als zweifelhaftere Form der Bereicherung betrachtet, wenn auch gegen den sozial notwendigen Tausch von Geld gegen Gebrauchswerte keine Einwände erhoben wurden. Als theologisch unrechtmäßig aber galt das „Wuchern des Geldes" – der Geldhandel gegen Zins. Aristoteles hatte den Zins in einer Epoche für „naturwidrig" erklärt, als der Geldhandel eine so geringe Rolle spielte, dass dieser der „Ökonomie" – verstanden als „Kunst des Haushaltens" – vollkommen untergeordnet blieb. Alle Autoritäten der römischen Kirche, die „Kirchenväter" und „Kirchenlehrer", folgten im Wesentlichen der Auffassung des Aristoteles (vgl. Scheit 1999: 45–51). Wie Marx (1989: 622) über das

„zinstragende Kapital" bemerkt, stellt sich darin „der selbstreproduzierende Charakter des Kapitals, der sich verwertende Wert, die Produktion des Mehrwerts, als okkulte Qualität rein dar "und repräsentiere daher „in der Volksvorstellung [...] die Form des Kapital par excellence" (ibid.).

Der für die Entwicklung von Merkantilismus und Kapitalismus so bedeutsame „Wucher" durfte aufgrund seiner „okkulten" Qualität im Mittelalter von ChristInnen offiziell nicht ausgeübt werden. Der ökonomisch unerlässliche Geldhandel wurde daher besonders nördlich der Alpen der einzigen nichtchristlichen Minderheit, den – stets „männlich" phantasierten – „Juden", überlassen, denen umgekehrt die „gerechte" Form der Bereicherung, das Kultivieren von Land, verwehrt blieb. Den „Juden" fiel die Aufgabe zu, als königliche „Kammerknechte" zum Vorteil christlicher FürstInnen „Wucher" als Form von Bereicherung zu betreiben, die theologisch als unrechtmäßig galt.

Diese „ungerechte" Form der Bereicherung wurde historisch in dem Maß mit Bildern der Anthropophagie besetzt, die auf nicht- oder antichristlich definierte Menschengruppen projiziert wurden, in dem christliche Städte und deren Bürger zu merkantilen Formen der Bereicherung übergingen. Seit dem 12. Jahrhundert wurden jüdischen Gemeinden immer wieder Ritualmorde an christlichen Kannben vorgeworfen. Dieser Vorwurf basierte auf der denunziatorischen Annahme, dass „Juden" zu Ostern einen christlichen Knaben kreuzigten oder das Blut eines getöteten christlichen Knaben mit ungesäuertem Brot vermengten. Die „Blasphemierung" der Kreuzigung, die „Juden" vorgeworfen wurde, deutet darauf hin, welche Vorstellung der Anthropophagie tatsächlich zugrunde lag: Wie ChristInnen den in einem magischen Ritual gewandelten Wein als „Blut des Herrn" trinken, so trinken „die Juden" in blasphemischer Weise das wirkliche Blut christlicher Kinder (vgl. Frank 1987: 200; vgl. auch Scheit 1999: 52–67).

Den Grund für den angeblichen jüdischen Durst nach Christenblut vermutete man darin, dass „Juden" als Strafe für ihre Gottlosigkeit wie Frauen menstruierten und daher ihren Blutverlust ausgleichen müssten. Eine ähnliche Begründung besagt, dass es sich um einen Ausgleich für den Verlust des bei der Beschneidung verlorenen Blutes handle (vgl. Maccoby 1983: 153ff.). „Die Juden" werden als einheitliche, ausschließlich aus Männern bestehende Gruppe imaginiert, denen eine „dämonische Weiblichkeit", mitunter sogar eine weibliche Körperlichkeit – die „männliche Menstruation" – zugeschrieben wird.

Diese Vorwürfe bildeten seit dem 13. Jahrhundert den Hintergrund für antijüdische Pogrome und immer wiederkehrende Vertreibungen von Jüdinnen und Juden aus Herrschaftsgebieten christlicher FürstInnen. Die römische Kirche versuchte, eine möglichst hohe Kontrolle von jüdischen Gemeinden durch die Kirche durchzusetzen. Instrumente dieser Kontrolle waren die am vierten Laterankonzil (1215) beschlossene Gettoisierung und öffentliche Kennzeichnung von Jüdinnen und Juden mit dem „gelben Fleck" sowie die Errichtung der antijüdischen Inquisition auf Grundlage der päpstlichen Bulle „Turbato corde" (1267), wobei diese Maßnahmen die Grundlage für die Verfolgung und Kontrolle der „Blutreinheit" von „NeuchristInnen" im 15. Jahrhundert darstellten.

Im 15. Jahrhundert dehnte die Inquisition den Vorwurf der Anthropophagie auch auf eine neue Gruppe von Personen innerhalb Europas aus: auf die „Hexen", die im Rahmen der frühneuzeitlichen Inquisition erst als feindselige „antichristliche" Gruppe konstruiert werden mussten. Hexen wurde unterstellt, dass sie „unschuldige" Kinder töteten, um deren Blut zu trinken oder es für magische Zwecke zu verwenden. Während bei den „Juden" die Anthropophagie im Zentrum der Dämonisierung stand, so war es bei den Hexen – die meist, aber nicht notwendig weiblichen Geschlechts waren – die „weibliche" Sexualität, die dämonisiert wurde. Im Bild der Hexe verkörpert sich „das Böse" in der Blasphemierung der erlaubten Sexualität, die mit der auf Fortpflanzung gerichteten „Nutzung" einer passiven Frau durch ihren Ehemann identifiziert wurde. Anders ausgedrückt bildet die Hexe eine Verkörperung der „unfruchtbaren", „aktiven" Sexualität der Prostituierten. Diese Dämonisierung wurde insbesondere über die Unterstellung erreicht, dass die Hexen sexuellen Umgang mit „Satan" und seinen DämonInnen pflegten. „Satan" wiederum ist gemäß der frühneuzeitlichen christlichen Vorstellung „sinnlich", aber unfruchtbar. Genauso zielte in den Augen der Inquisition die Magie der Hexe darauf ab, Menschen, Vieh oder Land unfruchtbar zu machen. Das Phantasma der Hexe als Schädling der Fruchtbarkeit strukturierte die massenhafte Verfolgung und Tötung von Hexen bis in das 18. Jahrhundert.

Der Vorwurf der Anthropophagie sowie der Verdacht einer dämonischen Sexualität wurde im Gefolge der „Entdeckung" Amerikas auf die indigenen AmerikanerInnen ausgedehnt (vgl. zum Beispiel Kohl 1987: 63ff.; Colin 1987), wobei der „Fremdheit" der Neuen Welt durch eine Variation der Themen Rechnung getragen wurde. Die Hexe erscheint in die Handel treibende Amazone transformiert. Die indigenen AnthropophagInnen Amerikas trinken nicht wie die landlosen Juden christliches Blut, sondern man unterstellt, dass sie (christliche) Leiber verzehren (vgl. Frank 1987 : 200f.). Dieser Vorwurf wurde besonders in jenen Regionen Amerikas erhoben, wo die Konquistadoren keinen Ackerbau vorfanden. Trotz dieser Variationen wurde die Eroberung Amerikas offensichtlich als bloße Fortsetzung der „Wiedereroberung" in Europa betrieben: Man unterstellte den AmerikanerInnen in ähnlicher Weise antichristlich zu agieren wie Juden und Hexen in Europa, wobei sich in dieser Analogiebildung die Verfolgung, Entrechtung und Ermordung indigener AmerikanerInnen ankündigte.

Die Anschuldigungen der Anthropophagie und der „sinnlichen Sexualität" dienen somit als Zeichen des „Antichristlichen", das mit Landlosigkeit, Unfruchtbarkeit und sozialer Nutzlosigkeit identifiziert wird. Diese Zeichen bilden ein einheitliches Muster der Ausgrenzung, das auf Jüdinnen und Juden, Hexen und Kolonisierte angewandt wurde, um deren Kontrolle, Verfolgung und Ermordung zu legitimieren. Sie wurden in abgeschwächter Form auch zur Beschreibung einer sozialen Gruppe in Europa benützt, die als Ergebnis der kapitalistischen Konzentration in der Landwirtschaft weder feudal an das Land gebunden war noch Land besaß. Die „freien" Arbeitskräfte, die in die Städte strömten, wurden ebenfalls Objekte der Kontrolle und Disziplinierung, denn der Zuzug in die Städte und das Bürgerrecht wurden durch die im 15. Jahrhundert geschaffenen kommunalen Armenrechte vom Vermögen abhängig gemacht (vgl. Fischer 1982: 40ff). Wer weder Land noch Vermögen besaß, war auf permanente Mobilität, auf Kriminalität, auf Prostitution und Bettelei verwiesen und galt als „ehrlos" – eine moralische Verfasstheit, die im dominanten Diskurs mit sexuellen „Lastern", „sinnlicher" Sexualität und minderer „weiblicher" Moralität assoziiert wurde.

In der frühen Neuzeit wird also die Einverleibung der Welt durch Europa als „Wiedereroberung" inszeniert, wobei soziale und kulturelle Differenzen in die moralische Geschlechterdifferenz der bürgerlich-patriarchalen Familie verschoben werden. Macht, Herrschaft, Wissen, das bürgerliche Subjekt und das Zentrum Europa werden mit Männlichkeit konnotiert, während Weiblichkeit als Metapher für Objekte der Herrschaft – das „Land", die Untertanen und die Kolonien beziehungsweise die Peripherie – dient. Die „weiblichen" Herrschaftsobjekte werden entsprechend der bürgerlichen Doppelmoral in nützliche, „sittliche" und willige Objekte der Herrschaft unterteilt sowie in die Anderen, die mit den Symbolen der Wildheit, der „weiblichen Sinnlichkeit" und der Anthropophagie versehen wurden. Diese in Einklang mit der Doppelmoral konstruierten Differenzen determinierten in der Folge auch die Wissensproduktion über Globus und Kosmos.

Die Genese moderner Wissenschaft

Mit der „Entdeckung" einer neuen Welt im Westen kündigte sich die Ablösung der geozentrischen durch die heliozentrische Kosmologie an. Die – aristotelische – heliozentrische Kosmologie der Renaissance wurde wie die Gesellschaft in Begriffen konzipiert, die der moralischen Geschlechterdifferenz und der Doppelmoral der patriarchal-bürgerlichen Familie entsprachen. Eine weiblich konnotierte passive Erde erschien nun als ein von der aktiven „männlichen" Sonne bewegter Planet, und – wie Kopernikus es ausdrückte, seien Erde oder Natur für den Menschen geschaffen so wie die „Frau für den Mann". Seine Haltung gegenüber der Natur bleibt ambivalent, da „die Erde" in manchen Jahren die von der Sonne „empfangenen" Kinder („Früchte") – wie eine „gute Frau" – „austrug", sich in anderen Jahren aber – wie eine „schlechte Frau" oder „Prostituierte" – der „Befruchtung" verweigerte (vgl. Fuchs 2003: 38f.).

Die kosmologischen Prinzipien „männlicher Urheberschaft" und bürgerlicher Doppelmoral wurden seit dem 16. Jahrhundert auch in jenes universelle Wissen eingeschrieben, das als Ausdruck, Antrieb und Folge des europäischen Expansionismus angehäuft wurde. Besonders augenfällig wird dies in der Kartographie, die gemeinsam mit der Ethnographie die neue Universalwissenschaft Geographie bildete. Die Globen und Karten, die vom 15. bis zum 18. Jahrhundert in der Regel liebevoll illuminiert wurden, visualisieren die Aufteilung der Welt in unterschiedlich sexualisierte Räume. Neu „entdeckte" Küsten, Meere und Inseln wurden auf europäischen Karten der Renaissance nicht einfach in ihrer physischen Gestalt dargestellt. Vielmehr hatten die Kartographen die Gewohnheit, gerade „entdeckte" und noch unbekannte Gebiete der Erde mit Szenen zu illuminieren, die den Stereotypen „wilder" (weiblicher) Sexualität entsprachen. So wurden in die unbekannten, leeren Räume Süd- und Nordamerikas im 16. Jahrhundert oft Bilder von nackten „Wilden", Amazonen und AnthropophagInnen eingezeichnet. Der für die Anthropophagie synonyme Begriff des Kannibalismus geht auf die Gewohnheit der Renaissance-Geographen zurück, das Wort *canibas* oder *canibales* – wahrscheinlich eine Verballhornung des Wortes *caraibes* (Kariben) – auf den karibischen Inseln sowie an der nordöstlichen Küste Südamerikas einzutragen. In ähnlicher Weise verdankt das Amazonasgebiet seinen Namen der Konvention, dieses unzugängliche Gebiet mit *amazones* zu beschriften.

Diese Bilder der Wildheit wurden von europäischen Kartographen auch in die unbekannten Meere eingezeichnet, die mit Seeungeheuern, Nixen und anderen Fabelwesen bevölkert wurden. Seit dem späten 17. Jahrhundert tauchten die zuvor für Amerika charakteristischen Bilder „wilder Weiblichkeit" auch auf Karten der noch unbekannten Binnenländer der Alten Welt auf; insbesondere wurde die ältere, von der antiken Ikonographie geprägte Allegorisierung Afrikas teilweise durch eine neue Darstellung verdrängt, die die „Africa" – ähnlich der „América" – als eine wilde, auf einem „wilden Tier" reitende Frau darstellte (vgl. etwa Adriaen Collaerts „Africa" 1551-1560, URL1*)*. Hatten die Kartographen noch im 17. Jahrhundert das Innere Afrikas mit Städten besiedelt und mit Ortsnamen versehen (vgl. Goss 1994: z.B. 45-47; 50; 64; 115; 289), so wurde Afrika besonders auf Karten des 18. und 19. Jahrhunderts als ein bis auf seine Küsten unbekanntes „leeres Land" gezeigt (vgl. zum Beispiel Afrika-Karten, URL2).

Die Welt, die auf Weltkarten und Globen repräsentiert wurde, zeigte somit eine Aufteilung der „weiblichen" Erde in Gebiete, die im Auge des „männlichen" Betrachters als bekannt, „sittlich" (christlich) und sicher gelten konnten sowie in unbekannte Gebiete, die mit einer bedrohlichen „weiblichen Sexualität" konnotiert und visualisiert wurden. Dieser „weibliche", „fremde", unsichere Raum, den es zu dominieren und zu zivilisieren galt, wurde nicht in Opposition zu einem „männlichen", bekannten Raum konstruiert. Vielmehr werden die „sicheren" Gebiete als Räume, die schon der Herrschaft unterworfen worden waren, in ihrer physischen Gestalt dargestellt. Jedoch bezeichnet die „Männlichkeit" nicht den Raum selbst, sondern die „männliche" Herrschaft über einen „weiblichen" Raum, der dadurch gezähmt scheint. Die in der Kartographie angewandte Symbolik entspricht damit der bürgerlichen Doppelmoral, die seit dem 17. Jahrhundert zunehmend in rassistischen und sexistischen Diskursen aufgehoben wurde, um einen universellen europäischen Herrschaftsanspruch zu legitimieren, der sein Profitinteresse nicht länger verschleierte.

Resümee

Die Rekonfiguration der symbolischen Ordnung durch die Sexualisierung politischer und ökonomischer Machtverhältnisse in der frühen Neuzeit deutet auf die Anfänge der Herausbildung des „modernen" kapitalistischen Weltsystems, die mit der von Foucault (1977) postulierten „Diskursivierung des Sexes" verbunden ist. Die der bürgerlichen Doppelmoral entsprechenden sexualisierten

Kategorien des Wissens sollten seit der „Entdeckung" beider Amerikas sexistische und (proto-)rassistische ethnographische Stereotypen strukturieren, die in der Aufklärung in alle westlichen, universalistischen wissenschaftlichen und politischen Diskurse eingeschrieben wurden (vgl. Fuchs 2003). Dies weist ebenso auf den Prozess der Konstituierung des (männlichen) europäischen „Subjekts" im Rahmen jener christlichen Ethnographien hin, die das mit Repression und Diskriminierung verbundene ökonomische Interesse an der Ausbeutung fremder Reichtümer und Arbeitskräfte durch Stereotype „wilder" weiblicher Sexualität legitimierten. Der patriarchale eurozentrische Diskurs über weibliche Sexualmoral wurde in der Aufklärung in die universelle Geschichte Europas – die „Naturgeschichte der Menschheit" – ebenso eingeschrieben wie die Wahrnehmung von sozialen und politischen Unterschieden als physiologische „rassische" Differenzen.

Bibliographie

Colin, Susi. 1987. The Wild Man and the Indian in Early 16th Century Book Illustrations. In: Feest, Christian (ed.). Indians and Europe: An Interdisciplinary Collection of Essays. Aachen, S. 5–36.

Colón, Cristobal. 1997 [1982]. Relación del Tercer Viaja (Carta a los Reyes 31.8.1498). In: Varela Consuelo und Juan Gil (eds.). Cristóbal Colón. Textos y documentos completos. Madrid, S. 366–406.

Columbus, Christopher. 1994. Accounts and Letters of the Second, Third, and Fourth Voyages. Ed. von Taviano, Paolo Emilio, Consuelo Varela, Juan Gil und Marina Conti. Roma.

Fischer, Wolfram. 1982. Armut in der Geschichte. Erscheinungsformen und Lösungsversuche der „sozialen Frage" in Europa seit dem Mittelalter. Göttingen.

Foucault, Michel. 1971. Die Ordnung der Dinge. Eine Archäologie der Humanwissenschaften. Frankfurt am Main.

Ders. 1977. Sexualität und Wahrheit 1. Der Wille zum Wissen. Frankfurt am Main.

Frank, Erwin. 1987. „Sie fressen Menschen, wie ihr scheußliches Aussehen beweist ...". Kritische Überlegungen zu Zeugen und Quellen der Menschenfresserei. In: Dürr, Hans Peter (ed.). Authentizität und Betrug in der Ethnologie. Frankfurt am Main, S. 199–224.

Fuchs, Brigitte. 2003. „Rasse", „Volk", Geschlecht. Anthropologische Diskurse in Österreich (1850 – 1960). Frankfurt am Main, New York: Campus.

Geiss, Immanuel. 1988. Geschichte des Rassismus. Frankfurt am Main.

Goss, John. 1994. Kartenkunst: Die Geschichte der Kartographie. Braunschweig: Westermann.

Hall, Stuart. 1997. The Work of Representation. In: Hall, Stuart (ed.). Representation. Cultural Representations and Signifying Practices. London, Thousand Oaks, New Delhi, S. 13–150.

Harbsmeier, Michael. 1994. Wilde Völkerkunde: andere Welten in deutschen Reiseberichten der frühen Neuzeit. Frankfurt am Main, New York.

Hulme, Peter. 1986. Colonial Encounters. Europe and the Native Caribbean 1492–1797. London, New York.

Kohl, Karl Heinz. 1987. Abwehr und Verlangen. Zur Geschichte der Ethnologie. Frankfurt am Main, New York.

Kohl, Karl Heinz. 2008. Allegorien der drei Erdteile und die Entdeckung Amerikas. In: Berlin-Brandenburgische Akademie der Wissenschaften, Berichte und Abhandlungen Bd. 14, Berlin, S. 25–49.

Maccoby Hyam. 1983. The Sacred Executioners. Human Sacrifice and the Legacy of Guilt, London.

Mandeville, John de. 1966. Die Reisen des Ritters John Mandeville durch das Gelobte Land, Indien und China. Nach der deutschen Übersetzung von Otto von Diemeringen, bearbeitet von Theo Stammler. Stuttgart.

Marx, Karl. 1989. Das Kapital. Kritik der politischen Ökonomie, 3. Bd. (= MEW Bd. 25), 30. Aufl., Berlin.

McClintock, Anne. 1995. Imperial Leather: Race, Gender and Sexuality in the Colonial Contest. New York, London.

Porter, Dennis. 1991. Haunted Journey. Desire and Transgressions in European Travel Writing. Princeton.

Rossiaud, Jacques. 1989. Dame Venus. Prostitution im Mittelalter. München.

Said, Edward. 1995 [1978]. Orientalism. Western Conceptions of the Orient. London et al.

Scheit, Gerhard. 1999. Verborgener Staat, lebendiges Geld. Zur Dramaturgie des Antisemitismus. Freiburg im Br.

Schülting, Sabine. 1997. Wilde Frauen, fremde Welten. Kolonisierungsgeschichten aus Amerika. Reinbek bei Hamburg.

Shahar, Shulamith. 1986. Die Frau im Mittelalter. Frankfurt am Main.

Simek, Rudolf. 1992. Erde und Kosmos im Mittelalter. Das Weltbild vor Kolumbus. München.

URL1: www.virtuelles-kupferstichkabinett.de (Zugriff: 09.09.2010)

URL2: www.philographikon.com /mapsafrica.html (Zugriff: 09.09.2010)

Wallerstein, Immanuel. 1994 [1974]. The Modern World-System 1. Capitalist Agriculture and the Origins of the European World-Economy in the 16th Century. New York, London.

Walther von der Vogelweide. 1962. Gedichte. Mittelhochdeutsche Texte und Übertragung, ausgewählt und übersetzt von Peter Wapnewski. Frankfurt am Main, Hamburg.

Patricia Zuckerhut

Lateinamerika – innere und äußere Grenzziehungen der Moderne
Sexualisierte, rassisierte und epistemische Gewalt als Grundlagen von Kolonialität und Modernität

Der argentinische Anthropologe Néstor García Canclini (1990: 71) beschreibt Lateinamerika als das Ergebnis von Sedimentation, Nebeneinanderstellung und Durchkreuzung. Durchkreuzungen und Verflechtungen ökonomischer wie auch politischer Natur sind allerdings nicht auf Lateinamerika beschränkt und keine Erfindung der europäischen Neuzeit. Bereits Eric Wolf (1986) verwies Anfang der 1980er Jahre auf das Vorhandensein vorkolonialer weltweiter Verflechtungen. Auch das Konzept des Weltsystems wie es von Immanuel Wallerstein, 1974 konzipiert wurde, geht von Verflechtungen und Verschränkungen aus. Gebiete und Sektoren, die ein gemeinsames politisches Zentrum haben können, wie im Falle eines sogenannten Weltimperiums, oder über kein gemeinsames politisches System verfügen, wie in der Weltökonomie, sind über Arbeitsteilung miteinander verbunden. Alle beiden Ausprägungen des Weltsystems – Weltimperium und Weltökonomie – waren bereits im vorkolonialen Lateinamerika zu finden. Auf der einen Seite gab es relativ autonom und unabhängig – wenn auch nicht völlig unbeeinflusst – von anderen Gruppierungen existierende Gemeinschaften, die primär von Jagd- und Sammelwirtschaft und/oder Fischfang oder auch Bodenbau lebten, auf der anderen Seite aber starke ökonomische Verflechtungen über Handels- und Tributrouten, die von Zentralmexiko (und zeitweise auch Nordmexiko und dem heutigen Süden der Vereinigten Staaten Amerikas) bis nach Guatemala und weiter reichten. Die politischen Systeme schwankten zwischen den beiden von Wallerstein aufgezeigten Varianten des Weltsystems. Besonders bekannt geworden sind die Weltimperien der Inka, der Maya und der AztekInnen.[1]

Das heute existierende kapitalistische Weltsystem (mit einer einzigen Arbeitsteilung aber verschiedenen Politiken und Kulturen) bildete sich im Verlauf des „langen 16. Jahrhunderts", also zwischen 1450 und 1640,[2] in Europa heraus. Ramón Grosfoguel und Ana Margarita Cervantes-Rodríguez (2002) erarbeiteten drei Phasen seiner Entwicklung: eine Phase der Ersten Modernität[3] (1492-1650),

---

1 Zur Herausbildung und Charakterisierung des aztekischen Weltimperiums siehe auch Zuckerhut 2000: 101ff. Natürlich gab es auch auf anderen Kontinenten unterschiedliche Arten von Weltsystemen – beispielsweise das der antiken PhönizierInnen, die hellenistische Welt, oder vom 11. bis ins 18. Jahrhundert die Weltwirtschaft Moskaviens, verbunden mit dem „Orient", Indien, China, Zentralasien und Sibirien; oder auch China mit Gebieten in Korea, Japan, dem Malaiischen Archipel, Vietnam, Jünnan, Tibet und der Mongolei (vgl. Sengaas 1982; Braudel 1990; Wallerstein 1998: 318f.).

2 Wallerstein (1979: 25; 2004: 100) selbst hält die Zeitspanne zwischen 1450-1640, wie sie auch Braudel angibt, für angemessen, Grosfoguel und Cervantes-Rodríguez (2002: xii) hingegen setzen das Jahr 1492 an den Beginn der Herausbildung des Weltsystems und 1650 als Markierung für den Beginn der nächsten Phase.

3 Modernität bezieht sich auf das neuzeitliche Verhalten und Gepräge, Moderne hingegen stärker auf die Zeit des 19. und 20. Jahrhunderts (vgl. Duden 2003: 887). Aus diesem Grund

in der sich das kapitalistische Weltsystem konstituiert; eine Phase der Zweiten Modernität, Neuzeit, Aufklärung und Industrialisierung bis in die Zeit nach dem Zweiten Weltkrieg umfassend, zwischen 1650-1945; und eine Phase der Dritten Modernität ab 1945, in der wir uns heute befinden. Die Inbesitznahme Lateinamerikas durch spanische und portugiesische Eroberer und damit seine Eingliederung in das sich herausbildende neue, globale Weltsystem, war für seine Konstituierung und weitere Entwicklung von entscheidender Bedeutung. Wallerstein (1979; 1998: 7) zufolge bildeten sich zu Beginn des Weltsystems in Westeuropa – in Spanien und teilweise auch Portugal – die Regionen des Zentrums, in Osteuropa sowie Spanisch-Amerika jene der Peripherie heraus, im Verlauf der Geschichte wechselten einige dieser Gebiete ihren Status: Ende des 16., Anfang des 17. Jahrhunderts erlangten zunächst die Niederlande, später England und Frankreich und im 20. Jahrhundert die Vereinigten Staaten Amerikas die Hegemonie; Spanien und Portugal wurden zu semiperipheren und schließlich peripheren Staaten (Wallerstein 1974; ders. 1982; ders. 2004; Buckman 2005).

In diesem Beitrag werden die drei genannten Phasen der Modernität kurz vorgestellt. Näher eingegangen wird im Anschluss an diese Kurzdarstellung auf besondere Aspekte der ersten und teilweise der zweiten Phase, die sich als besonders relevant in Hinblick auf epistemische, rassisierte und geschlechtlich konnotierte Gewalt erweisen, da diese Formen der Gewalt nach wie vor eine wesentliche Grundlage des bestehenden Weltsystems darstellen und auch in der „postkolonialen" Welt eine zentrale Rolle spielen.

Die Phase der Ersten Modernität, 1492-1650

Das kapitalistische Weltsystem bildete sich, wie erwähnt, im langen 16. Jahrhundert in engem Zusammenhang mit der spanisch-portugiesischen Expansion in die Amerikas. Gleichzeitig erfolgte die Vertreibung und Ausgrenzung der AraberInnen und JüdInnen aus Spanien (*reconquista*) im Namen einer „Reinheit des Blutes" (*limpieza de sangre*).[4] Eine innere Grenze wurde gleichzeitig mit einer äußeren gegenüber den Amerikas, später auch Afrika, dem Mittleren Osten und Asien, geschaffen. Damit einher ging die Schaffung rassischer Kategorien, die später für den Rest der Welt verallgemeinert wurden. Gleichzeitig entwickelte sich eine interkontinentale Arbeitsteilung.

Der mit Expansion und Grenzziehungen verbundene Mythos der „Überlegenheit" der „zivilisierten" (christlich-männlichen) WestlerInnen/EuropäerInnen über die „nichtzivilisierten" (feminisierten) Nicht-EuropäerInnen und

---

benutze ich für die drei Phasen – von Grosfoguel und Cervantes-Rodríguez mit „modernity" bezeichnet – den Terminus „Modernität", da dieser stärker auf die Geisteshaltung und weniger auf eine bestimmte historische Epoche fokussiert, für die Zeit nach dem 19. Jahrhundert hingegen den Begriff „Moderne".

4 Diese sollte der Wahrung der Glaubensreinheit und -einheit in Spanien gegenüber Juden und Jüdinnen und MaurInnen dienen (Janik 1994: 51; 64). In beiden Elternlinien musste eine „christliche Abstammung" über mindestens zwei Generationen hinweg nachgewiesen werden (Fuchs 2003: 29).

Nicht-ChristInnen gründete sich auf rassischen Narrativen „überlegener/inferiorer" Völker und damit einhergehenden Weltbildern, die in dieser Zeit geschaffen wurden. Der entstehende *Okzidentalismus* (als dominanter Diskurs der ersten Modernität) erweist sich – wie weiter unten ausgeführt wird – als sozio-historische Voraussetzung für die Herausbildung des *Orientalismus* (dem dominanten Diskurs der zweiten Modernität) (Mignolo 2000: 34f.); Okzidentalismus und Orientalismus bilden die Grundlage der von Spivak und anderen beschriebenen und kritisierten Formen epistemischer Gewalt (vgl. Zuckerhut in der Einleitung zu diesem Band), wie sie die gegenwärtige (post)koloniale Welt nach wie vor charakterisieren. Grenzziehungen, die in der ersten Phase der Modernität entstehen und in der zweiten ausgeweitet und ergänzt werden, spielen hier eine wesentliche Rolle. Betrachten wir daher kurz die Phase der zweiten Modernität mit ihren wichtigsten Merkmalen in Hinblick auf sexualisiert-rassisierte und epistemische Formen der Gewalt.

Die Phase der zweiten Modernität, 1650-1945

Nach 1650 wechselte der Kern des Weltsystems von Spanien und Portugal zu den Niederlanden, England und Frankreich. Die Herausbildung Nordwesteuropas als Zentrum des kapitalistischen Weltsystems setzte sich weiter fort, expandierte und verstärkte sich in der „vorgestellten inneren Grenze" gegenüber Juden und Jüdinnen, AraberInnen und „ZigeunerInnen", sowie der „vorgestellten äußeren Grenze", die in der ersten Modernität gegenüber den Amerikas und anderen Weltregionen errichtet worden war. Die zweite Modernität fügte aber noch eine weitere Grenze hinzu, eine Nord-Südgrenze, zunächst zwischen NordwesteuropäerInnen und den iberischen Völkern, wie das im mexikanisch-amerikanischen Krieg (1848) und spanisch-amerikanischen Krieg (1898) besonders deutlich wurde (Grosfoguel/Cervantes-Rodríguez 2002: xiii; Mignolo 2005: xv). Später wurde diese Teilung zum Synonym für „entwickelte" und „zu entwickelnde" Länder.

Die vollständige Eingliederung Afrikas und Asiens in die Weltökonomie erfolgt nach Wallerstein (1974: 27ff.) erst im 19. Jahrhundert.[5] Zuvor gab es zwar Raub- und Handelszüge zum Erwerb von Gold, SklavInnen, Gewürzen, und ähnlichem in diese Weltregionen, aber diese waren insofern fremdbestimmt als sie von äußeren Bedingungen (wie kurzfristigem Plünderungserfolg, Handelsvorgaben afrikanischer ZwischenhändlerInnen beziehungsweise der asiatischen HandelspartnerInnen) abhängig waren; das aus Spanisch-Amerika stammende Silber, das in (Südost) Asien gegen Gewürze und andere Waren – allesamt Luxus- und keine Alltagsgüter und somit in Krisenzeiten leicht entbehrlich – ge-

---

5 Das südliche Afrika wurde erst um die Jahrhundertwende in die Peripherie des Weltsystems eingegliedert. Bis 1870 waren nur die Küstenregionen vollkommen integriert, dann wurden Mineralien und Edelmetalle (Diamanten, Gold und Kupfer) für die Wirtschaft entdeckt und ausgebeutet (Beittel 1992: 189f.) Maier (2007: 37) spricht von der „letzten Globalisierungswelle" „in der Zeit zwischen dem Wiener Kongreß und dem Ausbruch des Ersten Weltkriegs".

tauscht wurde, diente in der ersten Zeit letztendlich nicht der Kapitalakkumulation, sondern es wurde konsumiert und gehortet (Wallerstein 1998: 123). Die
afrikanischen und asiatischen Gebiete besaßen ihre eigenen Ökonomien und
waren nicht von der Zusammenarbeit mit Europa abhängig. Während Europa
sich in Spanisch-Amerika bereits im 16. Jahrhundert fest etablierte, hatte es in
Asien (und Afrika) daher für lange Zeit nur Stützpunkte, an denen es meist eher
geduldet wurde, „als daß es sich aus eigener Kraft hielt" (Schmitt 2007: 20).
Eberhard Schmitt (ibid.) betont folgerichtig, dass die Ausbreitung der EuropäerInnen über die Erde im „Orient" zunächst keine direkten Folgen für die dor-
tigen politisch-ökonomischen Systeme hatte (was sich allerdings spätestens im
18. Jahrhunderts schnell änderte),[6] sehr wohl aber in Lateinamerika. Diese
unterschiedliche Integration Lateinamerikas ins Weltsystem gegenüber anderen
Weltregionen zeitigt vor allem im Verlauf der Unabhängigkeitsbewegungen der
lateinamerikanischen Staaten und der damit einhergehenden Machtübernahme
der weißen kreolischen Eliten nachhaltige Konsequenzen (Janik 1994: 65ff.;
Garzón Valdés 1995): Der Prozess der Emanzipation der lateinamerikanischen
Staaten von Europa im 19. Jahrhundert war keine wirkliche Entkolonisierung;
weiterhin dominier(t)en die weißen kreolischen Eliten, die sich an den europäischen Ideen der Aufklärung orientierten; Schwarze, „MulattInnen", indigene
AmerikanerInnen und *People of Color* blieben und sind in untergeordneten Positionen, mehr noch, wurden vielerorts (beispielsweise in Mexiko) Indigene aus
der BürgerInnenschaft der neu gebildeten Nationalstaaten ausgegrenzt (siehe dazu u.a. Janik 1994: 65ff.; Melhuus 1996; Bonfil Batailla 2002: 98ff.), wobei
diesbezüglich auch heute keine grundlegenden Änderungen zu erwarten sind.
In den neuen Zentrumsregionen wie den Vereinigten Staaten Amerikas[7] wurden
darüber hinaus auch „weiße" SpanierInnen zunehmend aus dem Konzept der
„Weißheit", als Synonym für unhinterfragte strukturelle Dominanz und Privilegierung, ausgeschlossen, dafür aber andere, ehemals marginalisierte Gruppen
aus Europa (IrInnen, JüdInnen, OsteuropäerInnen) eingeschlossen. Auf der
einen Seite spielt nun Klasse als soziale Markierung eine Rolle, auf der anderen
Seite weiterhin „Rasse" und „koloniales Subjekt" (Grosfoguel/Cervantes-Rodrí-
guez 2002: xiiif.): Viele im Zuge der europäischen Aufklärung entwickelte Kategorien der Moderne (zum Beispiel BürgerInnenrechte, Demokratie, Nationalstaaten) wurden und werden nur für die dominanten, als „weiß" definierten
NordwesteuropäerInnen anerkannt, den „Anderen" aber verweigert, um das notwendige Gleichgewicht für die Prozesse der Nationenbildung und der globalen

---

6 Zu den Auswirkungen des transatlantischen SklavInnenhandels auf die afrikanischen Wir-
  schaften und politischen Systeme nicht nur der Küstenregionen, sondern auch des Binnen-
  landes vgl. beispielsweise Büttner 1985: 169ff.
7 Die „nördlichen Kolonien" Englands begannen sich ab 1660 als semiperiphere Regionen zu
  etablieren: ihre Kolonisierung hatte 1620 begonnen (Wallerstein 1998: 275). Zur Zentrumsregion werden die USA allerdings erst nach 1945, wenngleich ihr Aufstieg bereits 1870, mit
  dem Niedergang Großbritanniens, begann (ders. 2002). Wallerstein (1982: 32f.) prognosti-
  ziert allerdings einen Niedergang der Hegemonie der USA seit den 1970er Jahren zugunsten
  multinationaler Unternehmen.

Expansion zu sichern (ibid.: xiiiff.). Praktisch von Beginn an war das Subjekt der Aufklärung implizit weiß, europäisch (später euro-amerikanisch) und männlich gedacht. Die Ungleichbehandlung, Rechtlosigkeit und Enteignung jener, die diesem Menschenbild nicht entsprechen war lange Zeit nicht nur kein Problem, sondern ist vielmehr integraler Bestandteil des Systems (Kossek 2003: 94f.; O'Connell Davidson 2001: 9ff.; Broeck 2006; Hesse 2007).

Abu-Lughod (1998: 7) hebt insbesondere die Begründung der (zweiten) Modernität (die eng mit der Aufklärung verbunden ist) in Sklaverei und Kolonialismus und die Nachwirkungen dieser Gewaltverhältnisse in rezenten Ideologien von „Rasse" und Nation hervor. Ausdruck der immer stärkeren nicht nur ökonomischen, sondern auch ideologischen Verflechtungen im kapitalistischen Weltsystem ist, dass gewisse Konzepte der Moderne spätestens im 19. Jahrhundert nicht nur von den Eliten in den sich von Spanien emanzipierenden lateinamerikanischen Staaten übernommen wurden, sondern sich auch in anderen Weltregionen, wie dem Nahen und Mittleren Osten verbreitet hatten.[8] NationalistInnen, ReformerInnen, unter ihnen auch viele Frauen, begannen neue Formen von Gesellschaft und Zusammenleben zu propagieren, darunter insbesondere den Anforderungen einer „modernen Nation", wie sie in dieser Zeit verstärkt konzipiert und durchgesetzt wurde, besser entsprechende Geschlechterrollen: Beispielsweise die der „neuen" Ehefrau und Mutter (gekoppelt an den Ehemann als Familienerhalter und Ernährer), die für das wissenschaftliche Management des geforderten „ordentlichen" Haushalts zuständig ist, ebenso wie für das Aufziehen und die Ausbildung der Kinder. Besonderes Augenmerk galt der Erziehung, da Kinder die zukünftigen BürgerInnen der entstehenden modernen Nation waren. Aus diesem Grund sollten auch die Mütter über ein gewisses Maß an Bildung verfügen (ibid.: 8ff.). Frauen, die dem Rollenbild der schriftkundigen, sich für Mann und Kinder aufopfernden Haushaltsmanagerin nicht entsprachen oder entsprechen wollten, wurden als „traditionell", als „inferior und unzivilisiert" präsentiert. Dabei hatte die Frage der Unterscheidung modern – traditionell gerade in (semi)kolonialen Zusammenhängen besonderen Stellenwert, weil sie mit der einer Differenzierung westlich/nicht-westlich einher ging (ibid.: 13; vgl. auch Al-Ali 2000), eine Unterscheidung die neben den gesellschaftsinternen und politischen auch die strukturellen Ungleichverhältnisse im Weltsystem zum Ausdruck bringt. Nach Wallerstein (2004: 529) werden vor allem in Staaten mit einer schwach ausgebildeten Staatsmaschinerie, wie sie für (semi-)periphere Regionen typisch sind, politische Auseinandersetzungen häufig in den Kategorien „Tradition" versus „Veränderung/Moderne" geführt, wobei das, was als „Tradition" bezeichnet wird, tatsächlich in der Regel neueren Ursprungs ist. Denn: Nichts scheint so schnell zu entstehen und sich zu entwickeln, wie eine Tradition.

---

8 Die Ideen der Aufklärung distribuierten sich in alle Winkel der Erde. Oft bildeten sie die Grundlage für antikoloniale Bewegungen (vgl. Baños Poo 2005: 202f.): die nationale Bourgeoisie, die sich nach der Befreiung von der Kolonialmacht an die Stelle der kolonialen Bourgeoisie setzt, identifiziert sich mit dieser, kann jedoch die Rolle einer Bourgeoisie nicht wirklich erfüllen, wie bereits Frantz Fanon (1981: 130f.) feststellte.

An diese Phase der Nationenbildung mit der Etablierung spezifischer interner Grenzen, die mit Zuweisungen von Modernität und Tradition einhergehen und in der die der Moderne entsprechenden bürgerlichen Geschlechtscharaktere (Hausen 1976: 367) propagiert werden, schließt eine Epoche der scheinbaren Ent- oder Transnationalisierung an. Es bilden sich nun weitere, allerdings nicht nationalstaatliche Einrichtungen politisch-ökonomischer Relevanz.

Die Phase der dritten Modernität, nach 1945

In der zweiten Hälfte des 20. Jahrhunderts, im Anschluss an den zweiten Weltkrieg, werden als derartige Institutionen von globaler Dominanz, unter Anleitung von Zentrumsstaaten wie den USA, Weltbank, Währungsfond, WTO (*World Trade Organisation*)[9] und ähnliche Einrichtungen geschaffen (Buckman 2005; Kletzer 2004). Diesen geht es nicht in erster Linie darum, eine „postkoloniale" Ordnung, gegründet auf Demokratie, Entwicklung und „Selbstbestimmung" nicht nur im Zentrum, sondern auch in der (Semi-) Peripherie zu kreieren, wie von ihren GründerInnen angekündigt (vgl. Woods 2006: 2), sondern sie stellen Bollwerke jener kolonialen Vorstellungen, Identitäten und Symbole dar, auf denen der globale Kapitalismus sein System der Ausbeutung und Beherrschung seit seiner Entstehung im 16. Jahrhundert errichtet hatte. Deutlich wird die Macht dieser Einrichtungen im Terminus der „transnationalen Governmentalität", den Ferguson und Gupta (2005) in Anlehnung an Foucaults Konzept der Governmentalität[10] kreieren: Internationale Einrichtungen wie die Weltbank und der Währungsfond, zusammen mit alliierten Banken und „Erste Weltregierungen" greifen mehr oder weniger direkt in die Politik peripherer Staaten ein. Länder wie das afrikanische Zambia werden beispielsweise über das Diktat der „Strukturanpassung" weniger von ihren Regierungen als vielmehr von diesen transnationalen Organisationen regiert, die im globalen System der Nationalstaaten mit mächtigen „Erste-Welt- (also Zentrums-)Staaten" eng zusammenarbeiten. Saskia Sassen (1996) spricht von *economic citizenship* um auf die steigende Abhängigkeit und Verantwortlichkeit von Staaten gegenüber multinationalen Unternehmen, supranationalen ökonomischen Einheiten und transnationalen legalen Regimes hinzuweisen.

---

9 Die Weltbank war zur Förderung der wirtschaftlichen Entwicklung und des Wiederaufbaus der kriegsgeschädigten Staaten geschaffen worden, ein Anspruch der später auf Staaten umgelenkt wurde, die sich in „Entwicklung" befänden so gefördert werden müssten. Die WTO hingegen entstand 1994 im Anschluss an die „Uruguay-Runde" (1986-1994), die mit dem Ziel der Erschließung neuer Sektoren und Bereiche für den Welthandel eingesetzt worden war (Kletzer 2004: 16).

10 Zusammengefasst lassen sich mindestens drei wichtige Elemente der Governmentalität feststellen: Erstens die breite Bedeutung des Begriffs Regierung bezogen auf die Regulierung des Denkens und Handelns der Bevölkerung; zweitens eine Verweigerung die politische Macht auf die Aktivitäten des Staates zu reduzieren – alle AkteurInnen, die mit der Ausübung von Autorität über das Verhalten menschlicher Wesen befasst sind, sind involviert; und drittens befasst sich die Regierung primär mit der Bevölkerung dahingehend, mit verschiedensten Strategien und Taktiken ihr Wohlergehen im Sinne von Sicherheit, Langlebigkeit, Gesundheit, etc., zu garantieren (Inda 2005: 6ff.).

In der gegenwärtigen Welt, mit ihren zahllosen und alles durchdringenden Verflechtungen, sehen nun AutorInnen wie Altvater und Mahnkopf (1998) eine neue Qualität im Sinne einer nie da gewesenen Beschleunigung von Zeit und Eroberung neuer Räume bis hin zu Eingriffen in das Leben selbst. Andere sprechen davon, dass die „Dritte Welt" nun in der „Ersten" sei, die „Erste" in der „Dritten", der Norden im Süden und der Süden im Norden, das Zentrum in der Peripherie und die Peripherie im Zentrum (Hannerz 1996: 12). Tatsächlich mag die „Beschleunigung der Zeit" zusammen mit der Schaffung und Eroberung neuer Räume und den Eingriffen in das Leben zu einer qualitativen Veränderung im Weltsystem beitragen, die „Dritte Welt" ist aber seit der Herausbildung der kapitalistischen Weltökonomie ein Teil der ersten und umgekehrt, wenn wir uns neben den hier angesprochenen äußeren vor allem auch an die inneren Grenzziehungen erinnern. Diese Grenzziehungen verweisen insbesondere auf die rassisierten, klassisierten und vergeschlechtlichten Charakteristika des Weltsystems seit seiner Entstehung, einer Tatsache, die auch Immanuel Wallerstein (2005: xxxviii) nicht verborgen blieb, wenn er schreibt: „We live in a system that has built racism and sexism into its structures from the outset."

In den folgenden Abschnitten gehen wir den Grundlagen in der Herausbildung und Konsolidierung dieser Grenzziehungen näher nach, wobei wir das Hauptaugenmerk auf Lateinamerika richten, jenen Kontinent, der eine entscheidende Bedeutung bereits in der Entstehung der kapitalistischen Weltwirtschaft spielte.

Die Bedeutung Lateinamerikas für die kapitalistische Weltwirtschaft [11]

Die „Entdeckung" und schließlich Eroberung Lateinamerikas brachte nicht nur eine geografische Ausweitung Europas als Grundlage des späteren kapitalistischen Systems, sondern auch eine neue Qualität der Interaktionen zwischen den verschiedenen Weltregionen: (1) Primär zu nennen ist hier die (semi-)periphere Eingliederung des „Südens" in das Weltsystem seit der Eroberung (der beiden) Amerikas (Fuchs 2003: 15) und damit erst die tatsächliche Umwandlung dieses Systems in ein kapitalistisches und globales. (2) Damit einher geht auch eine Verwandlung von Kapital (das in Europa schon vorher mit dem Christentum koexistierte) in Kapitalismus oder besser gesagt kapitalistische Akkumulation (verbunden mit einer extensiven Ausbeutung von Land und Arbeitskräften, mit SklavInnenökonomie sowie Warenproduktion und Kapitalakkumulation). (3) Mit der „Entdeckung" Amerikas geht seine Erfindung einher; vor 1492 war Amerika auf keiner Karte verzeichnet, weder auf europäischen, arabischen, asiatischen, noch auf jenen der altamerikanischen Hochkulturen. (4) Es entsteht die Idee des Okzidentalismus, die mit der Idee Amerikas eng verbunden ist und die Grundlage für die Erfindung des Orientalismus, drei Jahrhunderte später, bildet. (5) Zentral für die weitere Entwicklung des Welthandels als einer wichtigen Grundlage des Weltsystems ist der Transatlantische Handel mit SklavInnen und die daraus resultierende Neudefinition Afrikas als Quelle für potentielle Arbeitskräfte. An die 20 Milliarden SklavInnen wurden seit der Mitte des 15. Jahrhun-

---

11 Wenn nicht anders angegeben vgl. für den folgenden Abschnitt Mignolo 2005.

derts aus Afrika in die Amerikas verschifft, wobei alleine im 18. Jahrhundert so viele SklavInnen transportiert wurden wie im 16. und 17. Jahrhundert zusammen (Büttner 1985: 169f.; Wallerstein 1998: 200; Buckman 2005: 8). (6) Amerika übernimmt (neben Afrika[12]) in der Weltwirtschaft die Rolle der Rohstofflieferantin: zunächst vor allem von Edelmetallen,[13] später auch von Baumwolle, Zucker, Tabak (Wallerstein 1974: 12; ders. 1998: 124; Senghaas 1982: 11; Buckman 2005: 8) und ab dem 18., vor allem aber im 19. Jahrhundert, gewinnt Kaffee eine immer größere Bedeutung (Topik 2006). (7) Das Zentrum der Weltwirtschaft befindet sich in Europa – zu Beginn in Spanien und Portugal, später in den Niederlanden und England, im 20. Jahrhundert dann kommen die Vereinigten Staaten Amerikas als Zentrumsregion dazu. Hans Pohl (2007: 66) spricht in diesem Zusammenhang von der Umwandlung eines Ein- zu einem Mehrkernsystem.[14]

Gendering, bürgerliche Doppelmoral und Grenzziehungen

Nach dieser kurzen Zusammenfassung der drei Phasen der Modernität und einiger ihrer Besonderheiten, möchte ich die Aufmerksamkeit auf spezifische Phänomene im Kontext der Phase der ersten Modernität lenken, die in der Folge für die Geschichte, die Vorstellungen aber auch die Theorien und Konzepte nicht nur Europas, sondern auch Lateinamerikas (und anderer Weltregionen) prägend sind. Dazu zählen: (a) das Gendering, das heißt die Abdrängung der Frauen in den privaten, häuslichen Bereich, aus der Ökonomie hinaus, einher gehend mit einer Abwertung ihrer Tätigkeiten und Eigenschaften und einer Übertragung der abgewerteten Eigenschaften des „Weiblichen" auf andere auszubeutende Bereiche (Pelizzon 2002). (b) Die Schaffung einer bürgerlichen Doppelmoral, die dem weiteren Denken über Natur und Kultur, Wildheit und Zivilisation und ähnlichen dualistischen Schemata zugrunde liegt und wesentlich Teil hat an der „christlich korrekten" Legitimierung der Eroberung und Ausbeutung Amerikas

---

12 Aus Afrika stammen vor allem Gold, SklavInnen und Pfeffer (Buckman 2005: 8).

13 In Neuspanien stammen die Edelmetalle – Silber – vor allem aus dem Norden der Region. Mit ihrem Abbau einher geht die Entstehung von Haciendas zur Versorgung der Minengebiete mit Lebensmitteln (Tejera Gaona 1993: 202f.; MacLeod 2000: 16). Zu den „bourbonischen Reformen" Anfang des 18. Jahrhunderts, „die darauf hinausslief[en], die Kosten für den Unterhalt des Imperiums neu zu verteilen und dabei den Gebieten mit florierender Edelmetallproduktion die Hauptlast aufzubürden" vgl. Pietschmann (2006: 26). Mexiko, Bolivien, Peru wurden so zu kolonialen Metropolen, von denen andere Gebiete abhängig wurden, das heißt es gab (und gibt) auch – abseits von inneren Grenzen bezogen auf die Bevölkerung – innerlateinamerikanische Grenzziehungen und Hierarchien.

14 Appadurai (1996) hingegen lehnt das Zentrum-(Semi-)Peripheriemodell für den gegenwärtigen globalen Kapitalismus ab und spricht stattdessen von entorteten Machtfeldern, in denen sich lokale Räume an den Schnittstellen unterschiedlicher Flüsse (*flows*) und differenzieller Verteilungen (*scapes*) herausdifferenzieren. Die neue globale kulturelle Ökonomie müsse als eine komplexe, überlappende, trennende Ordnung gesehen werden, die nicht länger in Begriffen existierender Zentrum-Peripherie-Modelle verstanden werden könne. Selbst die komplexesten und flexibelsten Theorien, die der marxistischen Theorie entstammen (Appadurai nennt hier u.a. Wallerstein und Wolf) seien ungenügend in Hinblick auf den gegenwärtigen „desorganisierten Kapitalismus" (Appadurai 2006: 468f.).

(vgl. Fuchs im vorliegenden Band sowie dies. 2003). Und (c) die *reconquista* im Sinne von Rassisierung und Grenzziehungen nach Innen und nach Außen als Modell für die Eroberung und Ausbeutung (beziehungsweise ihrer Legitimierung) Amerikas und seiner Menschen auf der Grundlage einer Verweiblichung und „Monsterisierung" von MuslimInnen/MaurInnen, Juden/Jüdinnen und Amerindigenen (im Kontext mit den Werten der Doppelmoral und des Gendering). Alle diese Gruppen (sowie die „Hexen") werden als „wild" und weiblich definiert, sie würden Anthropophagie betreiben und müssten daher kultiviert, zivilisiert und gegebenenfalls auch vernichtet werden (ibid.).

Die zentrale Epoche des Gendering war die Frühe Neuzeit, also die Zeit zwischen der Mitte des 14. Jahrhunderts bis 1453, dem Jahr der Eroberung Konstantinopels durch die OsmanInnen und dem damit einher gehenden Ende des Byzantinischen Reichs. Seine Ursachen liegen in dieser und der vorangegangenen Periode, dem späteren Mittelalter, zwischen 1250 und 1450, einer sehr turbulenten Epoche, gekennzeichnet durch einen Umbruch in den sozialen Strukturen, der zunehmenden Unfähigkeit der bisherigen Eliten, Surplus abzuziehen und allen Arten von Rebellionen (Bauern/Bäuerinnen gegen HerrInnen, städtische ArbeiterInnen gegen HerrInnen und urbane Bourgeoisie, niedriger Adel und Klerus gegen den höheren, häretische Bewegungen gegen die Akkumulation von Reichtum), wobei Frauen sich ebenso an diesen Auseinandersetzungen beteiligten wie Männer (Pelizzon 2002: 202f.). All das führte zu einem Rückgang der Realeinkommen der herrschenden Klassen und zu einem Verlust von Klassenprivilegien. Um die bestehenden Hierarchien dennoch aufrechtzuerhalten und die Bevölkerung zu disziplinieren erwies sich das Gendering – das schrittweise über einen Zeitraum von zweihundert Jahren eingeführt wurde – als äußerst erfolgreich. Über die wirtschaftliche Benachteiligung der Frauen, die Verlagerung weiblicher Tätigkeitsfelder in den Hintergrund öffentlichen Geschehens und die Konstruktion einer weiblichen Geschlechtsidentität, in deren Zentrum Naturhaftigkeit und Kontrollbedarf stehen, ergab sich die Möglichkeit, soziale Spannungen von der Ebene der Klassenkonflikte auf die Ebene der Geschlechter herunterzubrechen, politische Konflikte in private umzudefinieren. Manuela Boatcă (2003: 64) bezeichnet das Gendering daher als eine wichtige Strategie die Krise des Feudalismus zu überwinden und die Basis für den Übergang in eine neue Form der wirtschaftlichen und politischen Organisation zu legen.

Brigitte Fuchs (2003) fokussiert auf die im Zuge des Gendering stattfindende Differenzierung der Kategorie Frau in eine wilde und eine domestizierte Form. Beide erweisen sich als wesentliche Elemente für die weitere Ausformung der Strukturen des kapitalistischen Weltsystems. Im Zentrum des diskursiven Wandels, wie er im Kontext des Aufstiegs des städtischen Bürgertums im 14. und 15. Jahrhundert stattfand, „stand das Verhältnis zwischen Männern und Frauen in der patriarchalen Familie als einem Ort, an dem Moral und Profit nun unter Aufbietung einer neu geschaffenen Doppelmoral identisch wurden" (Fuchs 2003: 24), um die Akkumulation privater Vermögen (gegenüber Gott und den Menschen) zu legitimieren. Die Ehe rückte nun als sittliche Institution in den Mittelpunkt des menschlichen Daseins. Dem neuen Eheideal zufolge musste die Frau

ihren Mann fürchten, ihm dienen und gehorchen. Sie durfte nicht zur Sinnlichkeit verleitet werden, denn Sexualität in der Ehe sollte ausschließlich auf die
Fortpflanzung ausgerichtet sein, von den Männern an den Frauen „ausgeübt".[15]
Durchgesetzt wurde das Ideal der nützlichen und fruchtbaren (Ehe-)Frau mittels
unterschiedlicher Formen sexualisierter Gewalt, angefangen von Vergewaltigungen durch Bruderschaften in Frankreich, bis zu den Hexenverfolgungen. Gleichzeitig wurden die sexuellen „Nutzungsrechte" der Männer gegenüber Frauen im
Allgemeinen (also nicht auf die Ehe beschränkt) betont. Die Prostitution erhielt
den Rang einer öffentlich und theologisch legitimierten Institution da sie für die
(christliche) Gesellschaft als weniger gefährlich erschien als Homosexualität
oder Masturbation (ibid.: 25).
Bereits im Prozess ihrer Entstehung stellte sich die bürgerliche Familie „als eine
Institution dar, die von der Gefahr einer außerhalb der Familie angesiedelten
weiblichen Sexualität abgeschirmt werden muss" (ibid.: 26). Andererseits wurde
außereheliche Sexualität in Form von Prostitution zugelassen „um der innerhalb
der Familie lauernden Gefahr der ‚widernatürlichen Sexualität' vorzubeugen"
(ibid.: 26). Am Ende des Mittelalters wurden Frauen folglich zunehmend über
ihre Sexualität definiert. Es wurde zwischen einer „sittlichen" passiven (als Ergebnis männlicher patriarchaler Kontrolle) und einer „unsittlichen" weiblichen
Sexualität (die der Prostituierten) unterschieden. Um die Bedeutung dieser beiden scheinbar gegensätzlichen, einander aber ergänzenden Konzepte von Weiblichkeit für die Entwicklung der Weltwirtschaft zu verstehen, müssen wir uns
mit einem weiteren wichtigen Ereigniskomplex in der europäischen Geschichte
befassen, nämlich mit der sogenannten *reconquista* auf der Iberischen Halbinsel.
Dieser Prozess begann 1391, denn seit diesem Datum wurden alle NichtchristInnen (MuslimInnen und Juden/Jüdinnen) in christlichen wie in neu eroberten
muslimischen Herrschaftsgebieten zur Taufe genötigt. Nach einer Reihe von Po-
gromen gab es einen Erlass, demzufolge alle nicht „reinblütigen" ChristInnen
aus öffentlichen Ämtern ausgeschlossen wurden. In der Generation der Eltern
und Großeltern der mütterlichen wie der väterlichen Linie musste die christliche
Abstammung nachgewiesen werden. Wer das nicht konnte (oder wollte) wurde
der Häresie verdächtigt und verfolgt. Mit dem Fall Grenadas, des letzten muslimischen Königreichs Iberiens, 1492, verschärften sich diese Verfolgungen;
darüber hinaus wurden alle NichtchristInnen aus dem Herrschaftsgebiet der spanischen Krone ausgewiesen (ibid.: 29).
Damit einher ging ein Prozess, in dem alles Auszubeutende oder zu Eliminieren-
de als nichtchristlich, wild, unzivilisiert und sexualisiert weiblich definiert wur-

---

15 Wallerstein (1998: 28) spricht für die Zeit zwischen dem 16. und dem 18. Jahrhundert von
   der Ausbreitung einer asketischen Sexualmoral. Notwendig wurde diese, um den Bevöl-
   kerungsschwund, wie er im Kontext der Epidemien, Kriege und ökologischen Kalamitäten
   am Ende des Mittelalters zu verzeichnen war, umzukehren (vgl. Fuchs in diesem Band).
   Auch Foucault (1991: 11ff.) sieht den Übergang zum „Zeitalter der Repression" im Verlauf
   des 17. Jahrhundert, in einem Zusammenhang mit der Entwicklung des Kapitalismus ste-
   hend. Der bis dahin herrschende freimütigere Umgang mit Sexualität sei mit der nun geforderten intensiveren Arbeitsordnung unvereinbar.

de – in Europa waren das Muslime und Musliminnen, Juden und Jüdinnen, „ZigeunerInnen" und später die „Hexen", in Lateinamerika die indigenen Bevölkerungen (ibid.: 33). Beispielsweise interpretierten verschiedene koloniale Schreiber physische Charakteristika wie das „Fehlen" von Gesichtshaar bei vielen indigenen Männern in Lateinamerika als ein Zeichen von Weiblichkeit (Ellis 2002).

Soziale Differenzen wurden so in die moralische Geschlechterdifferenz der bürgerlichen patriarchalischen Familie verschoben. Macht, Herrschaft, Wissen, das bürgerliche Subjekt und das Zentrum Europa wurden in der Folge mit Männlichkeit gleichgesetzt, die Objekte der europäisch-männlichen Herrschaft (das Land mitsamt seinen EinwohnerInnen, UntertanInnen, die Kolonien, die Peripherie) mit Weiblichkeit. Die weiblichen Herrschaftsobjekte wurden ihrerseits in nützliche, sittliche und willige und solche, die das nicht sind, geteilt (Fuchs 2003: 34).

Die Idee des Okzidentalismus – Europa wird zum (westlichen) Zentrum – Europa als Definitionsmacht

Mit der Schaffung der inneren Grenzen gegenüber allem Nicht-Christlichen (und nicht Männlichem) einher ging die Schaffung äußerer Grenzen. Eine wichtige Grundlage dafür war der Okzidentalismus, wie er im Zuge der Eroberung und Kolonisierung Lateinamerikas entwickelt wurde. Okzidentalismus als vorherrschende Denkströmung der Ersten Modernität, hatte zwei miteinander verbundene Dimensionen: einmal diente er der Lokalisierung des geo-historischen Raumes der westlichen Kultur. Zum anderen aber fixierte er auch den privilegierten Ort des Anspruchs auf sprachliche Äußerung, wie er heute noch gültig ist (und begründete so die von Spivak in vielen ihrer Werke beschriebene epistemische Gewalt[16]): Vom Westen aus wurde und wird der Rest der Welt beschrieben, konzeptualisiert und gereiht. Ohne einen Lokus der Äußerung, der sich selbst als westlich betrachtet, hätte „das Orientale" nicht erdacht werden können, das heißt erst der Okzidentalismus ermöglichte drei Jahrhunderte später die Erfindung des Orientalismus.

Bis ins 15. Jahrhundert war Jerusalem das Zentrum der christlichen Welt. Geschichte bewegt sich in der Folge – der neuen Hegemonie entsprechend – scheinbar von Osten nach Westen (Mignolo 2005: 35; Cain et al. 2006: xii). In dieser Bewegung wurde die Idee der westlichen Zivilisation zum Referenzpunkt wie auch zum Ziel für den „Rest der Welt" (Hall 2000).[17] Die Idee eines Westens (Okzidentalismus) und die Ideologie der westlichen Expansion seit 1500 begann praktisch mit der Identifizierung und Erfindung Amerikas. Von diesem Moment an definierte das „Westliche Indien" die Grenzen und damit die Peripherie des Westens. Die Macht dieses Okzidentalismus liegt vor allem in

---

16 Vgl. die Einleitung von Zuckerhut im vorliegenden Band.
17 Besonders deutlich wird das in der Definition des Begriffs „Frontier" im USA-Lexikon von Andreas Reichstein (1995: 300f.), der den Übertritt in die westlich gelegene „Wildnis" definiert. Diese „Grenze" wird in der Folge bis an den westlichen Rand des Kontinents ausgeweitet.

seiner privilegierten geo-historischen Lokation, ein Privileg, das er sich selbst, durch den wachsenden hegemonialen Glauben an die eigene rassische, religiöse, philosophische und wissenschaftliche Überlegenheit, zuschreibt (Mignolo 2005: 35ff.). Erst damit gewinnt die Vorstellung von „Völkern ohne Geschichte"[18] Sinn und Bedeutung: alles was außerhalb dieser okzidentalen Logik liegt wird als außerhalb des Seins und somit außerhalb der Geschichte definiert. Geschichte erscheint nun als etwas, das nur vom Zentrum selbst herkommen könne, nicht aber als etwas das in der Peripherie beziehungsweise seitens der Subalternen[19] geschaffen wird.[20]

Schlussbemerkung

Diese Sicht von Geschichte, ebenso wie die Konstituierung der Welt, wie wir sie heute kennen, mit ihrer Einteilung in Europa, Asien, Afrika, Lateinamerika, Nordamerika, etc. sowie einer Vielzahl von Nationalstaaten ist – wie wir gesehen haben – das Ergebnis massiver epistemischer und sexualisierter Gewalt. Dabei war vor allem die Phase der ersten Modernität prägend in Hinblick auf die Herausbildung von Okzidentalismus und Orientalismus als Basis für die Selbstkonstituierung Europas und die Schaffung von potentiell feindlichen und min-

---

18 Michel Foucault (1995: 450) bezeichnet die Ethnologie als jene Wissenschaft, die die „anderen Völker" als solche ohne Geschichte präsentiert. Neben der in den 1960er Jahren, als Foucaults Werk „Die Ordnung der Dinge" erschien, in Frankreich dominanten Strömung des Strukturalismus, die tatsächlich stärker auf die „Invarianten der Struktur als die Abfolge der Ereignisse" (ibid.) fokussierte, spielt für das Konzept von „Völkern ohne Geschichte" sicherlich auch das lange Zeit vorherrschende Geschichtsverständnis eine Rolle, das in erster Linie schriftliche und keine anderen Quellen anerkennt, wie das vor allem von der Subaltern Studies Group, auf die sich Mignolo in vielerlei Hinsicht bezieht, kritisiert wird (vgl. Sieber 2005: 163). Spätestens seit Eric Wolfs bahnbrechendem Werk (1982), das diesen Titel trägt, befassten sich viele AnthropologInnen allerdings mit der Dekonstruktion dieses Mythos; vgl. beispielsweise Gupta/Ferguson 1997; oder Appadurai 2001: 106.

19 Zum Konzept „subaltern" als einem Begriff, der von Gramsci entwickelt, der Subaltern Studies Group ausgeweitet und der Latin American Studies Group, der Walter Mignolo angehört, übernommen wurde, vgl. Ashcroft et al. 1999: 215ff. bzw. Sieber 2005: 162ff.

20 Kreff (2003: 35) beschreibt, wie Hannerz in Anlehnung an Sherry Ortner diese Sichtweise an der Weltsystemtheorie kritisiert: „History is often treated as something that arrives, like a ship, from outside the society in question. Thus we do not get the history *of* that society, but the impact of (our) history *on* that society" (Ortner 1984: 143, zitiert nach Kreff 2003: 35). Spivak (2000: 269) hingegen stellt die Frage, ob die Subalternen innerhalb *und* außerhalb des Kreises der epistemischen Gewalt der imperialistischen Gesetzes und der Bildung, die den ökonomischen Text ergänzt, überhaupt sprechen können. Weiters betont sie, dass die Möglichkeit historischer Repräsentation im westlichen Sinne (also auf der Grundlage von historischen Dokumenten) nur dann gegeben war, wenn es irgendein Interesse seitens der Kolonialmacht gab, solche Dokumente zu erstellen beziehungsweise aufzubewahren (vgl. u.a. ibid. 230f.; 237f.) (seitens der indischen Historiographie würde ebenfalls nur ein bestimmter Aspekt, der den hegemonialen Vorstellungen entspricht, herausgehoben und dokumentiert werden; ibid.: 308). Entscheidend ist in jedem Fall die Einsetzung *einer* bestimmten Erzählung als normativ und damit einhergehend das Auslöschen alternativer Diskurse (ibid.: 267). Spivak (ibid.: 228) spricht vom „worlding", von der Neueinschreibung einer Kartographie, die sich selbst als unfehlbar präsentieren muss.

derwertigen „Anderen". Die in dieser Zeit entstandenen inneren und äußeren Grenzen werden in den folgenden Phasen modifiziert, erweitert und um weitere Grenzziehungen ergänzt. Das Gendering mit seiner Ausprägung im Sinne der bürgerlichen Doppelmoral stellt hierfür eine wichtige Grundlage bereit. Noch heute wirkt die damals begründete Feminisierung und „Monsterisierung" all dessen, was als „wild" und „unzivilisiert" und daher zu domestizieren oder zu vernichten gilt. Der damit einher gehende Mythos der „Überlegenheit" der (christlich-männlichen) WestlerInnen/EuropäerInnen über die (feminisierten) „Anderen" prägt nach wie vor die politischen und wissenschaftlichen Denkweisen und damit einher gehende Praktiken der rassistischen und sexistischen Ausgrenzung mit all ihren desaströsen Folgen. Seine Dekonstruktion durch postkoloniale feministische Analysen und Darstellungen ist ein wichtiger Schritt, um diesen hegemonialen Tendenzen entgegenzuwirken. Denn, wie Kirin Narayan 1993 festhält: Schreiben (bzw. Analyse und Darstellung) alleine kann die Ungleichheiten der heutigen Welt nicht auflösen; aber es enthält das Potential, die Haltungen der LeserInnen zu verändern (Narayan: 1993: 682).

Bibliographie

Abu-Lughod, Lila. 1998. Introduction. Feminist Longings and Postcolonial Conditions. In: dies. (ed.). Remaking Women. Feminism and Modernity in the Middle East. Princeton, New Jersey, pp. 3-31.

Al-Ali, Nadje. 2000. Secularism, Gender and the State in the Middle East. The Egyptian Women's Movement. Cambridge.

Altvater, Elmar und Birgitt Mahnkopf. 1998. Grenzen der Globalisierung. Ökonomie, Ökologie und Politik in der Weltgesellschaft. Münster.

Appadurai, Arjun. 1996. Modernity at Large. Cultural Dimensions of Globalization. Minneapolis.

Ders. 2001. The Production of Locality. In: Beyer, Peter (Hg.). Religion im Prozeß der Globalisierung. Würzburg, pp. 99-123.

Ders. 2006[2]. Disjunction and Difference. From: Modernity at large: cultural dimensions of globalization. Minneapolis: University of Minnesota Press. 1996. In: Ashcroft, Bill, Gareth Griffiths and Hellen Tiffin (eds.). The Post-Colonial Studies Reader. London and New York, pp. 468-472.

Ashcroft, Bill, Gareth Griffiths and Hellen Tiffin. 1999[2] [1998]. Key Concepts in Post-Colonial Studies. London and New York.

Baños Poo, Jessica. 2005. Uncritical Fundamentalism in Political Philosophy? In: Wiemann, Dirk, Agate Stopinska, Anke Bartels und Johannes Angermüller (eds.). Discourses of Violence - Violence of Discourses. Critical Interventions, Transgressive Readings, and Post-National Negotiations. Band I. transpekte // transpects. Frankfurt am Main, Berlin, Bern, Bruxelles, New York, Oxford, Wien, S. 199-208.

Beittel, Mark. 1992. Introduction. In: Smith, Joan and Immanuel Wallerstein (coord.). Creating and Transforming Households. The Constraints of the

World-Economy. Etudes sur le capitalisme moderne. Cambridge, Paris, pp. 189-196.

Boatcă, Manuela. 2003. Kulturcode Gewalt. In: Lamnek, Siegfried und Manuala Boatcă (Hg). Geschlecht – Gewalt – Gesellschaft. Otto-von-Freising-Tagungen der Katholischen Universität Eichstätt-Ingolstadt, Band 4. Opladen, S. 55-70.

Bonfil Batailla, Guillermo. 2002. [1996]. México Profundo: Reclaiming a Civilization. Austin.

Braudel, Fernand. 1990 [1979]. Sozialgeschichte des 15.-18. Jahrhunderts. München.

Broeck, Sabine. 2006. Das Subjekt der Aufklärung – Sklaverei – Gender Studies: Zu einer notwendigen Relektüre der Moderne. In: Dietze, Gabriele und Sabine Hark (Hg.). Gender kontrovers. Genealogien und Grenzen einer Kontroverse. Frankfurt am Main, S. 152-180.

Buckman, Greg. 2005. Global Trade. Past Mistakes, Future Choices. London – New York.

Büttner, Thea. 1985[2]. Afrika. Geschichte von den Anfängen bis zur Gegenwart. Teil I. Afrika von den Anfängen bis zur territorialen Aufteilung Afrikas durch die imperialistischen Kolonialmächte. Berlin.

Cain, Louis, Standley Engerman, David Hancock, John McCusker, and Kenneth Pomeranz. 2006. Introduction. In: McCusker, John (ed.). History of World Trade since 1450. Vol. I. Detroit, pp. xi-xiv.

Duden. 2003. Das große Fremdwörterbuch. Herkunft und Bedeutung der Fremdwörter. Herausgegeben und bearbeitet vom Wissenschaftlichen Rat der Dudenredaktion. Mannheim et al.

Ellis, Robert Richmond. 2002. They Dream not of Angels but of Men. Homoeroticism, Gender and Race in Latin American Autobiography. Gainesville et al.

Fanon, Frantz. 1981 [1961]. Die Verdammten dieser Erde. Frankfurt am Main.

Ferguson, James and Akhil Gupta. 2005. Spatializing States. Toward an Ethnography of Neoliberal Governmentality. In: Inda, Jonathan Xavier (ed.). Anthropologies of Modernity. Foucault, Governmentality, and Life Politics. Padstow, Cornwall, pp. 105-131.

Foucault, Michel. 1991[5] [frz. Original 1976]. Der Wille zum Wissen. Sexualität und Wahrheit. Frankfurt am Main.

Ders. 1995 [frz. Original 1966]. Die Ordnung der Dinge. Eine Archäologie der Humanwissenschaften. Frankfurt am Main.

Fuchs, Brigitte. 2003. „Rasse", „Volk", Geschlecht. Anthropologische Diskurse in Österreich 1850-1960. Frankfurt/New York.

Dies. In diesem Band. „Weiblichkeit", Monstrosität und „Rasse". Anthropophagie, Ökonomie und Doppelmoral im Zeitalter der Konquista .

García Canclini, Néstor. 1990. Culturas Híbridas. Estratégias para Entrar y Salir de la Modernidad. México.

Garzón Valdés, Ernesto. 1995. Anmerkungen zur Kultur in Mexiko. In: Lauth, Hans-Joachim und Hans-Rudolf Horn (Hg.). Mexiko im Wandel. Frankfurt am Main, S. 57-68.

Grosfoguel Ramón and Ana Margarita Cervantes-Rodríguez. 2002. Unthinking Twientieth-Century Eurocentric Mythologies: Universalist Knowledges, Decolonization, and Developmentalism. In: Grosfoguel, Ramón and Ana Margarita Cervantes-Rodríguez (eds.). The Modern/ Colonial/ Capitalist World-System in the Twentieth Century. Global Processes, Antisystemic Movements, and the Geopolitics of Knowledge. Westport, USA, pp. xi-xxix.

Gupta, Akhil and James Ferguson. 1997 [1992]. Beyond "Culture": Space, Identity, and the Politics of Difference. Gupta, Akhil and James Ferguson (eds.). Culture Power Place. Explorations in Critical Anthropology. Durham and London, pp. 33-51.

Hall, Stuart. 2000[3] [1992]. Der Westen und der Rest: Diskurs und Macht. In: Hall, Stuart, Herausgegeben und übersetzt von Ulrich Mehlem, Dorothee Bohle, Joachim Gutsche, Matthias Oberg und Dominik Schrage. Rassismus und kulturelle Identität. Ausgewählte Schriften 2. Hamburg, S. 137-179.

Hannerz, Ulf 1996. Transnational connections. London, and New York.

Hausen, Karin. 1976. Die Polarisierung der "Geschlechtscharaktere" – Eine Spiegelung der Dissoziation von Erwerbs- und Familienleben. In: Conze, Werner (Hg.). Sozialgeschichte der Familie in der Neuzeit Europas. Neue Forschungen (=Industrielle Welt, Bg. 21). Stuttgart, S. 363-393.

Hesse, Barnor. 2007. Racialized modernity: An analytics of white mythologies. In: Ethnic and Racial Studies 30 (4): 643-663.

Inda, Jonathan Xavier. 2005. Analytics of the Modern: An Introduction. In: Inda, Jonathan Xavier (ed.). Anthropologies of Modernity. Foucault, Governmentality, and Life Politics. Padstow, Cornwall, pp. 1-20.

Janik, Dieter. 1994. Die neuen Menschen der Neuen Welt: Zur gesellschaftlichen und kulturellen Rolle der mestizos. In: Janik, Dieter (Hg.). Die langen Folgen der kurzen Conquista. Auswirkungen er spanischen Kolonisierung Amerikas bis heute. Frankfurt am Main, S. 49-73.

Kletzer, Christoph. 2004. WTO: Wie entstand das neoliberale Juwel? In: ATTAC (Hg.). Die geheimen Spielregeln des Welthandels. WTO-GATS-TRIPS-MAI. Wien, S. 10-18.

Kossek, Brigitte. 2003. Post/koloniale Diskurse und die De/Kolonialisierung von Identitäten. In: Zips, Werner (Hg.). Afrikanische Diaspora. Out of Africa – Into New Worlds. Afrika und ihre Diaspora herausgegeben von Manfred Kremser und Werner Zips (Institut für Ethnologie, Kultur- und

Sozialanthropologie der Universität Wien) Band 1. Münster et al., S. 91-112.

Kreff, Fernand. 2003. Grundkonzepte der Sozial- und Kulturanthropologie in der Globalisierungsdebatte. Berlin.

MacLeod, Murdo J. 2000. Mesoamerica since the Spanish Invasion: An Overview. In: Adams, Richard E.W. and Murdo, J. MacLeod (eds.). The Cambridge History of the Native Peoples of the Americas. Volume II. Mesoamerica. (Part 2). Cambridge et al., pp. 1-43.

Maier, Hans. 2007. Globalisierung. Zwischenbilanz einer Diskussion. In: Denzel, Markus (Hg.). Vom Welthandel des 18. Jahrhunderts zur Globalisierung des 21. Jahrhunderts. Leipziger Überseetagung 2005. Beiträge zur Europäischen Überseegeschichte 92. Stuttgart, S. 25-39.

Melhuus, Marit. 1996. Power, Value and the Ambiguous Meanings of Gender. In: Melhuus, Marit and Kristi Anne Stølen (eds.). Machos, Mistresses, Madonnas. Contesting the Power of Latin American Gender Imagery. London – New York, pp. 230-259.

Mignolo, Walter D. 2000. Local Histories/Global Designs. Coloniality, Subaltern Knowledges, and Border Thinking. Princeton, New Jersey.

ders. 2005. The Idea of Latin America. Padstow, Cornwall.

Narayan, Kirin. 1993. How Native Is a "Native" Anthropologist? In: American Anthropologist, New Series, 95 (3): 671-686.

O'Connell Davidson, Julia. 2001. The Sex Tourist, The Expatriate, His Ex-Wife and Her "Other": The Politics of Loss, Difference and Desire. In: Sexualities 4 (1): 5-24.

Pelizzon, Sheila. 2002. Writing on Gender in World-Systems Perspective. In: Grosfoguel, Ramón and Ana Margarita Cervantes-Rodríguez (eds.). The Modern/ Colonial/ Capitalist World-System in the Twentieth Century. Global Processes, Antisystemic Movements, and the Geopolitics of Knowledge. Westport, pp. 199-211.

Pietschmann, Horst. 2006. Staatsbildung, Verfassungen und politische Systeme in Lateinamerika. Überlegungen zum bevorstehenden 200-jährigen historischen Jubiläumszyklus. In: Birle, Peter, Detlef Nolte und Hartmut Sangmeister (Hg.). Demokratie und Entwicklung in Lateinamerika. Frankfurt am Main, S. 17-29.

Pohl, Hans. 2007. Trends in der Weltwirtschaft von der Mitte des 19. Jahrhunderts bis zum Ersten Weltkrieg. In: Denzel, Markus (Hg.). Vom Welthandel des 18. Jahrhunderts zur Globalisierung des 21. Jahrhunderts. Stuttgart, S. 53-65.

Reichstein, Andreas. 1995. Frontier. In: Wersich, Rüdiger B. (Hg.). USA-Lexikon. Berlin, S. 300-301.

Sassen, Saskia. 1996. Losing Control? Sovereignty in an Age of Globalization. New York.

Schmitt, Eberhard. 2007. Globalisierung der Erde? Gedanken über die europäische Expansion und ihre Folgen. In: Denzel, Markus (Hg.). Vom Welthandel des 18. Jahrhunderts zur Globalisierung des 21. Jahrhunderts. Leipziger Überseetagung 2005. Beiträge zur Europäischen Überseegeschichte 92.. Stuttgart, S. 15-24.

Senghaas, Dieter. 1982[2] [1979]. Vorwort. In: Senghaas, Dieter (Hg.). Kapitalistische Weltökonomie. Kontroversen über ihren Ursprung und ihre Entwicklungsdynamik Frankfurt am Main, S. 7-27.

Sieber, Cornelia. 2005. Die Gegenwart im Plural. Postmoderne/postkoloniale Strategien in neueren Lateinamerikadiskursen. Frankfurt am Main.

Spivak, Gayatri Chankravorti. 2000[3] [1999]. A Critique of Postcolonial Reason. Toward a History of the Vanishing Present. Cambridge, Massachusetts London, England.

Tejera Gaona, Héctor. 1993. La Comunidad Indígena y Campesina de México. In: Arizpe, Lourdes (coord.). Antropología breve de México. México, pp. 189-214.

Topik, Steven. 2006. Coffee, in: McCusker, John (ed.). History of World Trade since 1450. Detroit, pp. 138-141.

Wallerstein, Immanuel. 1974. The Modern World-System. Bd. I: Capitalist Agriculture and the Origins of the European World-Economy in the Sixteenth Century. New York/London.

Ders. 1979. The Capitalist World-Economy. Cambridge.

Ders. 1982[2] [1979]. Aufstieg und künftiger Niedergang des kapitalistischen Weltsystems. Zur Grundlegung vergleichender Analysen. In: Senghaas, Dieter (Hg.). Kapitalistische Weltökonomie. Kontroversen über ihren Ursprung und ihre Entwicklungsdynamik. Frankfurt am Main, S. 31-67.

Ders. 1998 [1980]. Das moderne Weltsystem II. Der Merkantilismus. Europa zwischen 1600 und 1750. Wien.

Ders. 2002. The Twentieth Century: Darkness at Noon? In: Grosfoguel, Ramón and Ana Margarita Cervantes-Rodríguez (eds.). The Modern/ Colonial/ Capitalist World-System in the Twentieth Century. Global Processes, Antisystemic Movements, and the Geopolitics of Knowledge. Westport, USA, pp. Xxxi-xl.

Ders. 2004 [1974]. Das moderne Weltsystem I. Die Anfänge kapitalistischer Landwirtschaft und die europäische Weltökonomie im 16. Jahrhundert. Wien.

Ders. 2005[2]. World-Systems Analysis. An Introduction. Durham and London.

Wolf, Eric. 1986 [1982]. Die Völker ohne Geschichte. Europa und die andere Welt seit 1400. Frankfurt/New York.

Woods, Ngaire. 2006. The Globalizers. The IMF, the World Bank, and Their Borrowers. Ithaca and London.

Zuckerhut, Patricia. 2000. Macht-Autorität-Herrschaft. Produktionsverhältnisse im Alten Mexiko. Frankfurt et al.

Dies. In diesem Band. Einleitung: Geschlecht und Gewalt.

Gabriele Habinger

„Genderless white power" – Europäische Reiseschriftstellerinnen als Befürworterinnen und „Agentinnen" des Kolonialismus[1]

Reisen und Kolonialismus sind in der Geschichte vielfältig miteinander verwoben. So bedeutet Reisen immer auch „Landnahme", eine „Aneignung" von häufig fremden, unbekannten Räumen, des „Fremden" in seinen vielfältigen Facetten. Gerade dieser Aspekt erscheint im 19. Jahrhundert und in den ersten Jahrzehnten des 20. Jahrhunderts von Relevanz, als einer Epoche, die in besonderem Maße geprägt war von der kolonialen Durchdringung der Welt durch die europäischen Mächte. Durch diese verstärkten Bemühungen zur „Eroberung" und „Vermessung der Welt" und durch einen gleichzeitig einsetzenden Modernisierungsschub und verbesserte Infrastruktur erfuhr einerseits das Reisen eine vermehrte Verbreitung. Andererseits bahnten westliche Entdeckungsreisen(de) immer auch Wege für eine künftige koloniale Aneignung außereuropäischer Regionen (vgl. Brenner 1990: 49ff.; Ueckmann 2001: 50ff.).

Reiseberichte von EuropäerInnen stellen (neben Lebenserinnerungen aus den Kolonien) nicht nur wichtige Quellen zum kolonialen Alltag dar, sondern auch zur Analyse kolonialer Diskurse. Denn diese Publikationen trugen wesentlich dazu bei, koloniale Ideologien und Vorstellungen zu produzieren und zu transportieren (vgl. Hunt 2002: 2; Mills 1994: 30). So bezeichnet Tamara Hunt im Vorwort zum Buch „*Women and the Colonial Gaze*" Reiseberichte als wichtige, wenn auch subtile „agents of imperialism" (Hunt 2002: 2)[2]. Ein zentrales Moment des Reisens ist die Konfrontation mit dem Fremden – die Suche danach bildete häufig keine unwesentliche Motivation zum Aufbruch. So barg die „Erfahrung" der Fremde für EuropäerInnen bereits seit der frühen Entdeckungsgeschichte immer auch neue Möglichkeiten der Selbsterfahrung und Selbsterkenntnis und bildete nicht zuletzt eine Basis zur Konstitution der westlichen Identität; ein Movens, das bis in die Gegenwart für europäische – männliche wie weibliche – Reisende von großer Bedeutung ist, insbesondere wenn sie außereuropäische Ziele ansteuern.[3] Gerade für diesen Themenbereich ist es wichtig, die Kategorie Geschlecht, die mit den anderen hier relevanten sozialen und symbo-

---

1 Der vorliegende Artikel beruht auf einem Vortrag im Rahmen des Workshops 4 der Tage der Kultur- und Sozialanthropologie 2007: „*Anthropologie der Gewalt: Geschlecht – Macht – Politik*", koordiniert von Patricia Zuckerhut und Barbara Grubner; wesentliche Aspekte stammen aus der Buchpublikation „*Frauen reisen in die Fremde. Diskurse und Repräsentation von reisenden Europäerinnen im 19. und beginnenden 20. Jahrhundert*" (Habinger 2006a), einige Abschnitte wurden aus Habinger 2006b übernommen bzw. adaptiert. Das im Titel angeführte Zitat „genderless white power" ist von Birkett (1989: 118) entlehnt.

2 In Anlehnung an diese Formulierung von Tamara Hunt wurden im Titel des vorliegenden Artikels reisende Europäerinnen als „Agentinnen" des Kolonialismus bezeichnet, wobei hier auf die Mehrdeutigkeit des englischen Begriffes „agents" Bezug genommen wird und diese auch anklingen soll.

3 Zur diesbezüglichen Motivationsstruktur von rezenten und historischen weiblichen europäischen Reisenden vgl. Bereswill/Ehlert 1994: 236f.; Habinger 2006c: 288ff.

lischen Kategorien und Differenzierungen vielschichtig verwoben ist, in die Analyse einzubeziehen.

Ich möchte im Folgenden auf einige Aspekte eingehen, die mir bezüglich der Eckpunkte Geschlecht – Macht – Politik im Hinblick auf europäische Reisen und Kolonialismus beziehungsweise koloniale Diskurse besonders relevant erscheinen:

- auf die Argumentationslinie der „zivilisatorischen Mission", wie sie in Reiseberichten von Frauen vertreten wird;
- was es für Europäerinnen bedeutete, als Angehörige des Westens zu reisen, insofern hier ein Machtverhältnis zum Ausdruck kommt;
- auf den Aspekt der Verknüpfung von Gender/Weiblichkeit und „Rasse"/ ethnische Zugehörigkeit/Hautfarbe im kolonialen Kontext und welche Bedeutung hier den jeweiligen Kategorien zukommt;
- auf konkrete Beispiele von Aneignungstendenzen des Fremden durch reisende Europäerinnen;
- auf den Aspekt von Frauen und europäische „Entdeckungsreisen"; und schließlich
- auf die Herausarbeitung eines weiblichen „kolonialen" beziehungsweise „Eroberungshabitus".

Im nächsten Abschnitt soll ein kritischer Blick auf die Rezeptionsgeschichte geworfen werden, auf die Auseinandersetzung mit Kolonialismus und kolonialen Diskursen im Hinblick auf Frauen beziehungsweise Gender, um noch einmal die besondere Bedeutung der Verknüpfung dieser Kategorien aufzuzeigen. Zwar gibt es mittlerweile einige Publikationen, die sich spezifisch diesem Aspekt widmen (vgl. z.B. Birkett 1989; Blake 1990; Habinger 2003, 2004, 2006a, 2006b; Kuczynski 1993; Mills 1991; Ueckmann 2001), doch wird ihm meines Erachtens häufig – vor allem im populär(wissenschaftlich)en Kontext[4] – nach wie vor zu wenig Aufmerksamkeit geschenkt.

Im Anschluss daran wird auf theoretische Grundlagen zu kolonialen Diskursen und zur westlichen Fremdrepräsentation eingegangen, anhand derer schließlich, unter Einbeziehung der Kategorie Geschlecht, Texte europäischer Reiseschriftstellerinnen beleuchtet werden. Vor diesem theoretischen Hintergrund werden die Reiseberichte von Europäerinnen hinsichtlich der Aspekte der Fremdrepräsentation, die sich darin ausdrücken, analysiert und die Frage diskutiert, ob beziehungsweise wie diese von den männlichen Positionen abweichen.[5] Darüber hinaus wird auch die Selbstpositionierung von reisenden Europäerinnen im kolonialen Kontext herausgearbeitet und dargelegt.

---

4 Ein Beispiel dafür stellt der Band „Frauen erkunden die Welt" von Milbry Polk und Mary Tiegreen (2001) dar. Hier steht vor allem der „Emanzipationsgedanke" durch das Reisen im Vordergrund, Emanzipation und Reise werden unhinterfragt gleichgesetzt, dagegen erfolgt keine kritische Analyse vor dem kolonialen historischen Hintergrund; vgl. Habinger 2006a: 166ff.; Siebert 1994: 152.

5 Auf den Aspekt der „(ent)sexualisierten" Repräsentation fremder Weiblichkeit und den diesbezüglichen Spezifika in Reisetexten von Frauen kann hier nicht eingegangen werden (vgl. dazu z.B. Habinger 2003; 2006a: 205ff.).

Gender und Kolonialgeschichte

Die Vernachlässigung von westlichen Frauen in der Auseinandersetzung mit Kolonialismus, Imperialismus und Mission hat seit den 1990er Jahren kritische Stellungnahmen von (feministischen) Wissenschaftlerinnen und den Ruf nach neuen Zugangsweisen laut werden lassen. Zuvor wurden Frauen im kolonialen Umfeld – wenn überhaupt auf sie eingegangen wurde – vor allem auf romantisierende Weise dargestellt (vgl. Chaudhuri/Strobel 1990; Strobel 1991). Margaret Strobel (1991: viii) weist daher darauf hin, dass europäische Frauen im britischen Kolonialreich entweder in Form einer „uncritical colonial nostalgia" betrachtet oder die Schwierigkeiten und das Abenteuerliche ihres Lebens verklärt wurden. Europäische Frauen in den Kolonien wurden aber nicht unter dem Aspekt betrachtet, dass sie Angehörige einer Kolonialmacht beziehungsweise des „Westens"[6] waren und daraus ein spezifisches Verhältnis zwischen Kolonisierten und Kolonisierenden für sie ebenso relevant war wie für europäische Männer. Das heißt, das koloniale Projekt wurde als ein rein männliches aufgefasst, Frauen galten im Kolonialsystem und im kolonialen Diskurs als untergeordnet oder peripher und müssten deshalb in der Analyse nicht berücksichtigt werden (vgl. z.B. Mills 1991: 47ff.). Dies entsprach überkommenen Bildern von Männlichkeit und Weiblichkeit im westlichen Denken, die sich dergestalt in der wissenschaftlichen Auseinandersetzung niederschlugen.[7]

Alleine aufgrund der Tatsache, dass Europäerinnen schon sehr früh an der „Entdeckung" der außereuropäischen Welt – in unterschiedlichen Formen – beteiligt waren und dass ihre Zahl in den außereuropäischen Niederlassungen besonders gegen Ende des 19. Jahrhunderts erheblich zunahm, kann ihre Rolle in der Kolonialgeschichte nicht unberücksichtigt bleiben.[8] Darüber hinaus erfüllten sie etwa im Rahmen kolonialer Diskurse als „Bedeutungsträgerinnen" oder auch im Kontext der Missionierung wichtige Aufgaben und Funktionen.[9] Aus all diesen Gründen erachtet Frances Gouda die Einbeziehung des Geschlechterverhältnisses – und sie meint hier sowohl das der Kolonisierten als auch jenes der Kolonisierenden sowie deren Zusammenspiel – als unerlässlich für die Erforschung der Geschichte des Kolonialismus. Sie ist der Ansicht, dass das „Verhältnis der Geschlechter [...] jeden Aspekt des kolonialen Dramas in Asien, Afrika oder Lateinamerika" durchdrang (Gouda 1993: 185; 186).

---

6 Zum Konzept des „Westens" im Rahmen des westlichen kolonialen Diskurses vgl. Hall 1994.

7 Weitaus intensiver war die Auseinandersetzung weißer Frauen mit dem (eigenen) Rassismus aufgrund der heftigen Kritik Schwarzer Feministinnen und *Women of Color* an Rassismus, Imperialismus und Klassismus der weißen westlichen Frauenbewegung; vgl. Fuchs/Habinger 1995: 116f.; Rommelspacher 1994; sowie die Beiträge in Fuchs/Habinger 1996; „*Geteilter Feminismus*", 1990, um nur einige wenige Beispiele anzuführen.

8 Vgl. Gouda 1993: 196, 202 Anm. 38; Habinger 2006a: 32ff., 130f.

9 Auf die Funktion und Rolle von Frauen bzw. Weiblichkeit im kolonialen Kontext, wobei es auch um die Sicherung von Macht und Privilegien ging, kann hier nicht näher eingegangen werden (vgl. dazu Dietrich 2007; Gouda 1993; Habinger 2006a: 131f.; Schiebinger 2004; Strobel 2002; Walgenbach 2005).

Auch nach der Jahrtausendwende ist eine kritische Position hier nicht ganz obsolet. So meint Margaret Strobel in einem Buchbeitrag, erschienen 2002, dass sich zwar mittlerweile Frauen als historisch Handelnde in Büchern über Kolonialismus finden, allerdings in geringerem Ausmaß neuere Ideen der „gender history" (Strobel 2002: 51). Es fehlt also eine Auseinandersetzung in einem umfassenderen Kontext beziehungsweise mit einer „Genderanalyse", also mit Fragen nach sozialen Beziehungen zwischen Männern und Frauen, nach „gender identity" und Sexualität oder auch der kulturellen Konstruktion von Männlichkeit und Weiblichkeit im kolonialen Kontext. Auch Schiebinger (2004: 235) merkt diesbezüglich an: „While feminist historians of science have added much to our understanding on gender in U.S. and European science, little is known about gender in colonial or postcolonial science". Andererseits weist Strobel darauf hin, dass die Prozesse, die mit der Kolonisierung großer Regionen der Welt durch Europa einhergingen, „deeply gendered" gewesen seien. Und sie ergänzt, dass Frauen und Männer durch den Kolonialismus unterschiedlich betroffen waren (Strobel 2002: 51). Hier wird also die große Relevanz von Gender für diesen Themenbereich betont, gleichzeitig ist die Tatsache zu berücksichtigen, dass koloniale Konzepte und Diskurse von geschlechtlichen Konnotationen durchdrungen sind.[10]

Nicht nur in der Auseinandersetzung mit europäischer Kolonialgeschichte wurden Frauen lange Zeit höchstens am Rand erwähnt. Auch in der Analyse der Reise- und „Entdeckungs"geschichte wird der weibliche Anteil kaum thematisiert, ebenso wenig der Gender-Aspekt – obwohl, wie sofort deutlich wird, die Kategorie Geschlecht hier von erheblicher Relevanz ist. So galt Reisen (und damit auch die Entdeckungs- und Forschungsreise) seit alters her als „männliches" Phänomen – es muss also unter einer geschlechtsspezifischen Perspektive betrachtet werden.[11] Andererseits blieb in Publikationen, die sich mit reisenden

---

10 Um nur einige wenige Aspekte zu nennen: Räumlich-geschlechtsspezifische Metaphern etwa spielten bei der Eroberung fremder Kontinente (z.B. Amerikas) durch die EuropäerInnen eine große Rolle, eine Symbolik, die sich sowohl in den zeitgenössischen Reiseberichten als auch in den bildlichen Darstellungen damaliger Künstler findet (vgl. Fuchs 2003: 22f.; Schülting 1997: 47). Grenzziehungen im kolonialen Gefüge verliefen unter anderem entlang der Kategorie Geschlecht, waren sowohl „sexualisiert" als auch „rassisiert", wie etwa Buettner (2000) anhand der Selbstdefinition der britischen Kolonialgesellschaft in Indien aufzeigt. Gleichzeitig hatten Grenzüberschreitungen im kolonialen Raum, nicht zuletzt aufgrund der geschlechtsspezifischen Raumkonzeption der westlichen Gesellschaft, für Frauen der Kolonialgesellschaften eine andere Bedeutung als für Männer, wie etwa Kornelia Freitag (2001) anhand der Entführungsgeschichte von Mary Rowlandson illustriert. Auch der Kontrolle der Sexualität kam im kolonialen und rassistischen System in vielfältiger Weise Bedeutung zu, ebenso Strategien der Sexualisierung der Anderen (vgl. zum Beispiel Ghose 1995: 36; Gouda 1993: 194ff.; Mills 1991: 61).

11 Vgl. dazu auch Schiebinger (2004: 235), die darauf hinweist, dass aufgrund der Tatsache, dass viele der (wissenschaftlichen) Reisenden in der Vergangenheit Männer waren, „gender dynamics" in die Analyse einbezogen werden müssen. In ihrem Artikel beschäftigt sie sich mit der Geschichte von wissenschaftlichen Entdeckungsreisen im 18. Jahrhundert und zeigt auf, wie Geschlechterverhältnisse bzw. Geschlechterungleichheiten selektive Sammelpraktiken hervorbrachten (ibid.: 233f.).

Europäerinnen des 19. und beginnenden 20. Jahrhunderts in außereuropäischen
Regionen beschäftigten, die Frage um eine weibliche Beteiligung am kolonialen
Projekt und an kolonialen Diskursen lange Zeit ausgespart oder wurde nur am
Rande gestreift. Die reisenden Frauen wurden häufig idealisiert, im Vordergrund
stand der Aspekt der Individualistin, die sich mit ihrer Mobilität über gesellschaftliche Schranken hinwegsetzte, oder der bewundernswerten Heldin, die
trotz ihres Geschlechts schier Unglaubliches geleistet habe. Die reisenden Europäerinnen vergangener Jahrhunderte galten als Rebellinnen im Kampf gegen die
Zwänge der patriarchalen Gesellschaft, es wurde also ein emanzipatorischer Aspekt in den Vordergrund gerückt oder den weiblichen Reisenden dieses Potential
zugewiesen.[12]

Für einen Großteil der Arbeiten und Publikationen zur westlichen Fremdwahrnehmung gilt hingegen, dass Gender als Analysekategorie gänzlich unberücksichtigt bleibt. Kritisiert wurde für seine „Gender-Blindheit" Edward Said mit
seinem Buch „*Orientalismus*", etwa von Sara Mills, die meint, Said stilisiere in
verkürzender Zugangsweise den Orientalismus als eine spezifisch männliche
Sicht der Welt, als „exclusively male province" (Mills 1991: 57).[13] Doch sieht
Mills die Publikationen von westlichen Frauen, die sich im 19. Jahrhundert in
außereuropäische Länder begaben, gerade in einem Spannungsfeld von Kolonialismus und Weiblichkeitsideal angesiedelt, und dieses beeinflusste einerseits
die Rezeption, andererseits die Textproduktion und die Textualisierungsstrate-
gien von Frauen in besonderem Ausmaß (ibid.: passim).
Im Folgenden werden einige theoretische Aspekte hinsichtlich westlicher
Fremdrepräsentation dargelegt. Diese werden im Anschluss zur Analyse kolonialer Diskurse und Positionierungen reisender Europäerinnen in ihren Publikationen herangezogen, ebenso Arbeiten von Wissenschaftlerinnen, die sich mit der
Geschichte reisender Europäerinnen auseinandersetzen.

Fremdheit und koloniale Diskurse
Bill Ashcroft, Gareth Griffiths und Helen Tiffin (2005: 41ff.) definieren „colonial discourse" als „the complex of signs and practices that organize social
existence and social reproduction within colonial relationships" (ibid.: 42).[14] In

---

12 Diese Zugangsweise wurde von Ulla Siebert (1994: 152ff.) als „Emanzipationsdiskurs" bezeichnet und analysiert (vgl. auch Franke 1994: 287f.; Habinger 2006a: 155ff.). Sie findet
sich etwa im Sammelband herausgegeben von Lydia Potts (1988) – obwohl hier sogar ver-
gleichsweise oft auf den Themenbereich Rassismus, Fremdwahrnehmung, Orientalismus
und Kolonialismus eingegangen wird –, aber auch neueren populären Publikationen zu
historischen reisenden Europäerinnen (vgl. zum Beispiel Polk/Tiegreen 2001; Hodgson
2004).
13 Zu einer kritischen Auseinandersetzung mit Said vgl. auch Lewis 1996; Yegenoglu 1998;
zu einer gendersensiblen Zugangsweise zum Orientalismus vgl. auch Lewis 2004.
14 Wie Kuczynski (1993: 1) festgehalten hat, hat sich der Begriff – in Anlehnung an den englischen Sprachgebrauch – zunehmend in der deutschsprachigen Fachliteratur eingebürgert.
Synonym zu „colonial discourse" oder „kolonialer Diskurs" verwende ich auch die Plural-
form „koloniale Diskurse", um die Vielschichtigkeit dieses Systems zu unterstreichen, bzw.

Anlehnung an Saids Orientalismus und Foucaults Konzept des Diskurses verstehen sie den „kolonialen Diskurs" nicht zuletzt als Instrument der Machtausübung und als ein System, „by which dominant groups in society constitute the field of truth by imposing specific knowledges, disciplines and values upon dominated groups" (ibid.). Es handelt sich also um ein Wissens- und Diskurssystem, ein System von Zeichen, Äußerungen und Praktiken, das die Basis kolonialer Beziehungen darstellt:

> „Colonial discourse is thus a system of statements that can be made about colonies and colonial peoples, about colonizing powers and about the relationship between these two. It is the system of knowledge and beliefs about the world within which acts of colonization take place."
> (Ashcroft et al. 2005: 42)

Maßgeblich bestimmt wird dieses „Wahrheitsregime" des kolonialen Diskurses durch Vorstellungen vom zentralen Stellenwert Europas, von der Überlegenheit der Kultur, Sprache, Geschichte, Kunst, Politik oder auch des Sozialsystems der KolonisatorInnen, die verknüpft sind mit Mechanismen von Einschluss und Ausgrenzung einerseits und andererseits mit der Behauptung, dass es notwendig sei, die Kolonisierten durch den kolonialen Kontakt auf diese höhere Stufe zu „heben" (vgl. ibid.). Der Diskurs beruht weiters auf spezifischen „Rassenvorstellungen" und darauf aufbauend auf Gegenüberstellungen, die die Kolonisierten als „primitiv", rückständig, „barbarisch" und so weiter repräsentieren und die KolonisatorInnen als „zivilisiert", fortschrittlich/fortgeschritten und überlegen (ibid.: 42f.). Gleichzeitig werden im kolonialen Diskurs die Vorteile, die den KolonisatorInnen aus der Kolonisierung erwachsen, also die Ausschöpfung von vorhandenen Ressourcen in den Kolonien, meist ausgeklammert (ibid.: 43). Wichtig ist dabei auch, dass der koloniale Diskurs die Realität sowohl für die Subjekte jener Gemeinschaft, die dieses System geschaffen haben, als auch für diejenigen, die durch ihn repräsentiert werden, konstituiert. Er konstruiert also das „kolonisierende Subjekt" ebenso wie das „kolonisierte" (ibid. 42f.).

Ein zentrales Moment im westlichen kolonialen Diskurs stellt die Differenzierung zwischen „Eigenem" und „Fremdem" dar. Dabei ist grundsätzlich davon auszugehen, dass weder das „Eigene" noch das „Fremde" oder „Andere" etwas Gegebenes darstellen. So bezeichnet „Fremdheit" auch keine Eigenschaft von Personen oder Dingen (vgl. Schäffter 1991: 12). Diese Kategorie beruht – so wie andere soziale Kategorien und Differenzierungen auch – auf einer Konstruktionsleistung, wobei eine enge Verknüpfung zwischen dem „Fremden" und dem „Eigenen", zwischen dem „Anderen" und dem „Selbst" gegeben ist. Ebenso wenig kann das „Eigene" als etwas Fixiertes und Absolutes angesehen werden, es braucht „immer das ‚Fremde' [...], um sich überhaupt selbst zu konstituieren" (Gingrich 2001: 102). Für Robert Miles ist daher folgerichtig in seiner Analyse zu den Darstellungsformen beziehungsweise „Repräsentationen" des „Anderen" durch die westliche Welt der Ausgangspunkt eine enge Verschränkung zwischen

---

in Anlehnung an Stuart Halls Konzept vom „Westen und dem Rest" (1994) auch in verschiedenen Varianten die Bezeichnung „dominanter westlicher (kolonialer) Diskurs".

Eigenem und Fremden. Er spricht von einer „Dialektik zwischen dem Selbst und dem Anderen", wobei die dem Anderen zugeschriebenen Charakterzüge die Eigenschaften des eigenen Selbst widerspiegeln (Miles 1991a: 19). Und auch Edward Said verweist in seinem „*Orientalismus*" auf die Bedeutung des Orients für die Konstituierung des Selbstbildes des Okzidents (Said 1978: 1ff.). Das „Fremde" und das „Eigene" sind somit als „relationale" Kategorien zu verstehen.

Es geht hier also nicht zuletzt um die Wahrnehmung von kultureller Differenz, und damit auch um „Ethnizität", wobei diese Differenz wiederum auf Basis des Eigenen wahrgenommen wird, bezeichnet doch Ethnizität „das jeweilige Verhältnis zwischen zwei oder mehreren Gruppen, unter denen die Auffassung vorherrscht, daß sie sich kulturell voneinander in wichtigen Fragen unterscheiden" (Gingrich 2001: 102). „Kulturelle" oder „ethnische" Identität findet hier ihren Ausdruck, es geht somit auch um Fragen der Selbstpositionierung in ihren vielfältigen Ausprägungen.

Hier liegt jedoch auch, wie hinsichtlich des kolonialen Diskurses bereits festgehalten wurde, ein vielfältiges Konfliktpotential begründet, denn es sind damit oft Grenzziehungen, Mechanismen des Ein- und Ausschlusses impliziert, die in einem weiteren Schritt leicht in einer Verabsolutierung von Normen und Werten, von Lebensformen, des Weltbildes und so weiter resultieren, also in eine hierarchische Ordnung und Bewertung eingepasst werden können. Somit ist Fremdheit nicht nur inhaltlich zu definieren, sondern sie erfüllt auch die Funktion eines gesellschaftlichen Ordnungsschemas, bei dem es um „Fragen von Macht und Kontrolle geht" (Schäffter 1991: 14). Miles verweist darauf, dass in den westlichen Darstellungsformen des Anderen eine „Dialektik der Ein- und Ausgrenzung" begründet liegt. Darauf aufbauend dienten der Diskurs und die damit verknüpften Bilder und Bewertungen auch als System der Auf- und Abwertung, der Hierarchisierung zwischen Europa und den Anderen, und zwar „unabhängig davon, ob das je eigene Selbst im Diskurs explizit bezeichnet wird oder nicht" (Miles 1991a: 53).

Diese Aspekte stellt auch Stuart Hall (1994) in seiner Auseinandersetzung mit der westlichen Weltsicht in den Mittelpunkt, die er den „Diskurs des Westens und des Rests" bezeichnet. Er spricht hier von einer „Idee" oder einem „Konzept" des Westens, der hier keinesfalls als geographische Kategorie zu verstehen ist. Für dessen „Formierung" nahmen die nicht-westlichen Gesellschaften eine zentrale Bedeutung ein; diese wurden nicht nur als „verschieden", also als Abweichung von der (westlichen) Norm konzipiert, sondern auch als „minderwertig" (ibid.: 142; vgl. auch Miles 1991a: 31). Es handelt sich um ein Konzept, das es einerseits erlaubt, „Gesellschaften in verschiedenen Kategorien zu charakterisieren und zu klassifizieren", und das andererseits auch den „Standard oder ein Vergleichsmodell" und auch die „Untersuchungskriterien" liefert, nach denen die jeweils Anderen bewertet werden (Hall 1994: 138f.). Dabei werden verschiedene diskursive Strategien angewendet, etwa Homogenisierung und Dichotomisierung (mit entsprechenden Bewertungen), grobe Vereinfachung, oder auch Idealisierung, die Projektion von Wunschphantasien, aber auch die Unfähigkeit,

(kulturelle) Differenz anzuerkennen beziehungsweise überhaupt zu erkennen sowie die Tendenz, die europäischen Konzepte und Normen anderen aufzuzwin-
gen, verknüpft mit Stereotypisierungen, das heißt, einem „stereotypen Dualis-
mus" (ibid.: 141ff., 166f.).

Ganz ähnlich zeigt Edward Said, dass der westliche Diskurs über das Fremde,
speziell über den Orient, von zahlreichen Stereotypisierungen, vorgefassten
Meinungen und Darstellungs-Topoi geprägt ist, die er mit der Absicht des
Westens verknüpft sieht, den „Orient" nach eigenen Bedürfnissen zu konstru-
ieren, um ihn zu beherrschen (Said 1978: 4f., 95). Auch hier zeigt sich die enge
Verknüpfung von Wissen und Macht, es geht dabei um Hegemonie und Dominanz, also die Möglichkeit, den Orient zu „orientalisieren" (Said 1978: 12, 177),
und damit letztlich auch um die „Macht" der „Repräsentation" von außerhalb
(vgl. ibid.: 20).

Es wird deutlich, dass der Diskurs, wie ihn Foucault formuliert hat und wie zu
Beginn des Kapitels bereits dargelegt wurde, nicht nur immer mit Macht verbunden ist, sondern selbst ein Mittel der Macht(ausübung) darstellt (vgl. z.B.
Foucault 1977: 8). Dies geschieht einerseits durch das Wissen, das durch die
spezifische Sprechweise „über" die Anderen produziert wird. Diejenigen, die
über Wissen verfügen und es produzieren und anwenden können, sind auch in
einer Position relativer Macht – die anderen werden zum „Gegenstand der
Unterwerfung" (Hall 1994: 154). Andererseits erfolgt in der „Verschriftlichung"
von Fremdwahrnehmung in Form von Reiseliteratur auch eine „textliche Objek-
tivierung" des Anderen. So stellt die Produktion von Bildern in der Vertext-
lichung immer auch einen „Akt der Inskription" dar, „in dem die Anderen objek-
tiviert und distanziert werden", ein Prozess, der auch mit dem Begriff
„Othering" umschrieben wird (Fuchs/Berg 1993: 13). Dieser Begriff bezieht
sich weiters auf die Art und Weise, wie der westliche dominante Diskurs die
„Fremden" als Gegenentwurf zur eigenen westlichen Identität, also als „Andere"
definiert und konstruiert und gleichzeitig distanziert und abwertet. So bezeichnet
Chow den Prozess des Othering als „one of the most powerful formal effects of
writing – that is, the effect or representation as distancing" (Chow 1993: 99).
Auch auf dieser Ebene beziehungsweise unter diesem Aspekt sind also Reisetexte – ebenso wie Ethnographien – in Machtstrukturen integriert, die in den
Texten zum Ausdruck kommen.[15]

Von der Notwendigkeit der „Zivilisation"

Aufgrund meiner bisherigen Analysen von Berichten europäischer Reiseschriftstellerinnen hinsichtlich der hier festzumachenden Aspekte der Fremdrepräsentation kann vorausschickend Folgendes festgehalten werden:[16] Ihre Texte wie-

---

15 Zur „Macht der Repräsentation" im Kontext von Selbst- und Fremdpositionierung und
   Grenzziehungen durch Angehörige des Westens vgl. z.B. auch Trinh 1996: 157; vgl. auch
   Said 1978.
16 Vgl. dazu ausführlich Habinger 2006a: 219ff., Kapitel V.: *„Das Fremde und das Eigene –
   Fremdrepräsentation und Selbstpositionierung in den Reisetexten"*; vgl. auch Habinger
   2006b: 59ff.

chen in der Darstellung des/der Fremden nicht grundsätzlich vom dominanten westlichen Diskurs ab. So wird auch bei ihnen das Fremde häufig im Rückgriff auf das Eigene konstruiert und bewertet. Der „Westen" wird als „Norm" herangezogen, er liefert gleichzeitig die Kriterien und den Maßstab für eine auf Dichotomien aufbauende Repräsentation, die häufig in Form von Stereotypisierungen erfolgt. Das Fremde wird hier also als Gegenentwurf zum Eigenen stilisiert, als das „Andere", im Sinne einer Normabweichung, verknüpft mit einer Hierarchisierung. Dabei erweist sich die abwertende Darstellung des Fremden nicht nur als Mittel der Abgrenzung, sondern auch als eines zur Selbstaufwertung, zur Bestätigung der eigenen Höherwertigkeit.[17]

Ebenso findet sich in diesen Texten eine Bekräftigung des westlichen Zivilisationsmodells. Dabei untermauerten die Reiseschriftstellerinnen nicht zuletzt den Überlegenheitsanspruch der europäischen Kultur, Religion und Lebensweise, und sie unterstützten die Notwendigkeit einer „zivilisatorischen Mission" des Westens. Dies entspricht einer auf Dichotomien aufbauenden Repräsentation im westlichen dominanten Diskurs, die verknüpft ist mit einer Auf- beziehungsweise Abwertung, also mit einer Hierarchisierung zwischen dem „Eigenen" und dem „Fremden". Mit dieser Zugangsweise konnte auch die koloniale Aneignung außereuropäischer Regionen legitimiert werden (vgl. z.B. Miles 1991a: 41, 1991b: 201). Im Rahmen dieser Argumentationslinie sind einige aufeinander aufbauende Elemente festzuhalten: Zunächst erfolgen häufig Klagen über die Faulheit der Menschen und die Rückständigkeit der beschriebenen Region – meist in Form von binären Oppositionen: dem eigenen Fleiß (als Maßstab und Norm) wird die Faulheit (hier finden sich Bezeichnungen wie Apathie, Müßiggang oder Trägheit) der Anderen gegenübergestellt, verknüpft mit entsprechenden Bewertungen. Das normative „Eigene" muss dabei nicht explizit benannt oder thematisiert werden. In einem weiteren Schritt wird argumentiert, dass der Rückständigkeit dieser Regionen – die der „Faulheit" der einheimischen Bevölkerung entspringe, beziehungsweise, darauf aufbauend, ihrer Unfähigkeit, die Entwicklung voranzutreiben – durch den „Fortschritt" der westlichen Lebensweise, durch die Errungenschaften der „Zivilisation" abgeholfen werden müsse. Und dies wird quasi als moralische Verpflichtung dargelegt.[18] Auch in Reiseberichten von Österreicherinnen des 19. Jahrhunderts findet sich diese Zugangsweise, wie im Folgenden anhand von Ausschnitten aus Publikationen von Paula Kollonitz, Anna Hafner-Forneris und Ida Pfeiffer gezeigt wird.

---

17 Auf einen spezifischen Aspekt der Verknüpfung von „Rasse"/ethnische Zugehörigkeit und Geschlecht in Bezug auf weibliche Angehörige der Kolonialgesellschaften hat etwa Frances Gouda (1993) mit ihrem Konzept des „unterlegenen Geschlechts" der „überlegenen Rasse" hingewiesen, die in diesem Zusammenhang von der „zwiespältige Stellung der weißen Frauen" spricht (ibid. 1993: 189), jedoch auch auf das herrschaftsstabilisierende Moment dieses Systems hinweist.

18 Vgl. dazu auch Pratt 1992: 151ff. Sie ortet in europäischen Reiseberichten des 19. Jahrhunderts über die spanischen Kolonien in Amerika ebenfalls diese „language of the civilizing mission", vor allem in den Texten, die sie der Periode der Interventionen der „capitalist vanguard" zurechnet.

Paula Kollonitz (1830–1890) war 1864 Teil des Hofstaats von Kaiser Maximilian und seiner Gemahlin Charlotte bei ihrer Reise nach Mexiko.[19] Sie meint bezüglich der Bevölkerung Mexikos: „Trägheit liegt in ihrer Natur und in ihren
Gewohnheiten" (Kollonitz 1867: 140), wobei sie sich allerdings auf die spanischstämmige koloniale Oberschicht bezieht. Sie schließt in ihre Kritik also ursprünglich aus Europa stammende Menschen ein, die jedoch – so klingt es zumindest an – bereits einer gewissen Degeneration unterliegen. Doch sieht sie
auch bei den Indios „Phlegma" und „Apathie" (ibid.: 196). Allerdings sind ihre
Beschreibungen der autochthonen Bevölkerung eher positiv, sie zeichnet sie
mehr oder weniger als „edle Wilde" mit kindlichen Zügen (vgl. z.B. ibid.:
144ff.). Die Argumentationslinie wird bei Paula Kollonitz folgendermaßen fortgeführt: Dort im „übervölkerten Europa" werde um „jede handbreit Erde" gerungen, und der Mensch bebaue „im Schweiße seines Angesichtes" mühsam
„den kargen Boden" und müsse dennoch oft in Armut leben, weil es nicht zum
Nötigsten reiche. Völlig anders gestalte sich die Situation in Mexiko:

> „Wie ganz anders ist dies jenseits des Oceans, in jenem großen Fest
> lande, wo Feuchtigkeit und Wärme die Productivität des Erdbodens so
> sehr unterstützen und wo die Bevölkerung so spärlich ist, daß beinahe
> all der Reichthum unbenützt bleibt. […] An den wenigen Orten, wo der
> Mensch dem Erdboden Samen anvertraut, da gibt sie ihm die Aussaat
> oft vierhundertfach wieder. Bedürftige gibt es nur in den Städten und
> auch da nur, wenn sie krank und verkrüppelt sind." (Kollonitz 1867:
> 176f.)

Die Indios, weder „reich, aber auch nie arm", wüssten die Freigebigkeit der Natur, diese schier paradiesischen Zustände also nicht wirklich zu nutzen. Hier
herrschten nicht nur ideale Verhältnisse, sondern sie sieht in den Aktivitäten Maximilians und in der „Colonisation" geradezu eine Notwendigkeit, um „all' den
brach liegenden Reichtum zu benützen" (ibid.: 177, 179). Paula Kollonitz
beteuert zwar ihr großes „Interesse" und ihre „Liebe für dieses schöne Land", je
länger sie sich in Mexiko aufhalte (ibid.: 194), doch letztlich spricht sie sich für
eine uneingeschränkte Aneignung dieser Regionen aus. Ihr Plädoyer für die Kolonisierung erfolgt manchmal auch als Humanismus getarnt, etwa wenn sie in
ihrer Abhandlung zur spanischen Conquista (deren Auswüchse sie zwar kritisiert, die sie aber nicht grundsätzlich in Frage stellt, vgl. ibid.: 202) die Bemühungen des Kolonisatoren Mexikos Hernán Cortez zur Christianisierung der AztekInnen hervorhebt. War doch deren Religion nur „Götzendienst", „deren Ausübung vorzüglich in Menschenopfern bestand", wohingegen Cortez dem aztekischen Herrscher Montezuma „die Schönheit und Erhabenheit der Religion
Christi" nahezubringen suchte (ibid.: 191). Doch die humanitäre Leistung, so
wird klar, bezieht sich letztlich auf das „menschenerfüllte" Europa selbst,

---

19 Im vorliegenden Artikel wurde davon abgesehen, Quellen zu biographischen Daten der
   Reiseschriftstellerinnen anzuführen, vgl. dazu die Angaben in Habinger 2006a: passim sowie die Kurzbiographien in der „*Biographischen Datenbank und Lexikon österreichischer
   Frauen*" des Instituts für Wissenschaft und Kunst in Wien (iwk), „*biografiA*".

wünscht sie doch „Millionen von Europäern" in dieses Land, „das in seinem
Schooß Reichthum und Glück für so viele Bedürftige, so viel Arbeitslustige
birgt[,] und es könnte viel Elend aus dieser Welt verschwinden und unendlich
viel Gutes und Schönes gedeihen" (ibid.: 195f.).
Eine ähnliche Argumentationslinie klingt auch bei Anna Hafner-Forneris (1789–
?) an, zumindest was die Kritik an der Faulheit und den Hinweis auf den „brach
liegenden" Reichtum betrifft. Sie stammte aus Kärnten, aus bäuerlichen Verhält-
nissen, und verbrachte in der ersten Hälfte des 19. Jahrhunderts mehr als 30 Jahre im Vorderen Orient. Über die BewohnerInnen der damaligen persischen Pro-
vinz „Aserbeidschan" berichtet sie:

> „Faulheit, Lug und Betrug sind die Hauptingredienzen ihres Charak-
> ters. Von Ehre, Nächstenliebe oder Schande scheinen ihre Begriffe sehr
> verworren zu sein. Das Geld ist ihr Gott, und um selbes verkauft der
> Vater, der Mann die Ehre seiner Tochter, oder seines Weibes. Nie sieht
> man ein Frauenzimmer auch die leichteste Feldarbeit verrichten, deß-
> halb ist der Feldbau aus Mangel an Händen, in diesen von der Natur
> mit großer Fruchtbarkeit bedachten Ebenen, weit zurück." (Forneris
> 1995: 70)

Auf ganz ähnliche Bilder rekurriert auch die Wienerin Ida Pfeiffer (1797–1858),
die ab 1842 mehrere große Reisen unternahm und darüber ausführliche Reiseberichte publizierte. An einer Stelle sinniert sie darüber, was aus den Ländern Borneo und Brasilien „geschaffen werden [könnte], wären sie mit friedlichen, ar-
beitsamen Menschen bevölkert". Doch leider dächten die wenigen „Einge-
borne[n]" auf Borneo „mehr an Krieg und Zerstörung, als an Kultur und Arbeit,
und die weißen Ansiedler schließt theilweise das Klima aus" (Pfeiffer 1856,
Teil 1: 100). In ihrem Reisebericht über Madagaskar wird sie noch deutlicher:
So gleiche gegenwärtig die Hafenstadt Tamatave „einem ärmlichen, aber sehr
großen Dorfe", doch „[w]elch' wichtiger Platz kann Tamatavé einst werden,
wenn diese schöne fruchtbare Insel den Europäern offen stehen und der Handel
allen Nationen erlaubt sein wird" (Pfeiffer 1861, Bd. 1: 155).
Auch andere Aspekte des westlichen kolonialen Diskurses sind in den Publikationen europäischer Reiseschriftstellerinnen vertreten, zum Beispiel der Topos der
Gegenüberstellung zwischen untergehendem und von Zerfall und Korruption
geprägtem Orient und aufstrebendem Okzident, etwa bei Ida Hahn-Hahn (vgl.
z.B. Hahn-Hahn 1844, Bd. 2: 216). Oder auch die Opposition zwischen einer
despotischen und von Korruption geprägten Herrschaft der „Anderen" und der
von Gerechtigkeit bestimmten Regierungsformen der europäischen Nationen,
die selbst von den Kolonisierten herbeigesehnt würde, wie zum Beispiel bei der
britischen Orientreisenden Gertrude Bell (vgl. Bell 1985: 207). Diese Argumentationslinie findet sich aber auch bei Paula Kollonitz (1867: 92f.) und bei der
Grazerin Maria Schuber (1850: 438), die Mitte des 19. Jahrhunderts eine Pilger

fahrt ins Heilige Land unternahm, obwohl beide nicht wie die Britin Gertrude Bell einer Kolonialmacht angehörten.[20] Zusammenfassend lässt sich anhand dieser wenigen Beispiele festhalten, dass die europäischen Reiseschriftstellerinnen das in der Aufklärung geprägte gesellschaftliche Stufenmodell mit der europäische Kultur und Lebensweise an der Spitze vertraten[21] und auch vom westlichen Überlegenheitsanspruch überzeugt waren. Sie plädierten in ihren Publikationen aber auch für die koloniale Aneignung der außereuropäischen Räume, die im Sinne des europäischen Fortschrittsmodells als „ungeeignet genutzt" repräsentiert wurden. Denn nur so konnte, wie die Autorinnen nahe legen, die Entwicklung dieser von der Natur so begünstigten Länder und Regionen befördert beziehungsweise ihr großer Reichtum „nutzbar" gemacht werden, was die dort lebende Bevölkerung in schändlicher Weise verabsäumte. Es handelt sich also auch um eine quasi „moralische" Verpflichtung des „zivilisierten" Westens gegenüber den „rückständigen" außereuropäischen Regionen.

Somit wird deutlich, dass dominante westliche Formen der Fremdrepräsentation, also koloniale Diskurse, wie sie etwa von Edward Said mit dem „Orientalismus" (1978) oder von Stuart Hall mit dem Diskurs des „Westens und des Rests" (1994) beschrieben wurden, keineswegs männliche Domänen darstellten und auch nicht auf Angehörige der Kolonialmächte beschränkt waren.

Repräsentantinnen westlicher Macht

Die reisenden Europäerinnen verteidigten nicht nur die dominante Position des Westens und den westlichen Kolonialismus (auch wenn sie seine Begleiterscheinungen manchmal kritisierten),[22] sie waren auch Nutznießerinnen dieses Systems von Ungleichheit und Hierarchisierung. So bedeutete eine Reise außerhalb Europas auch Unwägbarkeiten und Gefahren, ging es allerdings durch kolonialisierte Regionen, brachte dies größere Sicherheit und auch Erleichterungen mit sich, und diese Privilegien kamen nicht nur den Angehörigen der jeweiligen Kolonialmacht zu, sondern die Zugehörigkeit zum Westen garantierte, in ihren Genuss zu kommen.

So profitierte Ida Pfeiffer im Jahr 1848 bei ihrer Reise durch Indien, aber auch während ihrer Aufenthalte in anderen Gebieten, die unter dem Einflussbereich Großbritanniens standen, von der britischen Kolonialmacht. Ähnliches lässt sich auch von ihrem Aufenthalt in Niederländisch-Indien (1851–1853), dem heutigen Indonesien, festhalten, wo sie äußerst tatkräftig von den holländischen Kolonialbeamten unterstützt wurde, ohne deren Hilfe ihre ausgedehnten Unternehmun-

---

20 Dies kann hier nicht weiter dargelegt werden (vgl. dazu ausführlicher Habinger 2006a: 257ff.; 2006b: 64f.).

21 Vgl. zu dieser Sozialphilosophie der Aufklärung, die mit ihrer „Wissenschaft der Gesellschaft" eine Universalhistorie schuf, mit nur einem Weg zur „Zivilisation", nämlich dem europäischen, Hall 1994: 172ff.; zur Bedeutung dieses „Zivilisationsmodells" vgl. auch Miles 1991a: 31.

22 Zur Kritik am europäischen Kolonialismus durch reisende Frauen vgl. Habinger 2006a: 278ff.; vgl. auch Habinger 2004: 108ff.

gen nicht möglich gewesen wären.[23] Pfeiffer erschien es keineswegs
problematisch, mit einem französischen Kaufmann, der sich auch als Sklaven-
händler betätigte, im Jahr 1857 nach Madagaskar zu reisen, das damals ein heiß
umkämpftes Terrain der Kolonialmächte Frankreich und England darstellte. Sie
fand es auch selbstverständlich, mit ihm mit großem Pomp in die Hauptstadt zu
ziehen. Und sie befürwortete seine von kolonialen Interessen geleiteten Ambitionen, bedachte ihren Reisebegleiter ausschließlich mit Lob und Anerkennung,
wollte er doch ihrer Meinung nach in Madagaskar endlich ein „zivilisierteres"
Leben ermöglichen (vgl. Pfeiffer 1861, Bd. 2: 69f.; vgl. auch Habinger 2004:
153).

Auch Alma Karlin (1889–1950), die aus dem altösterreichischen Städtchen Cilli
(dem heutigen Celje) in der damaligen Untersteiermark stammte, bediente sich
während ihres mehrjährigen Aufenthaltes in der Südsee Anfang des 20. Jahrhunderts bedenkenlos sowohl der Hilfe der Missionen (vgl. z.B. Karlin 1930b:
159ff.) als auch der jeweiligen Kolonialbehörden. Besondere Anerkennung
zollte sie der britischen Kolonialmacht. So hält sie an einer Stelle in ihrem
Reisebericht fest, sie denke „mit wirklicher Hingebung an den britischen Lö-
wen", denn „[w]o seine Tatze liegt, da reist die Frau geschützt und meist auch
angenehm" (Karlin 1930b: 56).

Im Norden von Neuguinea unternahm Karlin in Begleitung eines hohen
holländischen Kolonialbeamten einen Ausflug an den Sentanisee (Danau
Sentani) (ibid.: 178ff.). Der Kreisrichter wollte eine „kleine Inspektion" vorneh-
men, was sie nicht zu stören schien. Weder die koloniale Zurschaustellung von
Macht noch die Drohungen, die der Beamte aussprach, irritierten sie, ebenso
wenig die Angst der Menschen, die zum Teil vor ihnen flüchteten (ibid.: 183f.).
Schließlich besuchten sie ein „ganz berüchtigtes Dorf"; die Männer dort „sahen
alle trotzig drein", wie Karlin meint, gleichzeitig weist sie auch auf die „Fron-
dienste" für die holländische Kolonialverwaltung hin, gegen die sich die Männer
aussprachen, kommentiert dies aber nicht weiter (ibid.: 187). Es findet sich in
derartigen Ausführungen keinerlei Kritik am Kolonialsystem, im Gegenteil, die
Reisende erweist sich an anderer Stelle als vehemente Befürworterin der kolonialen Bemühungen der Deutschen (ibid.: 125).

Auch betrat Karlin ganz ungeniert und unaufgefordert fremde Häuser, obwohl
sie berichtet, dass die Frauen des Öfteren vor ihr und ihrem holländischen Be-
gleiter flüchteten (Karlin 1930b: 185). Dies trifft auch auf Ida Pfeiffer zu, auch
sie legte in ihren Bemühungen, der Leute „Leben und Treiben" zu beobachten,
einen gewissen „Eroberungsgestus" an den Tag. Während ihres Aufenthaltes in
Kalifornien berichtet sie, sie sei „in viele der Höhlen" gekrochen, „um der Leute
Thun und Treiben zu beobachten" (Pfeiffer 1856, Teil 3: 95). Ähnliches findet
sich an diversen Stellen in ihren Reiseberichten, auch schon in jenem über ihre
Pilgerfahrt ins Heilige Land (vgl. z.B. Pfeiffer 1844, Teil 1: 135). An der Recht-
mäßigkeit ihres Tuns ließen diese Autorinnen keinen Zweifel aufkommen. Es

---

23 Vgl. Habinger 2006a: 216f.; zu Ida Pfeiffers positiver Einstellung zum Kolonialismus vgl.
   ibid.: 260f.; in Bezug auf die französische Kolonialverwaltung in Tahiti vgl. Habinger
   2003: 198ff.

dürfte sich um eine durchaus gängige Praxis von europäischen Reisenden und auch Kolonialbeamten gehandelt haben, die mit unhinterfragtem „Eroberungs-instinkt" und mit dem entsprechenden Rückhalt als Angehörige des Westens ganz selbstverständlich und ohne Bedenken in die Privatsphäre völlig unbekann-ter Menschen eindrangen. Hier wird also deutlich, dass sich die reisenden Euro-päerinnen, besonders im kolonialen Umfeld, nicht nur in die Zurschaustellung westlicher Macht eingliederten, wie sowohl bezüglich Ida Pfeiffer als auch Alma Karlin deutlich wurde, sie verstanden sich auch als deren Repräsentantinnen, wie im Folgenden gezeigt wird.

Geschlecht versus Hautfarbe

Es wurde bereits darauf hingewiesen, dass der Verknüpfung von Gender mit ethnischer Zugehörigkeit im Kontext von Reisen und Kolonialismus besondere Bedeutung zukommt, und als deren sichtbares Zeichen auch der Hautfarbe. Auf deren Bedeutung in ihrer Durchkreuzung mit Geschlecht verweist eine Aussage im Reisebericht von Alma Karlin, die an einer Stelle festhält:

> „Wenn ich schon Weib sein mußte, Gott sei Dank, daß ich ein weißes war. Im Leben mußte man scheinbar für kleine Gnaden schon dankbar sein." (Karlin 1930b: 273; vgl. auch Habinger 2003: 206f.)

Doch ist andererseits auch festzuhalten, dass die Geschlechtszugehörigkeit der reisenden Frauen während der Aufenthalte unter nichteuropäischen Gesellschaf-ten an Bedeutung verlor,[24] die Hautfarbe beziehungsweise ethnische Zugehörig-keit traten in den Vordergrund, ein Aspekt, der letztlich für sie auch das Reisen erleichterte. Denn die Hautfarbe machte die Europäerinnen zu „sichtbaren" Re-präsentantinnen westlicher Macht, wodurch sie in den Genuss einer „genderless white power" kamen, wie Birkett (1989: 118) es formulierte. So berichteten ver-schiedene Reiseschriftstellerinnen, wie etwa die Britin Mary Kingsley und die Amerikanerin May French Sheldon (beide bereisten Ende des 19. Jahrhunderts Afrika), immer wieder davon, dass sie von Angehörigen autochthoner Gesell-schaften wie Männer angesprochen oder tituliert oder auch als Männer behandelt wurden (vgl. Birkett 1989: 117ff.; Russel 1987: 272f.). Manche Autorinnen stell-ten fest, dass man in ihnen gar keine Frauen erkannte oder sie nicht als solche wahrnahm. Gertrude Bell schreibt 1900 in einem ihrer Briefe von einer Reise im Vorderen Orient:

> „Till I speak the people always think I'm a man and address me as Effendim! You mustn't think I haven't got a most elegant and decent divided skirt, however, but as all men wear skirts of sorts too, that doesn't serve to distinguish me." (Bell 1927, Bd. 1: 84)

In Anlehnung an Lilian Brown, die nach ihrer Ankunft in Zentralamerika in den 1920er Jahren bemerkte, „I was not the same being – sex had disappeared",

---

24 Auf andere Aspekte der „Transformation" bzw. „Auflösung" oder auch Infragestellung von Weiblichkeit im Kontext des Reisens kann hier nicht weiter eingegangen werden, etwa ba-sierend auf einer geschlechtsspezifischen Raum- und Machtkonstellation, die durchaus auch weniger positiv zu bewerten sein können; vgl. dazu Habinger 2006a: 90ff., 98ff.

meint Birkett, dass das Geschlecht nicht einfach verschwunden sei, sondern „it had been transformed. Assuming different aspects of masculinity was one way in which women travellers could also assume power" (Birkett 1989: 117). Durch ihren besonderen Status als Angehörige oder Repräsentantinnen des Westens hatten die reisenden Europäerinnen teil an Macht und Prestige, und viele von ihnen waren durchaus gewillt, die Privilegien ihrer Landsleute geltend zu machen. Es handelt sich dabei nicht nur um ein Moment, das reisende Frauen wahrnahmen und beschrieben, sondern das sie durchaus zu ihren Gunsten nutzten. Ein anschauliches Beispiel dafür ist Alma Karlin. Während einer Schiffsreise von San Francisco nach Hawaii weist sie darauf hin, dass in der ersten Klasse „auch die Farblinie gezogen" sei, dort reisten „die Spitzen der Nation", hingegen in der „Dritten fährt ‚Tier'" (Karlin 1930a: 164). Zu diesem Zeitpunkt äußerte sie noch Kritik an dieser Tatsache (ibid.: 163). Doch empfand sie auch schon damals die „Demütigungen bitter", sich nur die zweite Klasse leisten zu können, weshalb sie den Anspruch formuliert, „[d]a hinauf [gemeint ist die erste Schiffsklasse] gehörte ich meiner heimatlichen Stellung, meiner Bildung und meinen Wünschen nach" (ibid.: 165). Karlin war sich also der rigiden, zum Teil subtilen Grenzziehungen entlang der Hautfarbe beziehungsweise ethnischer Differenzen im kolonialen Gefüge bewusst, die verknüpft waren mit Einschluss und Ausgrenzung und ebenso mit Hierarchisierungen. Auch während ihrer Schiffsreise von Neuguinea nach Java beklagte sie die Ungerechtigkeit, sich die erste Klasse nicht leisten zu können. Sie litt unter der zweiten Klasse „seelisch, nicht körperlich", war sie doch hier zusammengedrängt mit „Mischlingen, die sich breit machten" (Karlin 1930b: 188f.). Ihr Ärger erreichte seinen Höhepunkt, als ein „Mischling", die Frau eines Beamten, an Bord kam, die sich im Gegensatz zu ihr die erste Klasse leisten konnte. Doch tröstete sich Alma Karlin, wie sie im Reisebericht meint, mit ihrer „europäischen Grundweiße" (ibid.: 189f.). Deutlich treten hier Karlins rassistische Vorurteile zutage, ebenso ihre Vorstellungen von der Überlegenheit der „Weißen", auf deren Privilegien sie Anspruch zu haben glaubte.

Hier wird also das Machtgefälle offensichtlich zwischen reisenden Europäerinnen als Angehörige des Westens und den „Bereisten", den Menschen in außereuropäischen, durch koloniale Strukturen geprägten Regionen. Vorteile, Privilegien und eine gewisse „Machtteilhabe" genossen nicht nur Reisende, die von einer Kolonialmacht stammten. Und viele Frauen waren durchaus gewillt, Vorrechte für sich einzufordern, und sie glaubten – wie in ihren Beschreibungen deutlich wird – auch Anspruch darauf zu haben.

Entdeckung, Eroberung und Weiblichkeit

Reisende Europäerinnen waren im 19. Jahrhundert und in den Jahrzehnten danach durchaus bemüht, sich einen Platz in der westlichen Forschungs- und Entdeckungsgeschichte zu sichern, auch wenn man Frauen basierend auf dem bürgerlich-viktorianischen Weiblichkeitsdiskurs nicht nur die Fähigkeit zur Wissenschaft, sondern auch zu Forschungsreisen abzusprechen versuchte. Dabei bezogen sich die Reiseschriftstellerinnen zum Teil bewusst auf ihre Weiblichkeit und nutzten auch die bürgerlichen Weiblichkeitskonzepte, um sich einen Platz im Kanon der Forschungsgeschichte zu erobern. So finden sich in ihren Publikationen zahlreiche Passagen, wo sie sich als „erste (weiße) Frau" an einem bestimmten Ort stilisieren. Bereits Lady Mary Wortley Montagu schreibt im April 1717 in ihrem ersten Brief nach ihrer Ankunft in der Türkei (sie begleitete ihren Mann, der zum britischen Botschafter ernannt worden war, hierher), „I have now [...] past a journey that has not been undertaken by any Christian since the time of the Greek emperors" (Montagu 1861: 281). Und noch Anfang des 20. Jahrhunderts meinte Mary Hall in einem Reisebericht, sie sei „the first woman of any nationality to have accomplished the entire journey from the Cape to Cairo (zit. nach Blake 1990: 347). Derartige Aussagen finden sich in unterschiedlichsten Variationen das gesamte 19. Jahrhundert hindurch in Reisepublikationen von Frauen. Ida Hahn-Hahn notierte 1843 in Konstantinopel, noch nie habe vor ihr „eine Frau einen Reisefirman[25] begehrt" (Hahn-Hahn 1844, Bd. 1: 301). Und aus Wadi Halfa, von einem Felsen mit Blick auf den Nilkatarakt, berichtet sie:

> „Selten kommen Reisende hieher; die spärlichen Namen auf dieser Felsenklippe eingegraben bewiesen es. Einen Frauennamen trug sie noch gar nicht; der meine ist der erste." (Hahn-Hahn 1844, Bd. 3: 187)

Auch Ida Pfeiffer liefert in ihren Reiseberichten zahlreiche Hinweise, ein Ziel erreicht zu haben, das noch niemand vor ihr (also kein „Weißer"), oder zumindest keine europäische Frau, gesehen hätte (vgl. dazu Habinger 2004: 130ff.). Von einem Fußmarsch auf Sumatra berichtet die Wienerin:

> „Ich war von nun an in jedem Utta (die Battaker nennen so ihre Dörfer) von Menschen umringt. Schon zu Muara-Sipongie hatte diese Begierde mich zu sehen begonnen, da noch keine Europäerin bis dahin gekommen war. Hier war es noch ärger, und die Hütte so voll Leute, daß ich im ersten Augenblicke gar nicht gewahrte, mit welchen Bewohnern ich sie theilte. Ein Mörder und ein Sterbender waren ihre Inwohner" (Pfeiffer 1856, Teil 2: 47).[26]

Solche Schilderungen verliehen den Berichten einerseits eine dramatische Note, andererseits konnte damit die Einzigartigkeit der eigenen Leistungen hervorgehoben werden. Dies sollte vielleicht dazu beitragen, etwas mehr Anerkennung als Forschungsreisende zu erhalten und ihren Unternehmungen eine zusätzliche Legitimation zu verleihen. Tatsächlich war Pfeiffer besonders während ihrer zweiten Weltreise, die sie in das heutige Indonesien führte, aber auch während ihrer Madagaskarreise vom Drang beseelt, neue Erkenntnisse für die westliche

---

25 Firman oder eigentlich Ferman, die Bezeichnung für einen Erlass, eine Verordnung durch islamische Herrscher, bedeutet in diesem Fall Reiseerlaubnis. Allerdings erwähnt Ida Pfeiffer bereits im Mai 1842, sie habe in Konstantinopel einen „Ferman" oder „türkischen Pass" beantragt (Pfeiffer 1844, Teil 1: 63), eine Tatsache, die Hahn-Hahn entweder nicht wusste oder unterschlägt.

26 Ähnliche Aussagen finden sich mehrmals in diesem Bericht (vgl. z.B. Pfeiffer 1856, Teil 1: 113; vgl. auch Habinger 2006a: 214f.).

Wissenschaft zu erbringen, „unbekannte" Regionen und Menschen aufzusuchen. Es war also eine spezifische Qualifikation erforderlich, um sich einen Platz in der westlichen Entdeckungsgeschichte zu sichern, nämlich das „achievement of a ‚first'" (Birkett 1989: 125). Es ging dabei darum, eine neue Route, einen unbezwungenen Gipfel oder unbekannte Menschen als erste(r) Repräsentant(in) des Westens erreicht, also „entdeckt" zu haben – und wenn schon nicht als erste Angehörige des Westens überhaupt, dann zumindest als erste Europäerin oder erste „weiße" Frau. So zeigt Dea Birkett (1989: 123ff.), dass zahlreiche von ihr behandelte „Victorian Lady Explorers" bemüht waren, sich in die Tradition der „männlichen" Entdeckungsreisen einzugliedern. Hier ging es auch um einen Anteil an dem im 19. Jahrhundert äußerst prestigeträchtigen Projekt des „Eroberns" außereuropäischer Regionen, zumindest in Form einer „geistigen Inbesitznahme" bisher für den Westen unbekannter Regionen und Länder. Birkett erwähnt bezüglich der Britinnen und ihrer zum Teil ausgeprägten Ambitionen als Entdeckungsreisende auch eine „Vermännlichung" durch die Reiseschriftstellerinnen selbst. Sie sieht dies nicht zuletzt im Zusammenhang mit ihrer Freude über „this newfound authority" hinsichtlich ihrer Eingliederung in eine „weiße männliche Entdeckungsgeschichte" und damit im Zusammenhang „their arrogance as unquestioned members of the white colonial world". Dies brachte sie dazu, die Rolle als „white man" zu internalisieren und sich in eigenen Publikationen und Briefen selbst mit dem männlichen Geschlecht zu bezeichnen (ibid.: 124). Hier findet sich also ein weiterer Aspekt der „Auflösung" von Weiblichkeit im Repräsentationssystem weiblichen Reisens.

Zwei parallele Tendenzen sind folglich bezüglich „Weiblichkeit" im Kontext der Forschungs- und Entdeckungsreisen im kolonialen Gefüge festzustellen. Einerseits die „Auflösung" oder „Transformation" der Kategorie Geschlecht oder, besser gesagt, von Weiblichkeit in ihrer Beziehung zu marginalisierten Menschen – die auch von den reisenden Europäerinnen selbst forciert wurde – oder auch durch die Umdefinition von Frauen zu „Männern honoris causa", versinnbildlicht durch männliche Anredeformen, wie dies öfter in den Reiseberichten von Frauen erwähnt wird.[27] Andererseits die Betonung von Weiblichkeit vor allem durch die Autorinnen selbst, um auf die Bedeutung der eigenen Leistungen zu verweisen. Zwei Aspekte, die zwar widersprüchlich erscheinen, jedoch nebeneinander bestehen können und letztlich die Komplexität sozialer Realitäten und auch die Vielschichtigkeit kolonialer Diskurse und ihr integratives Potential zeigen. Die angeführten Aspekte verweisen darüber hinaus auf die zentrale Bedeutung von Gender innerhalb des Repräsentationssystems weiblichen europäischen Reisens.

Wie aufgezeigt wurde, lassen sich in den Aussagen, Zugangsweisen und in der Selbstpositionierung reisender Europäerinnen Spezifika eines „weiblichen Eroberungshabitus"[28] feststellen – etwa in den Bemühungen der Autorinnen um

---

27 Siehe dazu die Ausführungen zu May French-Sheldon, Mary Kingsley oder auch Gertrude Bell weiter oben.

28 Ein Begriff, der von mir bezüglich dieser Aspekte an anderer Stelle geprägt wurde (vgl. Habinger 2002: 300; 2006a: 215; vgl. dazu auch Siebert 1994: 168f.).

einen Beitrag zur europäischen Eroberungs- und Entdeckungsgeschichte und den Hinweisen in ihren Texten, als erste (weiße) Frau (seltener als erste oder einzige RepräsentantIn des Westens überhaupt) ein Ziel erreicht zu haben. Bezüglich der Aneignung nichteuropäischer Räume durch Forschungs- und Entdeckungsreisen kann eine weitere spezifisch weibliche Dimension des kolonialen Diskurses herausgearbeitet werden, die sich allerdings in den dominanten Diskurs integrieren und dafür funktionalisieren lässt: Manchmal erfolgt eine Zusammenführung von Reisen, „Welteroberung" und Weiblichkeit mit dem Argument, dass die Zugehörigkeit zum weiblichen Geschlecht eine besondere Eignung zum Reisen bedeutet und, mehr noch, dass Weiblichkeit ein weiteres Vordringen in bisher dem Westen nicht zugängliche fremde Räume erst ermöglichen würde. Sowohl in der Rezeption des 19. und Anfang des 20. Jahrhunderts als auch von Reiseschriftstellerinnen selbst wurden hier „weibliche Qualitäten" positiv bewertet oder umbewertet, um die besondere Befähigung von Frauen für (Forschungs-)Reisen herauszustreichen. Dies lässt sich am Beispiel Ida Pfeiffers zeigen. Die Wiener Reisende bemühte sich nicht nur vor allem während ihrer letzten beiden Unternehmungen, unbekannte Regionen für die westliche Wissenschaft zu erkunden, sie präsentierte in ihren Reiseberichten von sich immer wieder das Bild dominanter, unerschrockener Weiblichkeit, die sich überall bewährt hätte und vor allem allgemein – und zwar auch von den Menschen der bereisten Regionen, auch wenn sie diesen manchmal mit eher paternalistischem Gehabe entgegentrat – anerkannt würde, wie etwa während ihrer ersten Weltreise:

„Ueberall und jederzeit setzte ich meinen Willen durch. Ich fand, daß Energie und Furchtlosigkeit allen Leuten imponirt [sic!], sie mögen Araber, Perser, Beduinen oder wie immer heißen." (Pfeiffer 1850, Bd. 3: 158)

Besonders wenn sie glaubte, auf bestimmte Dinge Anspruch zu haben, wurde Ida Pfeiffer in ihren Forderungen zum Teil unerbittlich (vgl. z.B. Pfeiffer 1856, Teil 1: 140), was vor dem Hintergrund des Machtgefälles im kolonialen Gefüge zu betrachten ist. Ähnliche diskursive Strategien finden sich in Büchern und Artikeln Ende des 19., Anfang des 20. Jahrhunderts, in denen Ida Pfeiffer idealisiert und als „heldenhafte Reisende" (re)präsentiert wurde.[29] So wurden wesentliche Elemente im Bild des europäischen Forschers und Entdeckers wie etwa dessen Heroisierung und Idealisierung auf weibliche Reisende umgelegt, und zwar sowohl von den Reiseschriftstellerinnen selbst als auch in der Rezeption(sgeschichte).[30] Spezifische Elemente des „Weiblichkeitsdiskurses" hinsichtlich Reisen bauen also auf kolonialen Diskursen auf beziehungsweise rekurrieren darauf. Weibliches Reisen wurde damit aber auch instrumentalisiert, um die Fähigkeiten der westlichen Welt in der Aneignung außereuropäischer Räume sowie der „Anderen" zu demonstrieren.

---

29 Etwa durch Helene Stökl (1920) und Ann Tizia Leitich (1946); ähnlich auch U. H. „Die Emanzipation der Todten" (1892). Vgl. zum „Eroberungshabitus" Ida Pfeiffers und zur diesbezüglichen Repräsentation in der Sekundärliteratur Habinger 2002: 304ff.
30 Siebert (1994: 154f.) zeigt dies anhand von Artikeln über reisende Europäerinnen in Frauenzeitschriften Ende des 19., Anfang des 20. Jahrhunderts auf.

Abschließende Bemerkungen

Die reisenden Frauen trugen, wie anhand einiger Beispiele aus Reiseberichten gezeigt wurde, zur Fortschreibung eines westlichen kolonialen Diskurses bei, indem sie etwa das gesellschaftliche Fortschrittsmodell, mit einer überlegenen westlichen Zivilisation, vertraten und damit Vorherrschaftsansprüche des Westens, was auch bei ihnen in einer Bekräftigung einer „zivilisatorischen Mission" Europas mündete. Sie sprachen sich also in ihren Publikationen in unterschiedlichen Facetten explizit für den europäischen Kolonialismus aus.

Mit ihren Ambitionen als Forschungs- und Entdeckungsreisende beteiligten sie sich auch an den Bemühungen des Westens um die (koloniale) Durchdringung und Aneignung der außereuropäischen Welt. Jedenfalls zeigen so manche Aussagen in ihren Reiseberichten, dass sie sich einen Platz in der westlichen Forschungs- und Entdeckungsgeschichte zu sichern suchten. So enthalten ihre Publikationen zahlreiche Passagen, in denen sie sich als „erste (weiße) Frau" an einem bestimmten Ort stilisieren, die eine neue Route, bisher unbekannte Regionen oder Menschen zumindest als erste Europäerin/Weiße erreicht, manchmal auch als erste RepräsentantIn des Westens – „entdeckt" – haben. Diese „geistige Landnahme" ging häufig einher mit einem ungenierten und ungebetenen Eindringen in die Privatsphäre völlig fremder Menschen.

Was die Selbstpositionierung von reisenden Europäerinnen im kolonialen Kontext betrifft, kann auch aufgezeigt werden, dass sie sich (wie ihre männlichen Kollegen) an der Zurschaustellung westlicher Macht beteiligten. So meint etwa Birkett (1989: 118), dass die reisenden Europäerinnen die „displays of authority and difference" der Angehörigen der westlichen Kolonialmächte mittrugen und auch anwandten. Dies trifft auch für die österreichischen Reisenden zu, auch wenn sich die Habsburgermonarchie nie als Kolonialland verstand. An den Beschreibungen dieser Frauen lässt sich auch ablesen, dass sie als Angehörige und Vertreterinnen des Westens eine Privilegiertheit und Überlegenheit gegenüber der autochthonen Bevölkerung genossen und für sich beanspruchten.

So wurde aufgezeigt, dass sich auf verschiedenen Ebenen eine Art „weiblicher Eroberungshabitus" festmachen lässt. Dabei erfährt die Verknüpfung von „Rasse"/ethnischer Zugehörigkeit/Hautfarbe und Geschlecht unterschiedliche Ausprägungen: Einerseits tritt Weiblichkeit in den Hintergrund, im Sinne einer „genderless white power", es erfolgt also eine gewisse „Auflösung" oder „Transformation" von Weiblichkeit/Geschlecht in der Beziehung zu marginalisierten Menschen im kolonialen Kontext, die etwa in männlichen Anredeformen ihren Ausdruck fand und die auch von den reisenden Europäerinnen selbst forciert wurde. Andererseits erfährt Weiblichkeit eine besondere Hervorhebung, im Sinne einer spezifischen Qualität oder Eignung für „Entdeckungsreisen" in entlegenen Regionen. Dabei wird, vor allem in der Rezeption weiblicher Reisender in der Sekundärliteratur und in den Medien, nicht nur auf wesentliche Momente in der Konstruktion des „heroischen" Forschungs- und Entdeckungsreisenden rekurriert, sondern es werden darüber hinaus Weiblichkeit beziehungsweise die Reisen der Europäerinnen für einen westlichen Eroberungsdiskurs instrumentalisiert, wobei letztlich auch auf eine spezifische Bedeutung reisender Europäerinnen in der tatsächlichen und symbolischen Aneignung „fremder Welten" verwiesen wird. Damit schließt sich der Kreis: Gender ist also, in seinen jeweiligen Durchkreuzungen und Überschneidungen mit anderen Kategorien und Differenzierungen, im Kontext der europäischen Kolonialgeschichte und der westlichen kolonialen Diskurse als eine wesentliche Analysekategorie einzusetzen, und dies findet in den historischen Quellen selbst seine Bestätigung.

Bibliographie

Ashcroft, Bill, Gareth Griffiths and Helen Tiffin. 2005. Post-Colonial Studies. The Key Concepts. London, New York.

Bell, Gertrude. 1927. The Letters of Getrude Bell. Selected and edited by Lady Bell, D.B.E., 2 vols. London.

Bell, Gertrude. 1985 (1. Aufl. 1907). The Desert and the Sown. London.

Bereswill, Mechthild und Gudrun Ehlert. 1994. „Und das is' irgendwie 'ne ganz andere Kultur, und das Leben is' ganz anders". Vom Nutzen der kulturellen Differenz für die Selbstpositionierung reisender Frauen. In: Jedamski, Doris et al. (Hg.). „Und tät' das Reisen wählen!" Frauenreisen – Reisefrauen. Zürich, Dortmund, S. 236-261.

BiografiA. Biographische Datenbank und Lexikon österreichischer Frauen des Instituts für Wissenschaft und Kunst in Wien (iwk). www.biografia.at (Zugriff 17.08.2010).

Birkett, Dea. 1989. Spinsters Abroad. Victorian Lady Explorers. Oxford, New York.

Blake, Susan L. 1990. A Woman's Trek: What Difference does Gender make? In: Women's Studies International Forum 13 (4): 347-355.

Brenner, Peter J. 1990. Der Reisebericht in der deutschen Literatur: Ein Forschungsüberblick als Vorstudie zu einer Gattungsgeschichte. Tübingen.

Buettner, Elizabeth. 2000. On Problematic Spaces, Problematic Races: defining 'Europeans' in late colonial India. In: Women's History Review 9 (2): 277-298.

Chaudhuri Nupur and Margaret Strobel. 1990. Western Women and Imperialism. Introduction. In: Women's Studies International Forum 13 (4): 289-293.

Chow, Rey. 1993. ‚It's you, and not me': Domination and ‚Othering' in Theorizing the ‚Third World'. In: Kauffman, Linda S. (ed.). American Feminist Thought at Century's End: A Reader. Cambridge, Massachusetts/ Oxford, UK, pp. 95–106.

Dietrich, Anette. 2007. Weiße Weiblichkeiten. Konstruktionen von „Rasse" und Geschlecht im deutschen Kolonialismus. Bielefeld.

Forneris, Anna, geb. Hafner. 1995 (Orig. Laibach 1849). Schicksale und Erlebnisse einer Kärntnerin während ihrer Reisen in verschiedenen Ländern und fast 30jährigen Aufenthaltes im Oriente, als: Malta, Corfu, Con stantinopel, Smyrna, Tiflis, Tauris, Jerusalem, Rom, ec. Beschrieben von ihr selbst. Reprint, 2. erweiterte Neuauflage, Klagenfurt.

Foucault, Michel. 1977. Die Ordnung des Diskurses. Inauguralvorlesung am Collège de France – 2. Dezember 1970. Frankfurt/Main, Berlin, Wien.

Franke, Susanne. 1994. „Mine at present is a geographical intercourse with the world": Lady Elizabeth Craven, eine englische Reisende des 18. Jahrhunderts. In: Jedamski, Doris et al. (Hg.). „Und tät' das Reisen wählen!" Frauenreisen – Reisefrauen. Zürich, Dortmund, S. 280-292.

Freitag, Kornelia. 2001. A woman is hiking: Grenzüberschreitungen in „The Captivity and Restoration of Mrs. Mary Rowlandson". In: Hubrath, Margarete (Hg.). Geschlechter-Räume. Konstruktionen von „gender" in Geschichte, Literatur und Alltag. Köln, Weimar, Wien, S. 179-193.

Fuchs, Brigitte. 2003. „Rasse", „Volk", Geschlecht. Anthropologische Diskurse in Österreich 1850–1960. Frankfurt a.M./New York.

Fuchs, Brigitte und Gabriele Habinger. 1995. Die „Natur" der Differenzen. Zum Zusammenwirken von „Rasse" und „Geschlecht" im westlichen Diskurs und im modernen Weltsystem. In: Fischer, Gero und Maria Wölflingseder (Hg.). Biologismus, Rassismus, Nationalismus. Rechte Ideologien im Vormarsch. Wien, S. 108–120.

Fuchs, Brigitte und Gabriele Habinger (Hg.). 1996. Rassismen & Feminismen. Differenzen, Machtverhältnisse und Solidarität zwischen Frauen. Wien.

Fuchs, Martin und Eberhard Berg. 1993. Phänomenologie der Differenz. Reflexionsstufen ethnographischer Repräsentation. In: Berg, Eberhard und Martin Fuchs (Hg.). Kultur, soziale Praxis, Text. Die Krise der ethnographischen Repräsentation. Frankfurt/Main, S. 11-108.

Geteilter Feminismus. 1990. Rassismus, Antisemitismus, Fremdenhaß (= beiträge zur feministischen theorie und praxis, Bd. 27).

Ghose, Indira. 1995. Der Memsahib-Mythos. Frauen und Kolonialismus in Indien. In: Feministische Studien 2: 34-45.

Gingrich, Andre. 2001[2]. Ethnizität für die Praxis. Drei Bereiche, sieben Thesen und ein Beispiel. In: Wernhart, Karl R. und Werner Zips (Hg.). Ethnohistorie. Rekonstruktion und Kulturkritik. Eine Einführung. Wien, S. 99-111.

Gouda, Frances. 1993. Das „unterlegene" Geschlecht der „überlegenen" Rasse. Kolonialgeschichte und Geschlechterverhältnisse. In: Schissler, Hanna (Hg.). Geschlechterverhältnisse im historischen Wandel (= Geschichte und Geschlechter, Bd. 3). Frankfurt/Main, New York, S. 185-203.

Habinger, Gabriele. 2002. Geschlecht, Differenzen und die Macht der Räume. Diskurse und Repräsentationen von reisenden Europäerinnen im 19. und beginnenden 20. Jahrhundert. Phil. Diss., Wien.

Habinger, Gabriele. 2003. Inseln der Desillusion. Weibliche Blicke auf die Südsee. In: Ferro, Katarina und Margit Wolfsberger (Hg.). Gender and

Power in the Pacific. Women's Strategies in a World of Change (= Novara. Beiträge zur Pazifik-Forschung, Bd. 2) Münster, Hamburg. London, S. 185-228.

Habinger, Gabriele. 2004. Ida Pfeiffer – Eine Forschungsreisende des Biedermeier. Wien.

Habinger, Gabriele. 2006a. Frauen reisen in die Fremde. Diskurse und Repräsentationen von reisenden Europäerinnen im 19. und beginnenden 20. Jahrhundert. Wien.

Habinger, Gabriele. 2006b. „Wildheit" versus „Zivilisation": Fremd- und Selbstrepräsentationen reisender Europäerinnen des 19. und beginnenden 20. Jahrhunderts. In: Baumhackl, Herbert, Gabriele Habinger, Franz Kolland und Kurt Luger (Hg.). Tourismus in der „Dritten Welt". Zur Diskussion einer Entwicklungsperspektive. Wien, S. 57-75.

Habinger, Gabriele. 2006c. Reisen, Raumaneignung und Weiblichkeit. Zur Geschichte und Motivationsstruktur weiblicher (Vergnügungs-)Reisen. In: SWS-Rundschau 46 (3): 271-295.

Hahn-Hahn, Ida Gräfin. 1844. Orientalische Briefe. 3 Bd., Berlin.

Hall, Stewart. 1994. Der Westen und der Rest. Diskurs und Macht. In: Hall, Stewart: Rassismus und kulturelle Identität. Ausgewählte Schriften 2. Hg. und übersetzt von Ulrich Mehlem et al., Hamburg, S. 137-179, 235-240.

Hodgson, Barbara. 2004 [2002]. Die Krinoline bleibt in Kairo. Reisende Frauen 1650 bis 1900. Hildesheim.

Hunt, Tamara L. 2002. Introduction. In: Hunt, Tamara L. and Micheline R. Lessard (eds.). Women and the Colonial Gaze. Houndmills, Basingstoke, New York, pp. 1-14.

Karlin, Alma M. 1930a. Einsame Weltreise: Erlebnisse und Abenteuer einer Frau im Reich der Inkas und im Fernen Osten. Minden in Westfalen, Berlin, Leipzig.

Karlin, Alma M. 1930b. Im Banne der Südsee: Die Tragödie einer Frau, Minden in Westfalen, Berlin, Leipzig.

Kollonitz, Gräfin Paula. 1867. Eine Reise nach Mexico im Jahre 1864. Wien.

Kuczynski, Ingrid. 1993. Reisende viktorianische Frauen und der koloniale Diskurs. In: Kuczynski, Ingrid und Anna Maria Stuby (Hg.). Victorianism Re-Visited. Geschlechterverhältnisse in Kultur und Literatur. (= Gulliver. Deutsch-Englische Jahrbücher, Bd. 34, 2/93). Hamburg und Berlin, S. 10-26.

Leitich, Ann Tizia. 1946. Ida Pfeiffer. In: Leitich, Ann Tizia. Eine Huldigung den Frauen. Österreichischer Frauen-Kalender. Wien, S. 120-128.

Lewis, Reina. 1996. Gendering Orientalism. Race, femininity and Representation. London/New York.

Lewis, Reina. 2004. Rethinking Orientalism. Women, Travel and the Ottoman Harem. London/New York.

Miles, Robert. 1991a (Orig. 1989). Rassismus. Einführung in die Geschichte und Theorie eines Begriffs. Aus dem Englischen von Michael Haupt. Hamburg.

Miles, Robert. 1991b. Die Idee der „Rasse" und Theorien über Rassismus. Überlegungen zur britischen Diskussion. In: Bielefeld, Uli (Hg.). Das Eigene und das Fremde. Neuer Rassismus in der Alten Welt? Hamburg, S. 189-218.

Mills, Sara. 1991. Discourses of Difference. An Analysis of Women's Travel Writing, London/New York.

Mills, Sara. 1994. Knowledge, Gender and Empire. In: Blunt, Alison/Rose, Gillian (eds.). Writing Women and Space. Colonial and Postcolonial Geographies New York, London, pp. 29–50.

Montagu, Lady Mary Wortley. 1861. Letters during Mr. Wortley's Embassy to Constantinople. [1716–1718.] [The Travels Of an English Lady in Europe, Asia, and Africa, Being a series of Letters written by the Right Honourable Lady M. W. Montagu to her friends in several parts of Europe ...]. In: The Letters and Works of Lady Mary Wortley Montagu. Edited by her Great-Grandson Lord Wharncliffe. Third Edition, with additions and corrections derived from the original manuscripts, illustrative notes, and a new memoir By W. Moy Thomas, Vol. I. London, pp. 221-402.

Pfeiffer, Ida. 1844. Reise einer Wienerin in das heilige Land, nämlich von Wien nach Konstantinopel, Brussa, Beirut, Jaffa, Jerusalem, [...]. Unternommen im März bis Dezember 1842. Nach den Notaten ihrer sorgfältig geführten Tagebücher von ihr selbst beschrieben. 2 Teile. Wien.

Pfeiffer, Ida. 1850. Eine Frauenfahrt um die Welt. Reise von Wien nach Brasilien, Chili, Otahaiti, China, Ost-Indien, Persien und Kleinasien. 3 Bd., Wien.

Pfeiffer, Ida. 1856. Meine Zweite Weltreise. Erster Teil: London, das Cap der guten Hoffnung, Singapore, Borneo, Java. Zweiter Teil: Sumatra, Java, Celebes, die Molukken. Dritter Teil: Kalifornien, Peru, Ecuador. Vierter Teil: Vereinigte Staaten von Nordamerika, Wien: Carl Gerold's Sohn (Neuauflage unter dem Titel: Abenteuer Inselwelt. Die Reise 1851 durch Borneo, Sumatra und Java, Wien: Promedia, 1993 [Teil 1 und 2]; Reise in die Neue Welt. Amerika im Jahre 1853, Wien 1994 [Teil 3 und 4]).

Pfeiffer, Ida. 1861. Reise nach Madagaskar. Nebst einer Biographie der Verfasserin, nach ihren eigenen Aufzeichnungen. 2 Bd., Wien.

Polk, Milbry und Mary Tiegreen. 2001 (engl. Orig. 2001). Frauen erkunden die Welt. Entdecken – Forschen – Berichten. München.

Potts, Lydia. 1988 (Hg.). Aufbruch und Abenteuer. Frauen-Reisen um die Welt ab 1785, Berlin.

Pratt, Mary Louise. 1992. Imperial Eyes. Travel Writing and Transculturation, London/New York.

Rommelspacher, Birgit. 1994. Frauen und Rassismus – Im Widerspruch zwischen Diskriminierung und Dominanz. In: Institut für Sozialpädagogische Forschung Mainz e.V. (Hg.). Differenz und Differenzen: Zur Auseinandersetzung mit dem Eigenen und Fremden im Kontext von Macht und Rassismus bei Frauen. Bielefeld, S. 94-113.

Russel, Mary. 1987 (Orig. 1986). Vom Segen eines guten festen Rocks. Außergewöhnliche Lebensgeschichten weiblicher Abenteurer und Entdeckungsreisender. Bern, München, Wien.

Said, Edward. 1978. Orientalism. New York.

Schäffter, Ortfried. 1991. Modi des Fremderlebens. Deutungsmuster im Umgang mit Fremdheit. In: Schäffter, Ortfried (Hg.). Das Fremde. Erfahrungsmöglichkeiten zwischen Faszination und Bedrohung. Opladen, S. 1-42.

Schiebinger, Londa: 2004. Feminist History of Colonial Science. In: Hypatia. A Journal of Feminist Philosophy 19 (1), Winter (= Special Issue: Feminist Science Studies): 233-254.

Schuber, Maria. 1850. Meine Pilgerreise über Rom, Griechenland und Egypten durch die Wüste nach Jerusalem und zurück, vom 4. October 1847 bis 25. September 1848. Graz.

Schülting, Sabine. 1997. Wilde Frauen, Fremde Welten. Kolonisierungsgeschichten aus Amerika, Reinbek bei Hamburg.

Siebert, Ulla. 1994. Frauenreiseforschung als Kulturkritik. In: Jedamski, Doris et al. (Hg.). „Und tät' das Reisen wählen!" Frauenreisen – Reisefrauen, Zürich, Dortmund, S. 148-173.

Stökl, Helene. 1920. Die Weltfahrten der österreichischen Reisenden Ida Pfeiffer. Wien.

Strobel, Margaret. 1991. European Women and the Second British Empire. Bloomington, Indianapolis.

Strobel, Margaret. 2002. Women's History, Gender History, and European Colonialism, In: Blue, Gregory et al. (eds.). Colonialism and the Modern World. New York, London, pp. 51-68.

Trinh, Minh-ha T. 1996. Über zulässige Grenzen: Die Politik der Identität und Differenz. In: Fuchs, Brigitte und Gabriele Habinger (Hg.). Rassismen & Feminismen. Differenzen, Machtverhältnisse und Solidarität zwischen Frauen. Wien, S. 148-160.

Ueckmann, Natascha. 2001. Frauen und Orientalismus. Reisetexte französischsprachiger Autorinnen des 19. und 20. Jahrhunderts. Stuttgart, Weimar.

U. H.. 1892. Die Emanzipation der Todten. In: Wiener Tagblatt 42 (307/5). November: 2.

Walgenbach, Katharina. 2005. „Die weiße Frau als Trägerin deutscher Kultur". Koloniale Diskurse über Geschlecht, „Rasse" und Klasse im Kaiserreich. Frankfurt/Main, New York.
Yegenoglu, Meyda. 1998. Colonial Fantasies: Towards a Feminist Reading of Orientalism. Cambridge.

Gerlinde Heindl

Die grausame Logik des Karnophallogozentrismus in Carmen Boullosas *Son vacas, somos puercos*

Gleich einem Palimpsest[i] überschreibt die mexikanische Autorin Carmen Boullosa in ihrem historiographisch metafiktionalen Piratenroman „*Son vacas, somos puercos*" (1991) die Überlieferungen des holländischen Seefahrers Alexandre Olivier Exquemelin, „De Americaenischen Zee-Rovers" aus dem Jahre 1678. Der Roman begleitet das abenteuerreiche Schicksal des Protagonisten und Erzählers, Smeeks, in der Freibeuterwelt der Karibik. Dieser Beitrag stellt sich die Aufgabe, das Primärwerk im Rückgriff auf Jacques Derridas Konzept des Karnophallogozentrismus zu untersuchen. Die formal-strukturelle Gliederung konzentriert sich dabei auf zwei Hauptaspekte. Zunächst erfolgt eine Klärung des Konzepts des Karnophallogozentrismus unter Berücksichtigung der Teiltheoreme dieses Begriffs – Logozentrismus und Phallogozentrismus –. In diesen ersten Teil werden auch generelle Betrachtungen zu Themenbereichen wie der Mensch-Tier-Beziehung, dem Opferritus, dem straffreien Töten von Mensch und Tier sowie dem Kannibalismus einfließen. Der zweite Teil ist der der direkten Arbeit am Primärwerk gewidmet. Anhand dominanter Motive des Textes wie der Tiersymbolik, der Metaphorik des Fleisches und des Kannibalismus soll die Relevanz des Karnophallogozentrismus für diesen Roman näher beleuchtet werden. Bei oberflächlicher Analyse scheint die Erzählung die blutrünstige und frauen- bzw. lebensverachtende Welt der Piraten zu glorifizieren. Auf anderer Ebene wird dieser karnophallogozentristische Diskurs jedoch subversiv unterlaufen, indem die Legitimation männlich-menschlicher Dominanz dekonstruiert und die unreflektierte Akzeptanz anthropozentrisch generierter Grenzen zwischen Mensch und Tier hinterfragt werden.

Von *logos*, *phallos* und *carnis* - Kulturtheoretische Ansätze und Definitionen zum Karnophallogozentrismus

Der französische Philosoph Jacques Derrida baut sein Konzept des Karnophallogozentrismus auf zwei geläufigen Theoremen auf. Bereits bei oberflächlicher Analyse des Begriffs eröffnen sich der Leserin und dem Leser die Dimensionen des Logozentrismus sowie des Phallozentrismus. Dank Derrida lassen sich diese zum Karnophallogozentrismus zusammendenken.

Laut Duden bedeutet der aus dem Griechischen stammende Begriff *logos* menschliche Rede, sinnvolles Wort oder aber auch generell menschliche Vernunft beziehungsweise umfassender Sinn (cf. Duden 2001: 587). Der Logozentrismus als vorherrschende Tendenz in der abendländischen Denktradition geht von einer metaphysischen Einheit von gesprochenem Wort und seiner Bedeutung aus; er wird von Derrida (1992) scharf kritisiert, denn er fokussiert – wie das von Feldmann und Jakobmeyer treffend zusammengefasst wird –

„ein übergeordnetes Konzept wie z.B. Gott, Natur, Mensch oder Phallus
[...], dem eine absolute, außersprachliche Präsenz zugesprochen wird und
das sprachliche Bedeutungen bestätigt und fixiert. Damit werde Sprache
zum bloßen Mittel der (Suche nach) Erkenntnis." (Feldmann/Jakobmeyer
2003: 406)

Der Logozentrismus beinhaltet also, dass die Natur der Dinge beziehungsweise
der Wahrheit direkt über den Diskurs begriffen werden kann. Derrida spricht
sich auch gegen die Tradition aus, das gesprochene Wort über das geschriebene
zu stellen, den Sinn des Wortes über seine materielle Erscheinung. Der *logos* des
gesprochenen Wortes steht für „Authentizität, Wahrheit und Kohärenz" (Feld-
mann/Schülting 2003: 524). Diese Fassung des Logozentrismus ist auch unter
der Bezeichnung Phonozentrismus bekannt (vgl. Derrida 1992: 16ff.).

Der griechische Begriff *phallos* bezeichnet das männliche Glied. Der Phallozentrismus setzt den männlichen Phallus „als Symbol und Quelle der Macht"
(Feldmann/Schülting 2003: 524) ins Zentrum allen kulturellen Handelns. Durch
ihn erfährt der Mann als dominantes Wesen in Sprache und Kultur seine Legitimierung. Nach Lacan ist für die Frau in dieser „phallischen Ordnung" (ibid.)
kein Raum. Von feministischer Seite wird der phallozentristische Diskurs vor allem auch deshalb kritisiert, weil durch ihn die Frau zwangsweise als Mangelwe-
sen wahrgenommen wird (ibid.).

Derrida nimmt hier eine Verknüpfung der Konzepte vor. Aus Logozentrismus
und Phallozentrismus wird Phallogozentrismus, auf dessen patriarchalischer
Struktur die moderne Gesellschaft basiert.

„Phallogozentrismus verweist auf die analoge Struktur von Phallozentrismus und Logozentrismus, die Privilegierung des Phallus als Ursprung und
Zentrum aller Signifikanten." (ibid.: 524)

Im Phallogozentrismus ist die Frau von der Partizipation am Diskurs ausgeschlossen, so dass der Mann zum Synonym für den Menschen wird. So wie
innerhalb des Logozentrismus die Dominanz des gesprochenen Wortes über die
Schrift als Teil der Sprache selbst betrachtet wird, so prägt auch die Dominanz
des Maskulinen über das Feminine viele linguistische und andere Konventionen.
Im Folgenden geht es nun um eine Auseinandersetzung mit dem Konzept des
Karnophallogozentrismus oder, wie Derrida es in „*Gesetzeskraft*" ausdrückt,
dem „Phallogozentrismus des Fleischessers" (Derrida 1996: 39). Matthew
Calarco definiert das karnophallogozentristische Subjekt als „being a self-
present, speaking, virile eater of flesh" (URL 1). Es geht hier um die Frage nach
der Legitimierung einer hierarchischen Struktur, durch die sich der Mensch über
das Tier stellt.

Diese Legitimierung wird vor allem durch das anthropozentrische Weltbild des
Humanismus und des „Speziezismus" bereitgestellt, also durch die Illusion einer
klaren Abgrenzung zwischen Mensch und Tier, in der das Tier eher als Objekt
denn als Subjekt gedacht wird.

Derrida führt dies folgendermaßen aus:

> „[Man sagt nicht], dass einem Tier Unrecht oder Gewalt angetan wird;
> noch weniger redet man von Gewalt und Ungerechtigkeit im Hinblick auf
> Pflanzen und Steine. Man kann ein Tier quälen, man kann es lassen; nie-
> mals wird man jedoch im eigentlichen Sinne behaupten, dass es sich um
> ein Subjekt handelt dem man Schaden zugefügt hat, um das Opfer einer
> Gewalttat, eines gewaltsamen Todes, einer Vergewaltigung oder eines
> Raubes, eines Meineids [...]." (Derrida 1996: 37)

Aus dieser Unterprivilegierung des Tieres entsteht für Derrida eine Opferstruktur, die die Möglichkeit des straffreien Tötens schafft. Denn das Tötungsverbot
unserer Kultur bezieht sich nicht auf Lebendiges im Allgemeinen, sondern lediglich auf den Menschen.

Der Mensch und das Tier – die Stufenleiter des Seins: Implikationen des Karnophallogozentrismus

In humanistischer Tradition wird das autonome Subjekt paradigmatisch als
männliches gedacht. Der Frau, sowie dem Kind und schließlich dem Tier werden, gleich einer Stufenleiter des Seins, untergeordnete Rollen zugeteilt. Es handelt sich hierbei nicht nur um das Verhältnis des Mannes zur Frau, sondern auch
um das Verhältnis des Menschen zum Tier. Derrida bemerkt, dass Autorität sowie Autonomie automatisch eher dem Mann zugesprochen werden als der Frau,
doch der Frau noch eher als dem Tier (Derrida 1991: 114). Das Tier wird „fast
durchgehend ex negativo" (Eckhardt/von der Lühe 1998: 1205) definiert.

Ein problematischer Aspekt des Mensch-Tier-Verhältnisses ergibt sich laut
Thomas Macho bereits daraus,

> „dass die Verallgemeinerung des Begriffs ‚Mensch', die ihren historischen
> Ort hat, sich lediglich spiegelt in der Verallgemeinerung des Begriffs
> ‚Tier'. Man kann aber nicht über Amöben und Schimpansen gleichzeitig
> sprechen." (Macho 2004: 43)

Derrida hat ebenfalls seine Schwierigkeiten mit dem generalisierenden Konzept
der Animalität. Auch für ihn kann die heterogene Vielfalt der Tierwelt nur durch
Gewalt und Ignoranz mit einem Begriff, *logos,* homogenisiert werden.

> „The confusion of all non-human living creatures within the general and
> common category of the animal is not simply a sin against rigorous thin-
> king, vigiliance, lucidity or empirical authority, it is also a crime. [...] Do
> we agree to presume that every murder, every transgression of the com-
> mandment ‚Thou shalt not kill' concerns only man [...] and that in sum
> there are only crimes ‚against humanity'? " (Derrida 2002: 416)

Der Ritus als Symbol für eine gewisse Ordnung zwischenmenschlicher Strukturen (Metzeltin/Thir 2002: 29) verweist in seiner Erscheinungsform als Opferritus auf einen wesentlichen Aspekt der Mensch-Tier-Beziehung.

In Verbindung mit Opferritus und habitueller Tötung von Tieren geht Hartmut
Böhme in seinem Aufsatz „*Im Zwischenreich: Von Monstern, Fabeltieren und
Aliens*" von einem grundlegenden Schuldzusammenhang aus, den er anhand von

Mythen verdeutlicht. „Weder im Paradies der Bibel noch im Goldenen Zeitalter Hesiods, Ovids oder Vergils frisst der Mensch Tiere. Diese zu töten ist ein Sakrileg" (Böhme 2001: 239). Nun ist aber der Mensch in seiner Evolution vom Vegetarier zum/zur „AllesfresserIn" geworden. Deshalb gilt der Opferritus vor allem „der Entschuldung der habituellen Tötung im Dienst unserer Fleischgier" (ibid: 239). Böhme stellt weiters fest:

> „Der Mensch wird, indem er isst; und indem er isst, wird er schuldig. Wir essen den Tod der anderen und schlingen dabei die Schuld in uns. In der Nutrition herrscht eine schreckliche Nemesis [...]. Das Orale ist die Wurzel aller Schuld. [...]." (ibid.: 240)

Geht man nun von der durch den Opferritus legitimierten straffreien Tötung von Tieren aus, so bleibt die Tötung von Menschen sehr wohl mit dem Aspekt der Kriminalität behaftet. Denn die Tötung des *Anderen*, des – untergeordneten – Tieres kann niemals mit der Tötung des Eigenen, *des Selbst*, gleichgesetzt werden. Dennoch, „we do indeed kill humans all the time" (Wolfe 2003: 101) und dies ist ein Punkt, an dem der Diskurs über Animalität essentiell wird, da er über Kriminalität oder Straffreiheit einer Tötung entscheidet.

Cary Wolfe nimmt hier eine vielversprechende Kategorisierung vor, indem er *animalized animals, humanized animals, animalized humans*, and *humanized humans* unterscheidet (ibid.: 101). Unter *animalized animals* versteht er die Tiere, die als das auf niedrigerer Stufe angesiedelte *Andere* gesetzt werden. Ihre Tötung bleibt innerhalb der Opferstruktur und damit straffrei. Es handelt sich dabei um Tiere die zu Konsumgütern degradiert werden, indem sie uns als Nahrung dienen, von der Wissenschaft verbraucht werden oder auf sonstige Art dem Wohlergehen des Menschen dienlich sind.

Die zweite von Wolfe geprägte Kategorie betrifft *humanized animals*. Diese, meist Haustiere, sind in der Hierarchie gleichsam zu Menschen aufgestiegen und fallen somit aus der Opferstruktur. Durch persönliche Bindung und Zuschreibung menschlicher Eigenschaften wird das *Andere* plötzlich zum *Selbst*, das Objekt auf einmal zum Subjekt.

Als drittes Beispiel führt Wolfe die Kategorie der *animalized humans* an. Hier wird das Subjekt zum Objekt degradiert, der Mensch wird zum Tier und damit wird dessen Tötung wieder straffrei. Anhand des Beispiels der Todesstrafe lässt sich das durch eine Art der Animalisierung von Menschen entstehende Paradoxon, aufzeigen. Ein Mensch tötet einen anderen Menschen. Er hat somit ein Tabu gebrochen, die Handlung darf nicht straffrei bleiben. Durch den Tabubruch fühlt sich die Gesellschaft jedoch legitimiert, den Menschen nicht mehr als solchen anzuerkennen, ihn zum Tier zu machen, um dieses dann ihrerseits straffrei töten zu können. Doch die Degradierung des Menschen zum Tier vollzieht sich nicht nur unter dem Aspekt eines Tabubruchs. Denn auch Subjekte, die aus den akzeptierten Normen einer Gesellschaft herausfallen (Stichwort: Rassismus, Sexismus, etc.) laufen Gefahr zum Opfer gemacht zu werden.

Die Animalisierung des Menschen vollzieht sich also sowohl aktiv, als auch passiv.

„It is this pervasiveness of the discourse of species that has made the institution of speciesism fundamental [...] to the formation of Western subjectivity and sociality as such, an institution that relies on tacit agreement that the full transcendence of the ‚human' requires the sacrifice of the ‚animal' and the animalistic, which in turn makes possible a symbolic economy in which we engage in what Derrida will call a ‚noncriminal putting to death' of other humans as by marking *them* as animals as well." (ibid.: 6)

Die letzte Kategorie umreißt Wolfe nur kurz als *humanized humans*. „There is the wishful category of *humanized humans*, souvereign and untroubled" (ibid.: 101).

Wo finden wir nun die traditionell distinktiven Merkmale, wie Seele, Vernunft, Sprache, etc., die die Grenzen zwischen dem menschlichen und dem nicht-menschlichen Tier bezeichnen? Auf diese Frage findet Donna Haraway in ihrem „Cyborg Manifesto" folgende Antwort:

„In der wissenschaftlichen Kultur der USA am Ende des 20. Jahrhunderts ist die Grenze zwischen Mensch und Tier gründlich durchbrochen. Die letzten Brückenköpfe unserer Einzigartigkeit sind korrumpiert worden [...] – Sprache, Werkzeuggebrauch, Sozialverhalten, Geist, nichts ist mehr übrig, das die Trennungslinie zwischen Mensch und Tier überzeugend festzulegen vermag – und viele sind auch nicht mehr von einer solchen Trennungslinie überzeugt." (Haraway 1995: 36)

Eine weitere Ausformung des Karnophallogozentrismus sieht Derrida auch im metaphorischen Motiv des Kannibalismus, das heißt der Anthropophagie, der in der Geschichte vornehmlich rituelle Bedeutung zugeschrieben wird. Durch die Einverleibung eines anderen Menschen sollen dessen Eigenschaften wie Stärke, Intelligenz, etc., auf den Akteur/die Akteurin übergehen. Deshalb handelt es sich beim Verzehr vor allem um jene Körperteile, die den Sitz der Seele vermuten lassen, wie beispielsweise Herz und Gehirn. Menschen, die Menschen essen, brechen jedoch ein absolutes Tabu, denn allgemein akzeptierte Normen werden auf diese Weise korrumpiert. An dieser Stelle sei zusätzlich vermerkt, dass sich der aktuelle Diskurs über Kannibalismus kaum um „Menschenfresser" dreht, sondern vielmehr um einen metaphorischen Gebrauch des Motivs (cf. URL2).

Als weiteren psychologischen Hintergrund lässt sich hier erneut die Mensch-Tier-Symbolik in Betracht ziehen. In dieser Hinsicht kann der Kannibale/die Kannibalin unterschiedlich gedeutet werden. Einerseits eröffnet sich die Möglichkeit, dass er/sie sein/ihr Opfer vom Subjekt zum bloßen Objekt degradiert. Er/sie verzehrt das Fleisch eines Tieres und erhält somit die Opferstruktur aufrecht. Anders betrachtet kommt aber im Täter/der Täterin selbst das Tier zum Vorschein, die Menschen verschlingende Bestie. Bereits am Terminus Menschen*fresserIn* wird die Brüchigkeit des dichotomen Konstrukts Mensch versus Tier, das sich häufig auch auf linguistischer Ebene manifestiert, sichtbar. Durch die Kombination des Begriffs *Mensch* mit dem des *Fressens* (als eine Bezeichnung für den Akt der Nahrungsaufnahme, die ausschließlich für den Bereich des

Tieres geltend gemacht wird) tritt eine Verschmelzung der menschlichen und
tierischen Sphäre zutage, die das Unbehagen hinsichtlich des Tabubruchs nicht
zuletzt durch linguistische Konventionen verdeutlicht.

Son vacas, somos puercos - Der Mensch als Tier

Carmen Boullosa, Professorin am City College, New York, 1954 in Mexiko
Stadt geboren, gilt als eine der bedeutendsten zeitgenössischen Autorinnen Mexikos. Ihre Arbeit umfasst sowohl Prosa, als auch Lyrik und Drama. Ein
wichtiger Fokus ihres Romanwerks gilt der Auseinandersetzung mit der Geschichte Mexikos, die sie oft als Ausgangspunkt für ihre Erzählungen nimmt (cf.
URL3). Als postmoderne Autorin, deren Texte oftmals – so auch „*Son vacas,
somos puercos*" – durch den Einsatz metafiktionaler Passagen geprägt sind, entzieht sich Boullosa der Charakterisierung als Autorin „historischer" Romane.
Vielmehr versteht sie „[i]hre Erzählungen [als] ‚Zertrümmerungsapparate',
durch die sie beim Schreiben jenes Faktenmaterial schickt, das sie sich zuvor er-
arbeitet hat" (URL4).

In „*Son vacas, somos puercos*" setzt Boullosa ihren „Zertrümmerungsapparat"
vor der Folie der überlieferten Darstellungen des Seefahrers Exquemelin in Bezug auf die Freibeuterwelt der Karibik des 17. Jahrhunderts auf unterschiedlichen Ebenen in Gang. Vorliegender Beitrag fokussiert eine Analyse der unkon-
ventionellen Mensch-Tier Konstellation in diesem Roman. Indem Carmen
Boullosa in ihrem Text die anthropozentrisch generierten Grenzen zwischen
Mensch und Tier verschwimmen lässt, versteht sie es, den Menschen von seiner
autokratischen Position auf der höchsten Stufe der Evolution herunterzuholen.
Das Konzept des *animalized human* spielt in diesem Zusammenhang eine tragende Rolle.

Für die Auseinandersetzung mit dem Primärtext ist es an dieser Stelle sinnvoll,
einen kurzen Abriss des Inhalts zu geben. Strukturell lässt sich der Roman in
zwei Teile gliedern, die von einem metafiktionalen Einschub getrennt werden.
Dem eigenen Elend in der Heimat ein Ende setzen wollend, entschließt sich der
dreizehnjährige Protagonist Smeeks zu Beginn der Erzählung an Bord eines
Schiffes der Westindischen Kompanie zu gehen. Als Preis für die Überfahrt in
die Karibik muss sich der Junge zu drei Jahren Sklavenarbeit verpflichten. An
Bord verliebt sich Smeeks in das als Bub verkleidete Mädchen Ella, das ihm von
der Insel Tortuga berichtet, auf der Freibeuter unter der Bedingung eines absoluten Frauenverbots die Utopie grenzenloser Freiheit leben würden.

In der Karibik angekommen wird Smeeks an einen grausamen Herrn verkauft.
Er lernt den afrikanischen Heiler Negro Miel, der aufgrund seiner Heilkräfte in
die Bruderschaft der Küste, der Vereinigung der Piraten, aufgenommen worden
war, kennen. Von ihm, mit dem er auch eine sexuelle Beziehung eingeht, wird
Smeeks in der Kräuterheilkunde unterwiesen. Nach Negro Miels mysteriöser
Vergiftung wird Smeeks vom französischen Wundarzt auf Tortuga, Pineau, ge-
kauft. Pineau, in seinem Selbstverständnis als Feind der Sklaverei und Befür-
worter des Frauenverbots auf der Insel geht mit Smeeks eine sexuelle Beziehung
ein. Und er lehrt ihn das teilweise sehr blutige Handwerk der Wundheilkunde.

Nachdem Pineau Smeeks die Freiheit angeboten hat, wird auch er auf unerklärliche Weise ermordet.

In einem auf den ersten Teil folgenden metafiktionalen Einschub unter dem Titel „*Número aparte*" durchbricht Boullosa die (ästhetische) Illusion der bisherigen Erzählung. Hier wird eine völlig konträre Version der aus dem ersten Teil bekannten Geschichte und Herkunft Negro Miels dargelegt. Mit diesem Einwurf wird die Wahrhaftigkeit der ursprünglichen Erzählung infrage gestellt und der Leser und die Leserin werden sich ihrer aktiven Rolle am Mitvollzug der Erzählung bewusst (cf. Peters 1999: 236).

Im zweiten Teil wird Smeeks schließlich selbst in die Bruderschaft der Küste aufgenommen. Er nimmt an ersten blutrünstigen Überfällen unter der Führung des grausamen Freibeuters L'Ollonais, teil. Er schwankt zwischen Bewunderung und Abscheu vor dem Piratenleben. Nach der Rückkehr von einem Überfall hat sich allerdings das Leben auf Tortuga grundlegend geändert. Frauen wurden an die Freibeuter verkauft und mit ihnen schleicht sich das Privateigentum in die Piratenwelt ein. Smeeks erkennt allerdings, dass die Utopie der grenzenlosen Freiheit tatsächlich schon lange vorher der Destruktion preisgegeben war, beziehungsweise dass diese niemals wirklich existierte.

In diese Erzählung bettet Boullosa nun ihre eindrucksvolle Darstellung der Mensch-Tier Konstellationen, in denen die Bilder der Titel gebenden Kühe und Schweine dominieren, doch auch anderen Tierrepräsentationen, wie der des Hundes, kommt eine wesentliche Bedeutung zu. Die Kuh verkörpert bei Boullosa die traditionelle Symbolik der Fruchtbarkeit und dient diese primär den antagonistischen Kräften des Textes. Somit ist die Darstellung der Kuh als klassisches Nutztier vor allem durch den negativen Aspekt der Domestizierung, der Abhängigkeit und der Hilflosigkeit, geprägt.

Die erste Referenz auf eine Kuh lässt sich bereits am Beginn des Romans erkennen. Als Milchproduzentin für privilegierte Passagiere an Bord des Schiffes begleitet sie den Erzähler, Smeeks, in die Neue Welt. Die Kuh wird mit Smeeks und anderen Passagieren im Laderaum untergebracht, wo sie alle gemeinsam wie Tiere im Käfig mit ihrem Erbrochenen und ihren Fäkalien gefangen sind. Hier lässt sich bereits eine erste Andeutung auf *animalized humans* erkennen. Die Geschichte der Überfahrt ist gleichzeitig die Geschichte vom Ende der Kuh. Boullosa bemerkt, dass von der einst würdigen Milchkuh nicht viel übrig bleibt und sie schließlich stirbt. Gleich nach ihrem Tod verebbt ein aufgekommener Sturm und die Sonne scheint wieder (cf. Boullosa 2000: 19-32).

In „*Son Vacas, Somos Puercos*" symbolisiert die Kuh die dem König beziehungsweise dem Kardinal ergebenen Männer. „Wer dem König oder dem Kardinal dient, ist keine Person, sondern eine Kuh" (ibid.: 171). Andreas Goosses definiert dies folgendermaßen: „[T]antos franceses como españoles fieles al rey y a la iglesia son vacas. Quieren obligar a los habitantes de la isla por la fuerza de las armas a actar sus leyes"[1] (Goosses 1999: 137).

---

1 Sinngemäß: Franzosen/Französinnen wie auch SpanierInnen, die dem König und der Kirche dienen, sind Kühe. Sie wollen die EinwohnerInnen der Insel vermittels der Kraft der Waffe dazu zwingen, ihren Gesetzen gemäß zu handeln.

Anhand des Schicksals der Schiffskuh zeichnet Boullosa das Schicksal der Kuh-Menschen vor. Als domestizierte, dienende und mitunter auch hilflose Tiere, können sie in der „wilden Neuen Welt" ihren Platz nur schwer behaupten. So werden beispielsweise auch die bei einem Überfall gefangen genommenen Sied-lerInnen als Kühe bezeichnet. „Wir luden aus, was wir gestohlen hatten, [...] und die Bilder und die fünfhundert Kühe" (Boullosa 2000: 138). Das Motiv der Gras fressenden und somit vegetarisch-harmlosen Kuh wird sodann drastisch anhand des Bildes eines ermordeten Kompaniesoldaten, dessen aufgeschlitzter Bauch mit Gras gefüllt ist, veranschaulicht.

Das Schwein, generell negativ konnotiert, steht für Gier, Schmutz, Unersättlich-keit, Ignoranz, und Ähnlichem. Nichtsdestotrotz gilt es mitunter auch als Symbol für Fruchtbarkeit und Wohlstand (cf. Cooper 2004: 248). Carmen Boullosa zeigt das Bild des Schweins als deutlich abgegrenzt von dem der Kuh. Beiden liegt zwar das Schicksal der Domestizierung zugrunde, dennoch wird auf distinktive Merkmale und nicht auf dominante Gemeinsamkeiten eingegangen. Diese Darstellung erinnert durchaus an den an anderer Stelle erwähnten huma-nistischen Mensch-Tier-Diskurs und an die Stufenleiter des Seins. Die Kuh, in ihrer Eigenschaft als Milchproduzentin, bietet das Bild einer dienenden Abhän-gigkeit, während das Schwein sich als völlig autonom betrachtet, ungeachtet seiner Vergangenheit als Nutztier. Der Machtanspruch des Schweins legitimiert sich vor allem durch seine Eigenschaft als Allesfresser, ein Aspekt dessen Rele-vanz noch unter dem Punkt Kannibalismus abgehandelt wird.

Die Schweine-Menschen, die Freibeuter, charakterisieren sich durch ihre Unab-hängigkeit, Unersättlichkeit und Gier. Dennoch ordnen sie sich als Gruppe ge-nauso unter wie die verhassten Kuh-Menschen. Die Schweine folgen ihrem Alphatier, L'Olonnais, der – wie an anderer Stelle noch ausgeführt wird – dank seiner Eigenschaft als Hund ein Karnivore ist. So manifestiert sich wiederum eine hierarchische Struktur, die durch *carnis,* das Fleisch geprägt ist. In der obersten Position befindet sich der reine Fleischfresser, gefolgt vom gierigen Al-lesfresser und an unterster Stelle – am Ende dieser Machtskala – steht schließ-lich der Vegetarier.

Der Hund wird allgemein als ambivalentes Wesen dargestellt. Einerseits steht er für Treue, Wachsamkeit und Anhänglichkeit. Andererseits ist er als Verwandter des Wolfes auch Repräsentant von Gefahr und Gewaltbereitschaft. Der Hund wird auch als Wächter zwischen den Welten wahrgenommen, als Zwischenwe-sen (cf. Cooper 2004: 118). In *„Son vacas, somos puercos"* kommt dem Hund eine durchaus tragende Rolle zu. Gleich zu Beginn des Romans wird das Schicksal des jungen Nau beschrieben, von seinem grausamen Bukanier-Herrn zum Sterben bei den Hunden zurückgelassen „[...] allein, mit den Feuerfliegen und drei Hunden als alleiniger Gesellschaft, im Glauben, er sei tot" (Boullosa 2000: 13). Sein Herr lässt ihn, da sein Sklave Nau für ihn nicht mehr nutzbar ist, buchstäblich bei den Tieren verrecken.

Die Hunde jedoch bewachen und ernähren ihn. Sie nehmen ihn als Teil ihres Rudels auf, wodurch es zu einer Annäherung zwischen Mensch und Tier kommt. Nau wird durch seine Hilflosigkeit zum Tier, die Hunde wiederum übernehmen an dieser Stelle die Rolle der *humanized animals* und nehmen menschliche Eigenschaften wie „Güte" (ibid.: 13), an. Der geschwächte Jüngling wird mit rohem, blutigem Fleisch ernährt und durch dieses sowie durch die Gesellschaft der Tiere vollzieht sich die Metamorphose vom Menschen zum Tier. Von nun an ist Nau – in der Folge L'Olonnais – von seinen animalischen Trieben geleitet, er ist verroht.

Die Verwandlung des L'Olonnais zum Tier wird noch an anderer Stelle verdeutlicht, an der sein geschicktes Überleben nach einer Schlacht beschrieben wird. L'Olonnais überlebt beziehungsweise entkommt einer Gefangennahme, weil er die Fähigkeit besitzt, sich zu tarnen. Er beschmiert sich mit Blut und Schlamm und tut es manchen Tieren gleich: er stellt sich tot (ibid.: 99).

Verfolgt man das Schicksal des L'Olonnais durch das gesamte Werk, so stellt man fest, dass er durch einen krankhaften Blutdurst charakterisiert wird. Es scheint, dass sein Zusammenleben mit den Hunden ihn dauerhaft zum Tier gemacht hat. Auch die IndianerInnen stellen diese Veränderung fest: „[i]n Friedenszeiten [kannten sie ihn] als einen schweigsamen Mann, der einem harmlosen Tier glich. Nun aber [...] verwandelt [er] sich in einen Dämon, in einen Hurrikan, in eine Bestie [...]" (ibid.: 125).

Als effektvollen Kontrast verwebt Boullosa das Schicksal des L'Olonnais mit den als wild geltenden, das heißt den Tieren/Hunden gleichen IndianerInnen. Die IndianerInnen werden erstmals mit dem Symbol des Hundes in Verbindung gebracht als sie sich in eine Grotte flüchten, um dort lieber den Hungertod zu sterben, als von den auf der Insel überhand nehmenden Hunden gefressen zu werden. Für kurze Zeit dreht sich hier der Karnophallogozentrismus um und der Mensch soll das Opfer der Tiere werden. Doch die IndianerInnen entziehen sich dieser Umkehrung der als natürlich wahrgenommenen Ordnung, indem sie den Hungertod wählen. Durch Verweigerung der Nahrungsaufnahme verhindern sie, selbst zu Nahrung zu werden.

Ironischerweise wird dennoch ein Indianer von der Repräsentation eines Hundes, nämlich von L'Olonnais, verspeist, der jedoch schließlich selbst als Opfer der „Wilden" endet. Die Groteske liegt in der Abneigung der IndianerInnen gegen den Hund als Tier und in dessen Darstellung in der Figur des L'Olonnais, den sie aber schlussendlich in einem anthropophagischen Akt töten und sich einverleiben. Das heißt, sie degradierten L'Olonnais zum Tier (für das er tatsächlich steht), um das Ritual des Opfers vollziehen zu können.

Die Anthropophagie wird zum bedeutenden Motiv in *„Son Vacas, Somos Puercos"*; Kannibalismus findet sich an mehreren Stellen. Zum einen reißt L'Olonnais dem Indianer Bravo bei lebendigem Leib das Herz heraus und verspeist es vor dessen Augen. „Er hieß ihn an einen Baumstamm anbinden, schlitzte ihm mit dem Schwert die Brust auf, riss ihm das Herz heraus [...] [und ich sah] wie L'Olonnais ihm in sein tapferes Herz biss [...]." (ibid.: 121f.). Zum anderen wird L'Olonnais seinerseits von den IndianerInnen verspeist (ibid.: 162ff.) und schließlich wird auch noch ein Ruderoffizier von den Galeerensklaven im wahrsten Sinne aufgefressen (cf. Boullosa 2001: 155).

Was besonders ins Auge sticht, ist die Tatsache, dass in jedem der drei Fälle sowohl Täter als auch Opfer als Tiere wahrzunehmen sind. L'Olonnais, der Hund, isst das Herz des wilden Indianers der symbolisch für das Tier schlechthin steht. Tier verspeist Tier. Im umgekehrten Falle der Verzehrung des L'Olonnais lässt sich die gleiche Struktur bemerken. Im dritten kannibalischen Akt wird der Galeerenoffizier als klassisches Kuhsymbol dargestellt und von den Sklaven, als in Ketten gelegte wilde Tiere repräsentiert, verzehrt. Man könnte daher soweit gehen und behaupten, dass Boullosa den Kannibalismus nicht am Menschen per se verankert, sondern erst in dessen Repräsentation als Tier. Daraus ließe sich der Schluss ziehen, Boullosa enthebe den Menschen somit der Fähigkeit zur Anthropophagie. Nahe liegender jedoch scheint die Annahme, dass anhand dieser Mensch-Tier Verschmelzung der illusorischen Abgrenzung zwischen Mensch und Tier ihre Legitimität entzogen wird.

Als weiterer Akt des Kannibalismus lässt sich auch das Ritual der Blutsbrüderschaft werten, „[…] die Zeremonie […] wie derjenige, der Bruder der Küste wird, das Blut der anderen Brüder trinkt und sich seinerseits zur Ader lässt, damit die anderen von dem seinen trinken […]" (Boullosa 2000: 112). Das Einverleiben des Blutes der anderen symbolisiert die Stärkung beziehungsweise die Einheit der Gruppe.

Unter Berücksichtigung der Kuh-Schwein-Symbolik lässt sich noch ein weiteres Phänomen beobachten. Die Kuh-Menschen, als Vegetarier, sind zwar der Tötung fähig, nicht jedoch des Fleischessens. Im Gegensatz dazu richten die Schwein-Menschen, als Allesfresser, bei jeder Tötung gleichzeitig ein Gemetzel an, das mit Kannibalismus assoziiert werden kann. Die Vergewaltigung von Frauen, deren Körper dabei regelrecht zerfetzt werden, befriedigt ihre hemmungslose Gier nach Fleisch.

Zur Metaphorik des Fleisches

Carnis, das Fleisch, zählt zu den Leitmotiven des Romans. Anspielungen auf Haut, Fleisch, Blut und Gewalt ziehen sich durch den gesamten Text. Bereits zu Beginn wird die Bedeutung des Fleisches ins Zentrum gerückt, als L'Olonnais – wie bereits erwähnt – von den Hunden mit rohem Fleisch genährt wird. Der Verzehr des Fleisches wird hier zum Sinnbild einer Metamorphose vom Menschen zum Tier.

Sehr einprägsam erläutert Boullosa die Praxis der Bukaniere, Schuhwerk herzustellen, indem sie nach der Tötung eines Tieres mit ihren Füssen in dessen Haut schlüpfen und diese am Fuße antrocknen lassen (ibid.: 13). Dieses Überziehen der Tierhaut lässt sich durchaus als Ritual zur Verinnerlichung der Eigenschaften des Tieres wie Schnelligkeit, Leichtfüßigkeit, die Fähigkeit zur Tarnung, etc. interpretieren.

Das Konzept des Karnophallogozentrismus wird im Roman unter anderem auch durch wiederholte Anspielungen auf die Frau als Fleisch und Haut deutlich. Die Frau wird als Beute gedacht, als rein materielles Wesen, an dem der Mann lediglich konsumierendes fleischliches Interesse hat.

Die Frau, als dem Tier ähnlich und im Gegensatz zum Mann der Natur unterworfen, verdeutlicht Boullosa anhand des Beispiels der Prostituierten von Port Royal und deren Bitte an Smeeks, ihren Menstruationszyklus zu manipulieren, „weil das Zusammenleben und der Mond sie dazu neigen ließen, an den selben Tagen zu menstruieren" (ibid.: 64). Die nachtaktiven Frauen leben wie die Tiere in einer Gruppe, einem Rudel, und werden vom Mond beeinflusst. Menstruieren sie alle gleichzeitig, so sind sie arbeitsunfähig und damit als Nutztiere für den Mann unbrauchbar.

Im Gegensatz zur Frau wird der Mann als von der Natur unabhängig repräsentiert. Im Roman wird ihm die Macht verliehen, durch Manipulation der Natur die Frau für ihn wieder zu seinem Vorteil einsetzen zu können.

Als androgynes Wesen erhebt der junge Smeeks seine verehrte Ella über die Frau, denn in seiner Vorstellung ist ihr Fleisch nicht dunkel und von Menstruation verschmutzt, wie das der Prostituierten, sondern weiß und rein. Für Smeeks ist das Ritual der körperlichen Vereinigung von Mann und Frau, „die Zeremonie des Fleisches" (ibid.: 64) mit Schmerz verbunden. Lediglich im erotischen Phantasma, das sich auf Ella bezieht, wird für ihn Sexualverkehr mit einer Frau begehrenswert. Dennoch wird die fleischliche Vereinigung mit der Prostituierten Adèle zum Symbol für die weitere Entwicklung des Protagonisten Smeeks. Denn mit seinem „Eintritt ins dunkle Geheimnis des Fleisches" (ibid.: 85) vollzieht sich gleichzeitig sein Eintritt in das grausame und blutrünstige Piratenleben.

In einem metafiktionalen Einschub (ibid.: 78-80) erweitert Boullosa für die Leserin und den Leser noch einmal die Dimension des Karnophallogozentrismus. Smeeks selbst konterkariert die bisherigen Erläuterungen, indem er das Schicksal seines Mentors, Nègre Miel beziehungsweise Nègre Pierre konträr zu bisherigen Ausführungen darstellt. Smeeks tritt aus seiner eigenen Erzählung heraus und adressiert den konventionell männlichen Leser, durch dessen *carnis*, im Sinne von materieller Existenz, sich seine Perspektive gewandelt habe, „[…] anstatt auf ihrer waagrechten Achse voranzuschreiten, [hat er die Erzählung] plötzlich nach oben hin durchquert, senkrecht […]" (ibid.: 78).

Mit Hilfe der Metafiktion als selbstreflexiver Narrationstechnik thematisiert Boullosa in dieser Passage die Diskrepanz zwischen der Erzählung als Spiegel möglicher Realität und der Erzählung als fiktionalem Konstrukt, denn die Grenzen von Realität und Fiktion verschmelzen und auch die historische Unterlage des Exquemelin kann sich somit einer kritischen Auseinandersetzung in Bezug auf ihren Wahrheitsanspruch nicht mehr entziehen.

Ganz im Sinne Derridas und seiner Kritik am Logozentrismus verankert sie ihren Roman somit nicht im *logos*, der über den Diskurs wahrzunehmenden absoluten Wahrheit, sondern in *carnis,* der Körperlichkeit des Lesers/der Leserin. Die Bedeutung des Lesers/der Leserin als *carnis* wird folgendermaßen verdeutlicht:

> „Weil ich ohne deine Nähe, Leser, ohne die wohlig warme Gesellschaft deines Körpers, die Geschichte nicht nach oben hin hätte durchqueren können, in vertikaler Richtung, denn wenn sich dein Körper mir nähert,

dann lasse ich mich treiben, dann lasse ich mich gehen, und auf dieses Michgehenlassen stütze ich mich, um die Geschichte in einer anderen Richtung zu durchlaufen, in vertikaler Richtung ... So ist es, wenn sich die Körper näher kommen." (ibid.: 79)

Smeeks setzt seine Beziehung zum Leser/zur Leserin einem Liebesakt gleich, durch dessen/deren Fleischlichkeit, unbeeinflusst von Augen und Verstand, er erst fähig wird, die Wahrhaftigkeit seiner Erzählung zu erkennen. „Das Fleisch offenbart, was weder die Augen noch der Verstand sehen können ..." (ibid.: 79). Doch genauso wenig real wie die Materialität des Lesers/der Leserin, ist seine eigene. Daher ist die Erzählung schlussendlich das Einzige ihm Verbleibende. Der Glaube des Lesers/der Leserin wird zum Schlüssel für die Identität des Erzählers. „[...] damit ihr mir glaubt, damit ihr mir vertraut, wisst, dass es wahrhaftig, wahrhaftig ist ... Denn diese Geschichte ist das einzige, was ich besitze, um mich für wahr zu halten" (ibid.: 80).

Smeeks ist somit der Erzähler ohne Identität, ohne Körper, ohne *carnis*, denn seine Existenz begründet sich lediglich auf dem dünnen Eis des *logos,* „diese[r] Geschichte" (ibid.: 80). In diesem Sinne präsentiert Boullosa einen Protagonisten, der sich aufgrund seiner ebenso außergewöhnlichen wie vielfältigen Erfahrungen als Heranwachsender in der Piratenwelt der Karibik der dominanten karnophallogozentristischen Struktur entzieht. Was ihm letztendlich bleibt außerhalb dieses Rasters, ist seine Narration, doch deren Wert kann er nicht selbst bestimmen, sondern lediglich seine LeserInnenschaft kann darüber entscheiden.

Mit ihren durchwegs blutrünstigen Schilderungen des Piratenlebens versteht es Carmen Boullosa, das traditionell idealisierte Bild der Freibeuterwelt, als eine Welt geleitet von den Prinzipien der Freiheit und Gleichheit, infrage zu stellen. Neben einer eindrucksvollen Darstellung von Geschlechterhierarchien erzielt der Roman vor allem in Bezug auf die Mensch-Tier Problematik eine nachhaltige Wirkung. In diesem Sinne erweist sich Derridas Karnophallogozentrismus als funktionale Analysekategorie, um Boullosas Strategie des Untergrabens konventioneller Grenzen zwischen Mensch und Tier darzustellen. Mit der Hervorhebung des Konstruktcharakters des Tieres als das *Andere* nimmt sich Boullosa eines der brennenden Themen der Postmoderne an, der Neuverhandlung der komplexen Beziehung zwischen Mensch und Tier, nicht zuletzt indem „*Son vacas, somos puercos*" Entgegensetzungen wie Mensch versus Tier, Mann versus Frau oder Wahrheit versus Fiktion als untrennbar miteinander verstrickt darstellt, und diesen klassischen Oppositionen damit ihre Legitimität entzieht.

Bibliographie

Böhme, Hartmut. 2001. Im Zwischenreich: Von Monstern, Fabeltieren und Aliens. In: ZDF- Nachtstudio (Hg.). Mensch und Tier: Geschichte einer heiklen Beziehung. Frankfurt am Main, S. 233-358.

Boullosa, Carmen. 2000. Sie sind Kühe, wir sind Schweine. Übers. Aus dem Spanischen von Erna Pfeiffer. Frankfurt am Main.

Boullosa, Carmen. 2001 [1991]. Son Vacas, Somos Puercos – Filibusteros del Mar Caribe. México, D.F.

Cooper, J.C. 2004. Das Große Lexikon Traditioneller Symbole. München.

Derrida, Jacques. 1991. "Eating well", or the Calculation of the Subject: An Interview with Jacques Derrida. In: Cadava, Eduardo, Peter Connor and Jean Luc Nancy (eds.). Who Comes After the Subject. New York, pp. 96-119.

Derrida, Jacques. 1992[4] [frz. Original 1967]. Grammatologie. Frankfurt am Main.

Derrida, Jacques. 1996. Gesetzeskraft – Der "Mystische Grund der Autorität". Übers. aus dem Französischen von Alexander García Düttmann. Frankfurt am Main.

Derrida, Jacques. 2002. The animal that therefore I am (more to follow). Übers. aus dem Französischen von David Wills. In: Critical Inquiry 28 (2): 369-418.

Duden, 2001. – Fremdwörterbuch, 7. Aufl., Mannheim, Leipzig.

Eckart, W.U. und A. von der Lühe. 1998. Tier; Tierseele. In: Ritter, Joachim und Karlfried Gründer (Hg.). Historisches Wörterbuch der Philosophie. Vol. 10. Basel, S. 1195-1217.

Feldmann, Doris und Hannah Jakobmeyer. 2003. Logozentrismus. In: Nünning, Ansgar (Hg.). Metzler Lexikon Literatur- und Kulturtheorie, Ansätze-Personen-Grundbegriffe. Stuttgart, Weimar, S. 406.

Feldmann, Doris und Sabine Schülting. 2003. Phallozentrismus. In: Nünning, Ansgar (Hg.). Metzler Lexikon Literatur- und Kulturtheorie, Ansätze-Personen-Grundbegriffe. Stuttgart, Weimar, S. 524.

Goosses, Andreas. 1999. Utopia, Violencia y la relación entre los géneros en el mundo de los piratas. In: Dröscher, Barbara y Carlos Rincón (eds.). Acercamientos a Carmen Boullosa. Berlin, pp. 133-144.

Haraway, Donna. 1995. Die Neuerfindung der Natur. Primaten Cyborgs und Frauen. Frankfurt am Main – New York.

Macho, Thomas im Gespräch mit Stephan Hilpold. 2004. Stufenleiter des Seins. In: Der Standard, Album. 29.05.2004: 43.

Metzeltin, Michael und Margit Thir. 2002. Der Mensch in der Gesellschaft: Riten, Macht und Staatlichkeit. In: Metzeltin, Michael (Hg.). Diskurs – Text – Sprache. Einführung in die Sprachwissenschaft für Romanistinnen und Romanisten. Wien, S. 24-43.

Peters, Michaela. 1999. Weibsbilder. Weiblichkeitskonzepte in der mexikanischen Erzählliteratur von Rulfo bis Boullosa. Frankfurt am Main.

URL1: Calarco, Matthew. 2004. Deconstruction Is Not Vegetarianism. Humanism, Subjectivity and Animal Ethics.

http://www.facutly.sbc.edu/mcalarco/Deconstruction%20is%20not%20Ve getarianism.htm (Zugriff: 02.01.2005).

URL2: Fulda, Daniel/Pape Walter (eds.). 2001. Das andere Essen – Kannibalismus als Motiv und Metapher in der Literatur. Freiburg. Rezensiert von Dietmar Osthus.

http://metaphorik.de/03/rezensionfuldapape.htm (Zugriff: 13.01.2005).

URL3: Boullosa, Carmen. 2007. Carmen Boullosa – sobre la autora.

http://www.carmenboullosa.net/esp/about/bio.html (Zugriff: 25.07.2007).

URL4: Österreichische Gesellschaft für Literatur. 2002. Carmen Boullosa.

http://www.ogl.at/ogl_bio/boullosa_carmen.html (Zugriff: 25.07.2007).

Wolfe, Cary. 2003. Animal Rites. Chicago.

---

i Anm. der Hg.: ein Palimpsest ist ein „antikes od. mittelalterliches Schriftstück, von dem der ursprüngliche Text aus Sparsamkeitsgründen getilgt und das danach neu beschriftet wurde." (Duden. Das große Fremdwörterbuch. 2003. Mannheim et al.: Dudenverlag, S. 982.

Barbara Grubner

Frauenmigration und Gewalt. Überlegungen zu transnationalen Arbeits- und Gewaltverhältnissen im Privathaushalt[1]

Einleitung

Eine der großen Herausforderungen der wissenschaftlichen Beschäftigung mit Gewalt und Konflikt liegt in der Frage, ob und auf welche Weise heute von neuen Erscheinungsformen, von neuen „Signaturen der Gewalt" (Heitmeyer/Soeffner 2004: 13) gesprochen werden muss. BefürworterInnen dieser Annahme verweisen dabei auf die weltweite Zunahme von terroristischen Angriffen, Guerillakämpfen, Straßenschlachten, von so genannten ethno-nationalen, religiösen und kulturellen Konfliktformen, kurz auf die „Erfindung des globalen Kleinkriegs" (Trotha 2002: 161), der in hohem Maße die Zivilbevölkerung involviert (Braun et al. 2006: 7).

Im Windschatten der blutig ausgetragenen Konflikte, Massaker und Angriffe, die sowohl die wissenschaftliche als auch die öffentliche Debatte dominieren, existieren heute jedoch zahlreiche Gewaltformen, die weniger spektakulär und medial präsent sind und dennoch das zeitgenössische Gesicht von Gewalt und Konflikt maßgeblich prägen: jene weder personen- noch körperbezogene Gewalt in den urbanen Metropolen der gegenwärtigen Weltgesellschaft, die als stetig steigende „Produktion von Ausgeschlossenen" bezeichnet werden kann (Schroer 2004). Diese unsichtbarere Form der Gewalt besteht darin, dass immer mehr Menschen aus dem inklusiven Kreis derer herausfallen, die gesellschaftliche, ökonomische und politische Teilhabe geltend machen können, und sich statt dessen an den äußersten Rändern der sozialen Welt wiederfinden.

In der Gewaltforschung gibt es immer wieder prominente Versuche, derartige Entwicklungen zeitgenössischer Gesellschaften aus der Gewaltdiskussion zu verbannen und ihre Umschreibung mit alternativen Begriffen zu verordnen (soziale Ungleichheit, Ausgrenzung, Ausbeutung etc.), um – so das Argument – die Brennschärfe des Gewaltbegriffs nicht zu beeinträchtigen. Statt den Gewaltbegriff um strukturelle, institutionalisierte, symbolische und ideelle Dimensionen zu erweitern, soll er sogar enger als die strafrechtliche Definition gefasst werden und der „zielgerichteten, direkten physischen Schädigung von Menschen durch Menschen" (Schwind et al. 1990: 36) vorbehalten bleiben.[2]

Wenn die Frage nach den aktuellen Ausprägungen von Gewalt und Konflikt jedoch ernsthaft und mit dem Ziel gestellt wird, zukünftige Gewaltentwicklungen vorhersehbarer und verstehbarer zu machen und ihnen etwas entgegenzusetzen, dann ist eine derartige Engführung des Gewaltbegriffs ein fragwürdiges analytisches Hilfsmittel. Der vorliegende Beitrag geht statt dessen davon aus,

---

1 Dieser Text ist ebenfalls erschienen in: Utta Isop, Viktorija Ratković und Werner Wintersteiner (Hg.). 2009. Spielregeln der Gewalt. Kulturwissenschaftliche Beiträge zur Friedens- und Geschlechterforschung. Kultur & Konflikt, Band 1, S.185-206. Bielefeld: transcript.

2 Aktuelle Plädoyers für die Einschränkung des Gewaltbegriffs auf die physische Verletzung finden sich u.a. in Trotha 1997 und Nunner-Winkler 2004.

dass bedeutende Gewaltsignaturen der Gegenwartsgesellschaft nur dann hinreichend verstanden werden können, wenn die *Verbindungen und Wechselwirkungen* unterschiedlicher Formen und Ausprägungen von Gewalt, Verletzung und Grenzüberschreitung – strukturelle, symbolische und „verdeckte" ebenso wie physische, direkte und akteursbezogene – ins Zentrum der Aufmerksamkeit gerückt werden.

Einer der signifikantesten Kontexte für Gewalt, Ausschluss und Rechtlosigkeit in der heutigen Weltgesellschaft ist die Frauenmigration. Die folgende Diskussion konzentriert sich auf haus- und personenbezogene Dienstleistungen im Privathaushalt als einem der größten und rasant wachsenden Arbeitsmärkte für Migrantinnen. Gezeigt werden soll, dass die aktuelle Organisation bezahlter Putz-, Haus- und/oder Pflegearbeiten in Europa[3] mit einem breiten Gewaltparadigma erfasst werden kann und muss und dass gerade in Hinblick auf Migrationsprozesse die Markierung und Skandalisierung unsichtbarer, akteursloser Gewalt in wissenschaftlicher wie in politischer Hinsicht sinnvoll und notwendig ist.

Die Diskussion von Gewaltverhältnissen im Zusammenhang mit informellen Reinigungs- und Betreuungsarbeiten im Privathaushalt ist dabei keineswegs neu: seit die Haushaltsarbeit in jüngster Zeit vermehrte Aufmerksamkeit in sozialwissenschaftlichen und politischen Debatten erhält, ist diese Frage ebenso zentral wie umstritten. Wenn dargelegt werden soll, auf welche Weise und in welcher Hinsicht die Haushaltsarbeit mit globalen Gewaltverhältnissen in Verbindung gebracht werden muss, dann ist im Vorfeld eine Klärung dieser schwelenden Debatte notwendig: Nach einer Skizze wichtiger Merkmale der aktuellen Organisation von Haushaltsarbeit und den damit verbundenen Problemfeldern sollen daher die zwei wichtigsten Einwände diskutiert werden, die gegen die Anwendung eines Gewaltparadigmas auf globalisierte Haushaltsarbeit vorgebracht werden. Im Anschluss daran folgt eine Differenzierung der relevanten Gewaltformen, -verhältnisse und -kontexte und deren Zusammenspiel sowie eine kulturtheoretische Annäherung: diese soll abschließend zur Reflexion über die Frage anregen, ob und auf welche Weise sich die Haushaltsarbeit von anderen prekarisierten und informalisierten Arbeitsmärkten unterscheidet und welche Mechanismen dazu beitragen, diese Tätigkeit(en) in konstanter ideologischer Abwertung zu halten.

Haushaltsarbeit im Zeitalter der Globalisierung

Zur Bezeichnung von haus- und personenbezogenen Dienstleistungen hat sich in der gegenwärtigen Debatte der Begriff „Haushaltsarbeit" durchgesetzt. Er geht in seiner Definition auf die Bielefelder Soziologin Birgit Geissler zurück und umfasst drei Elemente: Hausarbeit (Putzen, Kochen, Waschen, Bügeln), Pflege-/ Betreuungsarbeit und Erziehungsarbeit (Geissler 2002), d.h. jene Tätigkeitsbereiche, die in der angloamerikanischen Literatur unter *Cooking – Caring – Cleaning* gefasst sind. Gegenüber dem gängigen Terminus „Reproduktionsarbeit" hat

---

3 Der Beitrag beschränkt sich auf die Situation in Europa bzw. auf europäische Studien. Bisweilen werden Referenzen auf die Diskussion in den USA gemacht, wo ähnliche Themen und Bedingungen für die ausgelagerte Haushaltsarbeit vorherrschen.

er den Vorteil, dass er die produktiven Anteile dieser Arbeit nicht schon in der Begriffsbestimmung negiert.[4] Wenn im Folgenden die *bezahlte* Haushaltsarbeit im Zentrum steht, so ist klar, dass das Arbeitsprofil im Einzelfall nicht alle drei Dimensionen umfassen muss, sondern theoretisch die spezialisierte Form einer Reinigungskraft, eines Kindermädchens oder einer Altenpflegerin annehmen kann. Tatsächlich ist es aber ein Charakteristikum von Haushaltsarbeit, dass die Grenzen zwischen diesen Aufgabengebieten fließend sind. Ein weiteres Spezifikum ist, dass die Arbeitsinhalte enorm variieren und eine klar umrissene Beschreibung der Tätigkeit nicht leicht möglich ist. Haushaltsarbeit war und ist keine festgelegte, selbstverständliche oder elementare Reproduktionsleistung, sondern wird durch soziale und kulturelle Bedürfnisse geformt: zu welchem Zeitpunkt ein Haus als sauber betrachtet werden kann oder was notwendig ist, damit eine Wohnung zu einem wirklichen „Zuhause" wird (Lutz 2005: 66), ist sehr unterschiedlich. Dasselbe gilt auch für den angemessenen Umgang mit und Reinigung von Kleidung oder Möbeln (umweltschonend oder chemisch), für die mehr oder weniger aufwendige Nahrungszubereitung (Biokost oder Fertigmenüs), für die mehr oder weniger aufwendige Kindererziehung (autoritärer Stil oder alternative Methoden): Haushaltsarbeit hängt sehr stark von Lebensstil und Beziehungsformen ab, die Erreichung des gewünschten Standards und die damit verknüpften Aufgaben sind daher „tendenziell unendlich" (Schwenken 2003: 143; Anderson 1999: 119).

Historisch ist die Haushaltsarbeit durch drei Merkmale definiert: *Entökonomisierung, Feminisierung* und *ideologische Abwertung*. Es handelt sich um jene Bereiche der materiellen, sozialen und kulturellen Bedürfnisbefriedigung, die aus dem wirtschaftlichen und produktiven Bereich hinaus- und dem privaten Lebensbereich als nicht-bezahlte Arbeit zugewiesen wurden. Viele Aspekte dieser Tätigkeit wurden und werden darüber hinaus nicht als „Arbeit" angesehen, sondern als selbstverständliche Versorgungsleistung und Liebesdienste, die mit der Geschlechtsrolle von Frauen einhergehen und ihre Position im Familiengefüge bestimmen. Gleichzeitig gilt Haushaltsarbeit als langweilig, redundant, mühselig, undankbar und schmutzig, als eine Aufgabe, für deren Verrichtung (zumindest bei Frauen) keine Qualifikation oder Ausbildung notwendig ist und aus der sich kein gesellschaftliches Ansehen ableiten lässt (vgl. Holzer 1997; Gather et

---

4 Weil sie diese soziokulturelle Dimension explizit in ihre Definition hineinnimmt ist auch die Begriffsbestimmung von Peredo Beltrán sehr interessant. Sie fasst unter Haushaltsarbeit alle für die tägliche Reproduktion notwendigen Tätigkeiten: Herstellung von Nahrungsmittel, Instandhaltung von Kleidung, Putzen, Kinderbetreuung, Betreuung von Außenräumen wie Gärten etc., Aufzucht von Tieren, aber auch den Erhalt des Familieneigentums, die tägliche Instandhaltung und Bewachung des Hauses sowie die Betreuung Alter, Kranker und Kinder. Damit geht es hier um eine dreifache Re/Produktionsarbeit: die *biologische* (Nahrungsmittel, Fortpflanzung, Gesundheitsversorgung), *der Arbeitskraft* (tägliche Regeneration der Familienmitglieder) und die *soziale* (Weitergabe von Werten, Sitten, Gebräuche, Habitus, kulturelle Aufgaben) (2004: 74). Da sich Peredo Beltrán aber auf den lateinamerikanischen Raum bezieht, in dem andere Bedingungen und historische Voraussetzungen für die Haushaltsarbeit bestehen, verwende ich für den europäischen Raum die Definition von Geissler.

al. 2002). Die Abwertung der Haushaltsarbeit und ihre traditionelle Klassifi-
zierung als *genuin weiblicher* Zuständigkeitsbereich war eines der zentralen
Themen der neuen Frauenbewegung seit den 1970er Jahren, aus dem sich die
Forderung nach Anerkennung von Haushaltsarbeit als *gesellschaftlich notwendige Arbeit* und nach einer geschlechtergerechten Verteilung von Reproduktions-
und Lohnarbeit ableitete.

In der Frage der Verteilung von Erwerbsarbeit hat sich seither einiges verändert:
viele Frauen konnten oder mussten ihre Beschränktheit auf den „privaten Raum"
aufgeben und sind in den „öffentlichen" Arbeitsmarkt eingetreten. Trotz der gravierenden geschlechtsbezogenen Defizite im Sektor Erwerbsarbeit wie Lohn-
schere, gläserne Decke oder die Beschränkung auf Bereiche der Obsorge, Bedie-
nung, Betreuung sowie der „Präsentation und Repräsentation" (Krondorfer
2001: 203) erscheint die Haushaltsarbeit im Vergleich mit den Transformations-
prozessen auf dem offiziellen Arbeitsmarkt als konserviert und veränderungsre-
sistent: nach wie vor ist sie entwertet, die Tätigkeiten und ihre produktiven Aspekte unsichtbar und einer geschlechtergerechten Verteilung kommt kein einzi-
ges der europäischen Länder nahe. Haushaltsarbeit ist eine genuin weibliche Arbeit geblieben: sie wird entweder weiterhin von (jetzt auch außer Haus beschäftigten) Frauen oder von weiblichen Verwandten unentgeltlich verrichtet oder sie
wird – in steigendem Ausmaß – an bezahlte Arbeitskräfte ausgelagert, die in der
Mehrheit Migrantinnen sind.

Signifikant für diese Beschäftigungsverhältnisse ist, dass sie überwiegend der so
genannten „Schattenwirtschaft" zuzurechnen sind, d.h. dass die Migrantinnen in
der Haushaltsarbeit meist über keinen legalisierten Aufenthaltstitel und/oder gültige Arbeitserlaubnis verfügen. Die gesetzlichen Regelungen sind in Europa sehr
unterschiedlich, manche Länder wie Italien oder Frankreich haben auf die „Ver-
sorgungslücke" im Privathaushalt, die durch die steigende Berufstätigkeit von
Frauen aber auch durch die Überalterung der Gesellschaft und fehlende staatliche Alten- und Krankenversorgung entsteht, mit Ausnahmeverordnungen aus
den Quotenregelungen der Einreisebestimmungen reagiert, so dass Migrantinnen
legal angeworben werden können. Die relativ komplizierte Handhabung dieser
Regelungen und die Erhöhung der Löhne für die Dienstleistungen haben allerdings dazu beigetragen, dass sich an der informalisierten Situation kaum etwas
geändert hat.

Die Situationen und Rahmenbedingungen für die Haushaltsarbeit sind insgesamt
sehr heterogen, dennoch gibt es im europäischen Vergleich sehr starke
Parallelen in Bezug auf Problemfelder. Am häufigsten berichtet wird von
folgenden Übergriffen und arbeits- und sozialrechtlichen Missständen (vgl.
Anderson/Phizacklea 1997; Momsen 1999; Hess 2002; Malgesini Rey et al.
2004):

- Sehr niedriges Einkommen (oft unter der Mindestlohngrenze)
- nicht-bezahlte Überstunden
- Verweigerung von Lohn (Entlassung nach Versuchs- und Bewährungsperio-
  den)
- Physische Gewalt und sexualisierte Übergriffe

- Zwang zu zusätzlicher Arbeit (für FreundInnen, KollegInnen)
- Arbeitsüberlastung (vor allem dort, wo neben der Pflege von Kindern und Alten auch die gesamten Hausarbeiten übernommen werden müssen)
- Hochpersönliches Verhältnis zum/zur ArbeitgeberIn
- Isolation (kaum Netzwerkstruktur oder gar gewerkschaftliche Organisation)

Aus den vorliegenden Studien geht hervor, dass die angesprochenen Probleme für jene Haushaltsarbeiterinnen besonders gravierende Ausmaße annehmen, die auch an ihrer Arbeitsstelle wohnen. Diese als *live in* bezeichnete Form ist in Südeuropa (z.b. Griechenland, Italien, Spanien) aber auch in Großbritannien verbreitet, in Österreich, Deutschland oder Frankreich dominiert hingegen die Form des *live out*, d.h. stundenweise Dienste im Haushalt (vgl. Caixeta 2004). Allerdings gibt es auch im deutschsprachigen Raum eine verdeckte Variante von *live in*-Haushaltsarbeiterinnen, die junge Frauen umfasst, die als Au Pairs ins Land kommen. Au Pair-Arrangements sind aus der Quotenregelung ausgenommen und haben sich längst vom „Kulturaustausch" zu einer verdeckten Migrationsstrategie für (großteils osteuropäische) Frauen in die Haushaltsarbeit entwickelt (vgl. Hess 2002).

Angesichts der gravierenden Probleme und Menschenrechtsverletzungen in Bezug auf Lebens- und Arbeitsbedingungen im Privathaushalt sind in den letzten Jahren Stimmen laut geworden, die von globalen Ausbeutungs- und Gewaltverhältnissen und sogar von einem Prozess der „Refeudalisierung" (z.B. Kurz-Scherf 1995, zitiert nach Lutz 2002: 173) sprechen, der sich hier unter dem Deckmantel eines „optimalen Arrangements für alle" herausbildet. Die Auslagerung von Haushaltsarbeit bietet scheinbar für alle involvierten AkeurInnen Vorteile: für eine steigende Zahl von Migrantinnen ist sie eine der wenigen leicht zugänglichen Erwerbsquellen, Frauen der Dominanzgesellschaft ermöglicht sie die Vereinbarkeit von Beruf und Familie und ihren Männern weiterhin die Nichtzuständigkeit für Versorgungs- und Reproduktionsangelegenheiten. Tatsächlich aber basiert dieses Arrangement auf der mehr oder weniger verborgenen Tatsache, dass Frauen für diese Tätigkeit nur dann interessant sind, wenn sie als billige und flexible Arbeitskräfte zur Verfügung stehen, d.h. wenn sie sich durch internationale Arbeitsteilung, Migrationspolitik und Einwanderungs- bzw. Arbeitsgesetzgebung in einer zivilrechtlich schwachen Position befinden.

Arbeits-, Menschen-, Frauenrechte und die Opferdebatte

Die Charakterisierung bezahlter Haushaltsarbeit als Ausdruck globaler Gewaltverhältnisse ist in der gegenwärtigen Debatte nicht unwidersprochen geblieben, bisweilen sogar heftig zurückgewiesen und als frauenpolitisch problematisch kritisiert worden. Diese Kritik bezieht sich auf zwei miteinander verbundene Argumentationen:

Der erste Einwand gibt zu bedenken, dass die Skandalisierung der Haushaltsarbeit als Form „moderner Sklaverei" oder „Wiederkehr feudaler Verhältnisse" vor allem eines zur Folge hat: nämlich diesen Erwerbsarbeitszweig insgesamt und auf pauschalisierende Weise in Misskredit zu bringen und ihn im schlimmsten Fall überhaupt nur mehr unter dem Etikett „Frauenhandel" zu dis-

kutieren – und damit nicht als Form der Arbeit sondern als international ge-
ächtetes Verbrechen und schwere Menschenrechtsverletzung.

Obwohl in der öffentlichen Diskussion oft vergessen wird, dass Frauen und
Mädchen nicht nur zum Zweck der sexuellen Ausbeutung verschleppt, misshan-
delt und über nationale Grenzen hinweg „gehandelt" werden, sondern auch zum
Zweck der Ausbeutung im Privathaushalt (als „Dienstmädchen" oder als „Ehefrauen") und die Ausweitung des Terminus „Frauenhandel" auf Zwangsarbeit
und Zwangsdienstbarkeit ein Erfolg jahrelanger Bemühungen von NGOs und
Migrantinnenvereinen war, wird hier vor einem kontraproduktiven Umkehr-
schluss gewarnt: nämlich die verkürzende und sozialpolitisch bedenkliche Sub-
sumtion der Haushaltsarbeit unter die Problematik des Frauenhandels. Statt Fragen nach den Möglichkeiten gewerkschaftlicher Organisation, nach umfassender
Politisierung und der Forderung nach Arbeits- und Aufenthaltsrechten für Migrantinnen aufzuwerfen, stehen bei der Frauenhandelsdebatte sehr schnell die
Bestrafung der TäterInnen, Maßnahmen zum polizeilichen Grenzschutz und zur
effektiven transnationalen Kriminalitätsbekämpfung sowie zur weiteren Verschärfung von Einwanderungsbestimmungen im Zentrum der Aufmerksamkeit.
Dieser Fokus, in dem Arbeits-, Menschen- und Frauenrechte bestenfalls sekundär sind, kann in weiterer Folge Migrationskanäle von Frauen zerstören und le-
galisierte Migrationsmöglichkeiten weiter reduzieren (vgl. Schwenken 2003).

Mit dem zweiten Einwand verweisen Kritikerinnen darauf, dass die Haushaltsarbeit auch eine enorme Chance und *Ermächtigungsmöglichkeit* für viele Frauen
ist, die sich – aus welchem Grund auch immer – für die Migration entscheiden.
Niederschwelligkeit, Informalisierung und *live in*-Haushaltsarbeit können eine
schnelle Verfügbarkeit des Arbeitsplatzes und der Unterkunft garantieren und
bieten Schutz vor Polizeikontrollen. Informelle Vereinbarungen bedeuten meist
auch eine bessere Zuverdienstmöglichkeit für die Arbeitnehmerinnen. Es stellt
sich auch die Frage, ob die Ausübung dieser „klassisch weiblichen" Tätigkeit
(dienend, fürsorglich, häuslich, versorgend) notwendigerweise zu einer Zemen-
tierung oder einem „Rückfall" in überkommene, starre Geschlechterstereotypen
führt, wie mit dem Begriff der „Hausfrauisierung der Migration"[5] nahegelegt
wird: Frauen können durch die Migration in den Privathaushalt gerade auch eine
Befreiung aus traditionellen Erwartungen ihrer Familien erreichen und an sie gerichtete Geschlechtsrollenzwänge transzendieren, z.B. durch ihre Rolle als Fa-
milienernährerinnen oder durch eine Neuausverhandlung der Beziehung zu ihren
Partnern (vgl. Aufhauser 2000: 113), es kann zu einer neuen Thematisierung
von Gewalt gegen Frauen und einer Neuverteilung der Arbeitslast in der Her-
kunftsfamilie kommen (Wagner 2006: 13).

Auf theoretischer Ebene geht es bei diesem Einwand um eine Kritik an der Ausblendung von Handlungs- und Entscheidungsoptionen der betroffenen Frauen,
an der Ignoranz gegenüber ihren komplexen Perspektiven und ihre Reduktion

---

5 Zum Begriff der „Hausfrauisierung", mit dem die Bielefelder Soziologinnen Veronika
Bennholdt-Thomsen, Maria Mies und Claudia Werlhof Ende der 1970er Jahre die spezifische Entwertung, Prekarisierung und Feminisierung bestimmter Arbeitsbereiche bezeichne-
ten und seiner Anwendung auf den Kontext der Migration siehe Caixeta 2004: 7.

auf Opfer von Gewaltverhältnissen. Was auf politischer Ebene mit diesem Diskurs erreicht würde, so das Argument, ist oft das Gegenteil dessen, was mit der Problematisierung der Situation ursprünglich intendiert war: statt die Frauen und ihr Migrationsprojekt zu unterstützen, werden sie im anklagenden öffentlichen und wissenschaftlichen Diskurs erst (recht) passiviert und viktimisiert. Ist es angesichts dieser nachdrücklichen Vorbehalte überhaupt sinnvoll, die Haushaltsarbeit mit Gewaltverhältnissen in Verbindung zu bringen? Zunächst ist dem ersten Einwand vorbehaltlos zuzustimmen, dass es wenig nützlich und sogar befremdlich ist, Haushaltsarbeit unter dem Aspekt des Frauenhandels erschöpfend diskutieren zu wollen: die Charakteristika und Besonderheiten dieses Arbeitsbereiches werden sicher nicht dadurch erkennbar, dass sie auf eine Extremform sexualisierter Gewalt bzw. auf ein internationales Delikt reduziert werden. Dennoch sollte nicht vergessen werden, dass einige der NGOs und Organisationen, die sich für die Ausweitung der Frauenhandelsdefinition eingesetzt haben auch dafür kämpfen, die Frauenhandelsdebatte insgesamt aus dem verengten Blick auf die Sphäre der Kriminalität zu lösen und sie im Kontext der Frauenmigration zu verorten und zu problematisieren. Die Weigerung einer strikten und prinzipiellen Grenzziehung zwischen Frauenmigration und Frauenhandel stellt dabei in Rechnung, dass „Frauenhandel [...] in einen internationalen Migrationsprozess eingebettet [ist]" (Boidi 2003: 58) und „die Strukturen für Frauenhandel in der Gesellschaft bereits vorgezeichnet sind" (LEFÖ 1996: 72). Arbeitsmigration und Frauenhandel müssen als Phänomene getrennt werden, jedoch zusammen gedacht werden. Statt des problematischen Kriteriums der „Freiwilligkeit" oder „Unfreiwilligkeit/Zwang" wird damit die Logik und das Zusammenspiel globaler Wirtschaftsprozesse, patriarchaler Geschlechterregime und restriktiver Einwanderungs-, Aufenthalts- und Arbeitsgesetze in den Blick gerückt, die Frauen eine legale und sichere Migration in geschützte Arbeitsverhältnisse verunmöglichen. Dieser dritte Weg erlaubt es daher, den Blickwinkel auf „domestic slavery" und jenen auf „mehr Frauen- und Arbeitsrechte" nicht als entweder-oder zu betrachten, wie Schwenken 2003 nahe legt. Statt einem Berufszweig ein höchst empfindliches und sensationalistisches Etikett zu verpassen, müssen vielmehr die „legalen" Gewaltverhältnisse radikal hervorgehoben und skandalisiert werden: jene normalisierten, naturalisierten, tolerierten ökonomischen, politischen und Geschlechter-Verhältnisse, die leise aber effizient zur Aufrechterhaltung des Status quo beitragen.
In Bezug auf den zweiten Einwand stellt sich die Frage, ob die Rede von Gewaltverhältnissen tatsächlich notwendigerweise in eine personalisierte Täter-Opfer-Debatte führt, in der Migrantinnen sich auf der Seite der passivisierten Opfer wiederfinden und ihnen „eigenständiges und selbstbewusstes Handeln abgesprochen" wird (Aufhauser 2000: 98). Diese Einschätzung beruht auf einer doppelten Verkürzung: einerseits scheint sie sich implizit auf ein enges, akteursbezogenes Gewaltverständnis zu stützen, das durch permanente Einschüchterung und Übergriffe keinerlei Bewegungsspielraum offen lässt. Sofern auch strukturelle Gewaltverhältnisse mitberücksichtigt werden, bedient sie sich hingegen einer konservativen Gesellschafts- und Subjekttheorie, die Freiwilligkeit, Ent-

scheidungs- und Handlungsmacht der vollkommenen Unterwerfung und Passivisierung gegenübergestellt. Gesamtgesellschaftliche Gewaltverhältnisse benennbar zu machen bedeutet nicht, Menschen zu Marionetten einer determinierenden Sozialstruktur zu machen oder ihnen ein „besetztes Bewusstsein" zuzuschreiben, das sie jeder Evaluierung der eigenen Situation sowie eigener Handlungsstrategien oder Widerstandsformen notwendig beraubt.[6] In Bezug auf die eigene „agency" ist ein Gewalt*verhältnis* nicht per se ein lückenloser Maschenzaun, in dem jene, die nicht dominieren, gänzlich unterworfen sind.

So wie es in den 1970er und 1980er Jahren in bestimmten Kontexten wichtig war, die weibliche „Opferrolle" zu betonen (z.B. um Gelder für Frauenschutzeinrichtungen zu lukrieren), so ist es heute wesentlich, die Rolle als „Akteurin" oder „Protagonistin" zu betonen, um missverstandenem Mitleid, Patronanz und falschen politischen Schlussfolgerungen in Form der weiteren Verschärfung von Einwanderungsgesetzen etwas entgegenzusetzen. Das sollte aber nicht dazu führen, die massiven Beschränkungen und strukturellen Barrieren aus dem Blick zu verlieren, die die Handlungsmöglichkeiten bestimmter Gruppen heute in signifikanter und sich verschärfender Weise einengen.[7] Statt dessen sollte es darum gehen, unterschiedliche Ausprägungen und Dynamiken von Gewalt zu unterscheiden, darunter jene typisch modernen Formen, die über weite Distanzen hinweg funktionieren sowie jene Formen, die man „nur unter der Bedingung adäquat zu erfassen vermag, dass die naive Alternative von Nötigung und Einwilligung, von Zwang und Zustimmung überwunden wird" (Bourdieu 1997: 164). Mit der Doppelstrategie eines starken Fokus auf aktuelle Herrschaftsstrukturen (personalisiert, institutionalisiert, national, global) sowie auf Migrantinnen als Protagonistinnen, die ihr Migrationsprojekt aktiv gestalten, neu definieren und prägen, vermeidet man damit in der politischen Auseinandersetzung eine verkürzende Sichtweise und trägt der Komplexität weiblicher Handlungskontexte und -strategien besser Rechnung.

Wenn im Folgenden die Diskussion von Gewaltformen und -verhältnissen und deren Zusammenspiel im Kontext der gegenwärtigen Organisation globaler Haushaltsarbeit skizziert wird, dann unter der Voraussetzung, dass ein Gewalt-

---

6 Zum Streit um diese Frage in der Sozialanthropologie siehe Langheiter 1989.

7 In der aktuell erschienenen Publikation zu ihrer breit angelegten Forschung über globalisierte Haushaltsarbeit äußert sich Helma Lutz sehr kritisch zu den mit der Frauenmigration einher gehenden Veränderungen von Geschlechterrollen und Familienmodellen, die in der gegenwärtigen Debatte als emanzipative Aspekte angeführt werden: „[D]ie Gendercodes der Herkunftsländer der transnationalen Migrantinnen ändern sich nicht automatisch dadurch, dass Mütter zu Haupternährerinnen der Familien werden. Die Übernahme der traditionell weiblichen Aufgaben ist weder in unserer Gesellschaft noch in den Herkunftsgesellschaften mit Gratifikationen verbunden [...] Die Praxis des *motherblaming* ist zudem weiterhin ein machtvolles moralisches Instrument, welches Mütter an ihre Pflichten erinnert und sie an ihre ‚natürlichen' Aufgaben bindet. Statt des antizipierten Wechsels der Genderkodierung in den Herkunftsländern gibt es vielmehr Anzeichen dafür, dass mit der weiblichen Migration eine genuine Krise des männlichen Selbstverständnisses verbunden ist (Versagen als Familienernährer, Alkohol- und Drogenprobleme etc.)" (Lutz 2007: 167 Hervorhebung im Original).

paradigma diesen Arbeitsbereich und die Situation der Arbeiterinnen natürlich nicht erschöpfend beschreibt. Sie basiert darüber hinaus auf der Annahme, dass „Ausbeutung/Gewaltverhältnis" und „Selbstermächtigung" ebenso wie „passives Opfer" und „Protagonistin, aktiv handelndes Subjekt" in diesem Zusammenhang keine Alternativen darstellen. Auf dieser Basis werden Herrschafts- und Gewaltkontexte auf einer analytisch-strukturellen Ebene in den Blick genommen.

Haushaltsarbeit und Gewalt

Wenn es um die Frage nach Gewaltverhältnissen im Privathaushalt geht, so ist als erstes die aus der Sicht der Arbeiterinnen höchst folgenreiche Verknüpfung von „Illegalisierung" und „Privatraum" zu nennen. Migrantinnen ohne gültige Papiere sind in der Unsichtbarkeit des Privathaushaltes jenseits aller Regelungen und rechtlichen Bestimmungen ausbeutbar und missbrauchbar. Dieses „doppelte Niemandsland" aus Privatheit und Illegalität (Gather et al. 2002: 9) überlässt Arbeits- und Lebensbedingungen gänzlich der Willkür von ArbeitgeberInnen.

Eine entscheidende Rolle bei der Produktion dieses arbeits- und sozialrechtlichen Vakuums spielen restriktive Einwanderungs-, Aufenthalts- und Arbeitsgesetze, die es Frauen verunmöglichen, autonom und legal zu migrieren und zu arbeiten. Sie sind daher auf prekarisierte, marginalisierte und ungeschützte Arbeitsverhältnisse – vor allem im Dienstleistungs- und Versorgungsbereich – angewiesen. Diese Form *institutionalisierter Gewalt* ist in einigen europäischen Ländern wie Österreich und Deutschland durch ein doppeltes Unrechtssystem charakterisiert: bestimmte Migrantinnen werden illegalisiert und müssen damit auch bei wohlfahrtsstaatlichen Leistungen nicht berücksichtigt werden. Gleichzeitig werden sie aber als Unterstützungsstruktur einkalkuliert (vgl. Haidinger 2004: 68; Hess 2002: 115): eine Politik des staatlichen Rückzugs aus der Fürsorgearbeit geht ungebrochen davon aus, dass Familien, tatsächlich aber Frauen, individuelle Lösungen bei der Frage der Versorgung finden – entweder indem sie selbst weiterhin unbezahlt diese Aufgaben erledigen, oder indem sie informell für einen „Ersatz" sorgen. Nachdem sich das System mittlerweile eingespielt und offensichtlich bewährt hat, gibt es in dieser Rechnung keinerlei Handlungsbedarf.[8]

Durch die auf Dauer gestellte Vernachlässigung der Fürsorgearbeit, so die Politikwissenschaftlerin Birgit Sauer, institutionalisiert der Wohlfahrtsstaat neue geschlechtsbezogene Gewaltstrukturen. Sie spricht von „Gewalt durch Unterlassung", die weiterhin Ungleichheit, Abhängigkeit und Diskriminierung von Frauen ermöglicht und sogar intensiviert, sowie von einem breiten Gewalt*diskurs*:

> „Staaten kennen spezifische Subjektivierungsweisen, d.h. Diskurse, die Menschen einordnen, sie bestimmten Subjekt‚sorten' zuweisen und sie

---

8 Eine ähnliche Logik findet man in Spanien, Italien und den USA. Elisabeth Aufhauser betont zu Recht das implizierte konservative Frauenbild: es wird davon ausgegangen, dass Frauen die Haushalts- und Erziehungsarbeiten weiterhin erledigen, obwohl die Realität gänzlich anders aussieht. Weil es die Grauzone, in der sich „Lösungen" eingespielt haben, erlaubt, an diesem Frauenbild festzuhalten, wird sie stillschweigend toleriert (2000: 114).

mit bestimmten Handlungsfähigkeiten ausstatten [...]. Wohlfahrtsstaaten produzieren spezifische herrschaftsförmige Identitäten – ‚abhängige Hausfrauen', Prostituierte, Migrantinnen –, die mit diesen Identitäten verbundenen ‚Sicherheitsrisiken' und mithin eine geschlechtsspezifische ‚Verletzungsoffenheit'." (Sauer 2002: 99)

Illegalisierung führt in der nationalstaatlichen Logik zum Phänomen der „multiplikatorischen Exklusion". Mit diesem Begriff bezeichnet Markus Schroer jene strukturelle Gewalt, die er in Anlehnung an Niklas Luhmann und Johan Galtung für die urbanen Metropolen der Gegenwartsgesellschaft für kennzeichnend hält. „Multiexklusion" meint jene Dynamik, die durch den Ausschluss aus einem gesellschaftlichen „Funktionssystem" produziert wird und den Ausschluss auch aus den meisten anderen Teilsystemen zur Folge hat (Schroer 2004: 167). Illegalisierung setzt einen derartigen Teufelskreis mit einem Schlag in Gang:

> „Eine fehlende Aufenthaltserlaubnis führt zu sozialer Verletzbarkeit, zu Problemen mit dem Anmieten einer Wohnung, mit Sozialversicherungen, mit der Gesundheitsversorgung, mit der eventuellen Versorgung von Kindern und deren Beschulung" (Lutz 2005: 72).[9]

Eine Analyse des Zusammenhangs personalisierter und akteursloser Gewaltformen im Kontext von Frauenmigration und Haushaltsarbeit führt jedoch nicht zum selben Ergebnis wie Schroer es für multi-exkludierte Gruppen herausarbeitet. An die Ränder der sozialen Welt gedrängt, gemieden und ignoriert sind Eskalationen körperlicher Gewalt aus seiner Sicht „ein bevorzugtes Mittel, um aus der *Unsichtbarkeitsfalle* zu fliehen" (2004: 168, Hervorhebung im Original). Weil das Leben in der ausdifferenzierten Gesellschaft von der Inklusion in die Funktionssysteme abhängt, so das Argument, befinden wir uns heute auf dem besten Weg, dass Irrelevant-, Überflüssig- oder Unsichtbarwerden eine ärgere Bedrängnis darstellt als die Tatsache, ausgebeutet zu werden.

In Bezug auf bezahlte Haushaltsarbeit lässt sich einerseits sagen, dass sich die besondere Form struktureller Gewalt darin ausdrückt, dass sich Unsichtbarkeit und Ausbeutung perfekt ergänzen und kombinieren können. Akteurslose Gewalt führt hier außerdem kaum dazu, dass die marginalisierte Gruppe körperliche Gewalt „im Kampf um die knappe Ressource Aufmerksamkeit" (Schroer 2004: 169) einsetzt, um Beschränkung, Ausschluss und Unsichtbarkeit zu entkommen. Vielmehr verhält es sich umgekehrt: die unterschiedlichen Formen institutionalisierter, bürokratischer und symbolischer Gewalt wirken auf sehr effektive Wiese zusammen, um eine „Opportunitätsstruktur" (Sauer 2002: 81) für personalisierte Gewalt zu schaffen. Es ist klar, dass keinesfalls in allen Fällen direkte Gewalt gegen Arbeiterinnen angewandt wird. Aktuelle Untersuchungen der Lebens- und Arbeitsbedingungen von Migrantinnen in der Haushaltsarbeit zeugen

---

9 Um diesbezüglich von struktureller Gewalt zu sprechen, müssen die Ausgeschlossenen nicht, wie Schroer vorschlägt, auf ihre „nackte Existenz" reduziert sein, auf „bloße Körper [...] die damit beschäftigt sind, wie sie den nächsten Tag erreichen und wie sie Gewalt und Hunger und Sexualität bewältigen können, also reine Körperphänomene" (Luhmann 1996 zitiert nach Schroer 2004: 167).

jedoch von einer signifikant hohen Rate an Übergriffen und Verletzungen in diesem Bereich. In einer vergleichenden europäischen Studie wird dabei neben sexualisierten und physischen Übergriffen durch Männer auch die Gewalt durch Arbeitgeberinnen hervorgehoben: sie reicht von psychischer Gewalt wie permanente Kontrolle, Schikanen und besonders erniedrigende Aufgaben[10] bis hin zu physischer Gewaltausübung. Eine Erhebung der Migrantinnenorganisation Kalayaan über die Schwierigkeiten von Frauen, die gemeinsam mit ihren ArbeitgeberInnen und einem *domestic worker* Visum nach London gekommen waren, führten für die Jahre 1996-1997 zu folgenden Angaben (Anderson 2002: 107f.):

84% der Frauen berichteten von psychologischem Missbrauch
34% von physischem Missbrauch
10% von sexuellem Missbrauch
54% von Freiheitsentzug (wurden in ihren Zimmern eingesperrt)
55% hatten keine eigenen Betten
38% bekamen nicht regelmäßig zu essen

Ähnlich wie in der Analyse von Schroer wird auch in anderen Studien der Zusammenhang von sozialer Ausgrenzung und Gewalt daraufhin untersucht, unter welchen spezifischen Bedingungen strukturelle Gewaltverhältnisse zu körperlicher (Gegen)Gewalt auf Seiten der Marginalisierten und Verunsichtbarten führt. Albert Scherr beginnt seine Analyse dabei mit folgender Überlegung: „Die schmutzige körperliche Arbeit und auch das schmutzige Geschäft mit der physischen Gewaltausübung wurden und werden gewöhnlich an die sozial Untenstehenden delegiert" (Scherr 2004: 202). Adornos Satz „Ein Herr prügelt nicht", den Scherr an dieser Stelle anführt, muss im Kontext von Migration und Haushaltsarbeit – und dabei gerade im Zusammenhang mit bessergestellten Familien, die „ihre Dienstboten" aus dem Ausland mitbringen (vgl. Anderson 2002; Anderson/Phizacklea 1997) – überdacht werden. Denn es handelt sich hier vielmehr um ein System der Potenzierung: strukturelle akteurslose Gewaltverhältnisse wirken sowohl als Nährboden für und in Kombination mit personalisierten Verletzungen der „Inkludierten" gegen die „Exkludierten" – und all diese Formen der Gewaltausübung können sich dabei mit großer Wahrscheinlichkeit auf Straffreiheit verlassen.

Die gegenwärtige, informalisierte Regelung der Haushaltsarbeit spiegelt und reproduziert gesellschaftliche/globale Hierarchien und ordnet sie entlang der Kategorien Geschlecht, „Rasse", Klasse und Religionszugehörigkeit neu an. In allen europäischen Ländern existieren „ethnische Hierarchisierungen, die mit rassistischen Stereotypen legitimiert werden [...] und die sich in der Bezahlung materialisieren" (Lutz 2002: 167). Die bezahlte Haushaltsarbeit verwandelt sich in diesem Zuge zu einem „Berufsghetto" für bestimmte ethnisierte Gruppen (vgl. zur Situation in Großbritannien Cox 1999).

Statt um rein ökonomische und demographische Faktoren geht es hier also auch um ein breites *ideologisch-symbolisches Abwertungsregime*, das sich besonders

---

10 Bridget Anderson erwähnt etwa das Säubern von Katzenanus und das mehrmals tägliche Schrubben des Bodens mit der Zahnbürste (2002: 108).

deutlich im neu entstandenen ethnisierten Status- und Machtgefälle zwischen Frauen zeigt: Wie in der aktuellen Diskussion häufig angesprochen wird, können Frauen der Dominanzgesellschaft aus der Auslagerung der Haushaltsarbeit einen „symbolischen Mehrwert" ziehen. Die Weitergabe der redundanten, unangenehmen, entwerteten Arbeit an Migrantinnen ermöglicht ihnen neue Chancen und Privilegien wie den Aufbau einer Erwerbsarbeitsidentität, einen Zugewinn an qualitativer Zeit (für Kinder, Partnerschaft, Weiterbildung, Freizeit), die Vermeidung von Konflikten rund um „Hilfe" bei der Hausarbeit und in jedem Fall einen „Statuszugewinn" durch die Differenzierung von der Arbeiterin als abhängiger Anderen.

Das neue Arbeitsverhältnis zwischen Frauen, das in Europa stark im Steigen begriffen ist, wird im folgenden, letzten Abschnitt näher beleuchtet. Zumindest in der gegenwärtigen Situation weisen bestimmte Aspekte dieser Beziehung bzw. dieses Arrangements auf Konfliktlinien hin, die über ein einseitiges Täterin-Opfer-Schema der involvierten Frauen hinausgehen, die sich aber auch durch die bereits angesprochenen strukturell-ökonomischen, strukturell-bürokratischen oder strukturell-institutionalisierten Gewaltdimensionen nicht gut erfassen lassen. Auch eine intersektionale Analyse – die Untersuchung des Zusammenwirkens, der Überschneidung und Potenzierung unterschiedlicher Kriterien der soziokulturellen Unterordnung (Geschlecht, Nationalität, Klasse, religiöse Zugehörigkeit, etc.) – bietet diesbezüglich keine gänzlich befriedigende Erklärung an. Um sich dieser Konfliktdynamik auf anderem Wege anzunähern, soll ein kulturtheoretischer Zugang skizziert werden.

Beziehungs- und Konfliktdynamiken im transnationalen Privathaushalt

Grundsätzlich macht ein näherer Blick auf das gegenwärtige Interaktions- und Beziehungsgefüge im Privathaushalt, das durch die Auslagerung der Haushaltsarbeit entstanden ist, fundierte empirische Forschungen dringend erforderlich. Der Kenntnis- und Informationsstand über die alltäglichen Routinen von Haushaltsarbeiterinnen, über die Ausverhandlungen und Strategien sowie über die Perspektiven und Reflexionen von Arbeitnehmerinnen und Arbeitgeberinnen ist zwar noch immer sehr gering, in den letzten Jahren sind jedoch einige sehr gute qualitative Studien erschienen. Zur Illustration kulturtheoretischer Aspekte werde ich mich in der Hauptsache auf die exzellente Arbeit von Barbara Thiessen (2002) beziehen, um einige symbolische und kulturelle Aspekte des Arrangements „bezahlte Haushaltsarbeit" zu diskutieren.

Die Durchsicht der vorliegenden qualitativen Forschungen macht eines sehr deutlich: das konkrete Verhältnis zwischen Arbeitgeberin und Arbeitnehmerin im Privathaushalt ist oft von beiden Seiten durch starke Ambivalenzen geprägt. Eine Ursache für eine gewisse Unbehaglichkeit und Zwiespältigkeit mag darin liegen, dass der Raum des „Privaten" per se als erwerbsarbeitsloser Raum konstruiert wurde und es keine bewährten Modelle und klaren Rollenvorbilder für das Arbeitsverhältnis gibt. Nachdem die einzigen historischen Rollenmodelle inadäquat sind, sofern die „Hierarchien der Dienstbotengesellschaft in einem modernen Habitus keinen Platz haben" (Lutz 2007: 123), muss der Umgang miteinander erst ausgehandelt und gestaltet werden. Weiters kann die eingangs angesprochene Grenzenlosigkeit der Arbeitsinhalte zu unterschiedlichen Erwartungen und Einschätzungen führen, insbesondere dann, wenn sich die Ansprüche mit Einstellung einer Haushaltshilfe erhöhen (Anderson 2002: 106; Schwenken 2003: 143). Die Besonderheit der Arbeitsbeziehung im Privathaushalt liegt aber nicht nur in den beliebig erweiterbaren Arbeitsinhalten (z.B. neben dem Saubermachen auch noch schnell einkaufen gehen, ein Auge auf die Kinder haben oder eine Kranke versorgen), sondern vor allem in der *Qualität* des Verhältnisses zwischen Arbeitnehmerin und Arbeitgeberin: anders als andere Beschäftigungsverhältnisse ist die Beziehung zwischen den Frauen meist sehr persönlich oder wird bisweilen sogar als freundschaftlich eingestuft. In ihrer Untersuchung von Haushaltsarbeiterinnen in Los Angeles County rollt Hondagneu-Sotelo (2002) die Beziehung zwischen Arbeitgeberin und Arbeitnehmerin von ihrem Ende her auf: statt auf eine nüchterne Lösung eines Vertrages trifft sie vor allem bei *live in*-Arrangements auf *Blowups and Other Unhappy Endings*: die Frauen gehen wie verletzte Partnerinnen auseinander, nachdem sie mit bitteren Vorwürfen ihren oft jahrelang aufgestauten Kränkungen Luft gemacht haben – ein Muster, das weniger dem Charakter der Auflösung einer Arbeits- als der Beendigung einer Liebesbeziehung entspricht.

Barbara Thiessen widmet ihre Untersuchung ebenfalls der Arbeits- und Beziehungsdynamik im Privathaushalt, jedoch im Kontext von *live out*-Arrangements (Thiessen 2002). Sie stellt sich dabei die interessante Frage, warum in den von ihr geführten biografisch-narrativen Interviews mit Haushaltsarbeiterinnen und Arbeitgeberinnen im Raum Bremen das Thema „Schmutz" kaum erwähnt und weitgehend vermieden wird – obwohl es für die Einschätzung dieser Arbeit und für das Verhältnis zwischen Beschäftigter und Arbeitgeberin höchst bedeutsam ist. Warum wird dieses Thema ausgeklammert und was bedeutet Schmutz in diesem Zusammenhang? In Anlehnung an die Sozialanthropologin Mary Douglas geht Thiessen davon aus, dass sich „Schmutz" nicht durch innere Eigenschaften definieren lässt, sondern relational bestimmt werden muss. Schmutz ist dabei nicht nur die Kehrseite von „Sauberkeit", sondern steht in Bezug zu „Ordnung" in einem breiteren Sinn. Abstrakt gesehen ist „Schmutz" all das, was in Ordnungsprozessen verworfen wird und kann damit sozial und kulturell aber auch kontextuell etwas je anderes sein. „Unreines", so Douglas, wird stets als etwas verstanden, das *gefährlich* ist, denn es droht, die etablierte Ordnung und damit die Strukturierungsleistung zu (zer)stören. Aufgrund von Verfemung und Ächtung des „Unreinen" und „Schmutzigen" laufen in der Folge auch diejenigen, die mit dem Unreinen bzw. mit dessen Beseitigung befasst sind, Gefahr, ausgegrenzt zu werden. In anderen Worten: „Dirt tends to attach to the people who remove it" (Ehrenreich 2002: 102).

Wenn man der These zustimmt, dass die Differenzierung von Rein und Unrein nicht nur in religiösen Universen, sondern auch für säkularisierte Weltbilder Bedeutung hat, so stellt sich die Frage, welche Teilungen und Verwerfungen für uns heute besonders aktuell und heikel sind, welche Form Schmutz und Unreinheit annehmen. Christian Enzensberger hat 1968 einen „Größeren Versuch über den Schmutz" geschrieben: dieser kann dabei helfen, elementare Arten und Dimensionen von „Unreinheit" näher zu bestimmen. Gleichzeitig illustriert die folgende Passage aus dem Werk Enzensbergers, was bei der zeitgenössischen Klassifizierungsleistung auf dem Spiel steht:

> „Schmutz sei erstens alles, was die säuberliche Abgetrenntheit der Person antaste, ihr ängstlich gehütetes Fürsichsein. Daher lasse sie ungern etwas an sich heran und aus sich heraus. Neben diesem Berührungs- und Ausscheidungsschmutz meide sie ferner als unrein, was ihr nur zweideutig zugehöre, sie ekle sich, durch Analogie, vor der Vermischung. In ihrer Nähe nämlich fürchte sie, der Zweideutigkeit und dem Mischmasch selbst anheimzufallen, auseinanderzufließen, sich zu verlieren, Schaden zu nehmen durch Beimengung, Einschub, Zusatz, Abfluss, Abzapfung und Unterwanderung. Daher seien ihr auch Dinge wie Pumpen, Trichter, Rüssel, Röhren nicht ganz geheuer, und deswegen zähle sie so viele Stoffgemische und Zwischenzustände auf, wenn man sie um Beispiele für Schmutz ersuche. Hier liege wohl auch der Grund für die unausrottbare Verknüpfung von Schmutz mit der ersten, nämlich geschlechtlichen, Vermischung. Nach dem Vermischungsschmutz habe sie drittens Angst vor dem Zerfall, wende sich schaudernd ab, wenn sich Unteres nach oben, Oberes nach unten kehrt, wenn Gliederung sich auflöst oder umgekehrt: ein verfaulender Pilz, eine am Knie erscheinende Nase. Und schließlich trete neben den des Zerfalls noch ein Massenschmutz; denn als Einzelding sei der Person alles Gewimmel und Gekrabbel verhasst, alle Massenhaftigkeit, in der es geschehen kann, dass sie versinkt, verlorengeht und unauffindbar wird." (Enzensberger 1968: 23f., zitiert nach Theweleit 2000 [1977]: 402)

Enzensberger beschreibt deutlich, wie sehr die Definition, Bestimmung, der Ekel und die Ausgrenzung von „Schmutz" mit dem Konzept der Person, mit Körperlichkeit, Geschlecht, Vermischung und einem existenziell anmutenden Streben nach einer sehr spezifischen Ordnung zu tun hat. Vor diesem Hintergrund erscheint Thiessens Überlegung sehr plausibel, dass in unserer Gesellschaft dasjenige besonders schmutzig und verfemt ist, was „Spuren des Lebens" trägt: Ausscheidungen, Körpersäfte, Essensreste, Flecken, Müll. Diese Spuren, so ihr Argument, sind der lebendige Beweis dafür, dass Menschen abhängig und auf andere angewiesen sind, sie sind somit Erinnerungsspuren an Körperlichkeit und Bedürftigkeit, die im Widerspruch zur Selbstbeschreibung des modernen Individuums stehen: das dominante Modell betont Souveränität, Unabhängigkeit, Autonomie und Männlichkeit und lässt keinen Platz für Geschlechtliches, Relationales und Unselbständigkeit – diese „Zustände", ihre drohende Wiederkehr und die Erinnerungsspuren selbst müssen daher ausgegrenzt werden. „Ausgegrenzt wird damit" so Thiessen, „die Bedeutung sozialer Beziehungen und alltäglicher Notwendigkeiten. Mithin werden diejenigen, die sich mit den Spuren

des Lebens beschäftigen, ebenso verdrängt. Sie müssen selbst unsichtbar sein"
(2002: 145).[11]
Aus dieser Perspektive erscheinen bestimmte Verhaltensmuster, die sich im Arrangement der bezahlten häuslichen Dienstleistungen wiederholt finden, als Versuche beider Seiten, mit dem Thema Schmutz und seiner Verfemung zurande zu
kommen. Als dominante Strategien lassen sich *Distanzierung* und *Vereinnahmung* identifizieren. Auf Seiten der Arbeitgeberin erleichtert die ethnische Differenz die Distanzierung: Interviewpartnerinnen erwähnen, dass die Tatsache sie
erleichtere, dass die Haushaltsarbeiterin „aus einem anderen Kulturkreis" stam-
me, weil dadurch das Gefühl des Kontrolliertwerdens abgeschwächt werde.
Auch die Gefahr, sich außerhalb des Hauses zufällig zu treffen ist somit gering.
Eine andere Form der Distanzierung ist die „Zettelkommunikation" und damit
die Vereinbarung, die Reinigungsarbeiten in Abwesenheit der Arbeitgeberin zu
erledigen. Eine Vereinnahmungsstrategie liegt umgekehrt darin, die Arbeiterin
in eine Freundin oder Verwandte zu verwandeln (Thiessen 2002: 145). Als „Teil
der Familie" kann das (Familien)Fremde eliminiert werden und muss erst dann
wieder erinnert werden, wenn es um Differenzen oder Streitpunkte geht (vgl.
Hondagneu-Sotelo 2002: 59). Während die verwandtschaftliche Konstruktion
bei *live ins*, insbesondere bei Au Pairs häufiger vorkommt (bisweilen unter dem
Blickwinkel der „Entwicklungshilfe" für die als unerfahren, rückständig und
formbar erlebte Fremde, vgl. Hess 2002: 113) ist die Konstruktion der Freundin
eher bei *live out*-Verhältnissen zu finden. Sie äußert sich nicht zuletzt in kleinen
„Aufmerksamkeiten" wie dem Aufdrehen des Radios zur Arbeit, dem Vorberei-
ten von Keksen, gemeinsamen Kaffeepausen bis hin zum „symbolischen Mit-
putzen" (Ehrenreich 2002: 86; Thiessen 2002: 148). All das kann auch dazu dienen, das „schlechte Gewissen" abzubauen, mit dem die Auslagerung der Haushaltsarbeit bisweilen verbunden ist (weil der Statusunterschied oder die Funktion der Kontrollinstanz dem egalitären Weltbild der Arbeitgeberin zuwiderläuft,
weil mit der Auslagerung ein Teil der gesellschaftlich erwarteten Frauen- und
Mutterrolle nicht erfüllt wird, etc.). Als Distanzierung auf Seiten der Haushaltsarbeiterinnen interpretiert Thiessen unter anderem das starke Bedürfnis ihrer Interviewpartnerinnen, ein gepflegtes Äußeres zu haben und saubere Kleidung zu
tragen. Eine Strategie der Vereinnahmung kann umgekehrt darin liegen, den
fremden Schmutz in „eigenen" umzudefinieren und damit auch die eigene sozial
entwertete Rolle in die anerkanntere Rolle der Hausfrau (oder helfenden Haus-
freundin) zu transformieren. Eine Möglichkeit zu gleichzeitiger Distanzierung
und Vereinnahmung besteht schließlich darin, die Arbeitgeberin als Rabenmut-
ter darzustellen, die ihre Kinder mit Fertigmenüs abspeist und keine Zeit für sie

---

11 Ganz ähnliche Beobachtungen macht Lynn May Rivas zur Situation von persönlichem
   Pflegepersonal (*personal attendents*) in amerikanischen Haushalten, die ebenfalls in der
   Mehrheit Migrantinnen sind. Ihre These ist, dass die Rund-um-die-Uhr-Betreuung „verun-
   sichtbart" werden muss, damit die meist schwer (bewegungs)eingeschränkte Person, die be-
   treut wird, ihr Selbstbild als selbstsicherer, unabhängiger Mensch aufrecht erhalten kann –
   ein Bild, das ihrer Ansicht nach das Zentrum der amerikanischen Vorstellungswelt besetzt
   (Rivas 2002: 75).

hat, und sich selbst als die „bessere Mutter" zu präsentieren (vgl. Hess 2002: 114).

In den meisten qualitativen Studien finden sich Hinweise auf den ambivalenten Umgang mit dem Thema Schmutz/Intimität im Zusammenhang mit der Haushaltsarbeit.[12] Diesen Hinweisen nachzugehen und sie vor dem Hintergrund der sozialen Produktion von Reinheit und Unreinheit zu systematisieren, könnte sich als lohnenswertes Unternehmen herausstellen: Denn sie bieten einen Anknüpfungspunkt zur Reflexion einer höchst wirksamen kulturellen Verknüpfung und Abwehr von Unreinheit, Körperlichkeit und Geschlechtlichkeit, die der Abwertung von Haushaltsarbeit und Haushaltsarbeiterinnen noch eine zusätzliche Schärfe verleiht.

Bibliographie

Anderson, Bridget. 1999. Overseas domestic workers in the European Union: invisible women. In: Momsen, Janet Henshall (ed.). Gender, Migration and Domestic Service. London, New York, pp. 117-133.

Dies. 2002. Just Another Job? The Commodification of Domestic Labor. In: Ehrenreich, Barbara and Arlie Russel Hochschild (eds.). Global Woman. Nannies, Maids, and Sex Workers in the New Economy. New York, pp. 104-114.

Anderson, Bridget and Annie Phizacklea. 1997. Migrant Domestic Workers: A European Perspective. Brüssel.

Aufhauser, Elisabeth. 2000. Migration und Geschlecht: Zur Konstruktion und Rekonstruktion von Weiblichkeit und Männlichkeit in der internationalen Migration. In: Husa, Karl, Christof Parnreiter und Irene Stacher (Hg.). Internationale Migration. Die globale Herausforderung des 21. Jahrhunderts? Frankfurt am Main, S. 97-122.

Boidi, Maria Cristina. 2003. Frauenhandel. Das neue Gesicht der Migration. In: Arbeitsgruppe Migrantinnen und Gewalt (Hg.). Migration von Frauen und strukturelle Gewalt. Wien, S. 53-68.

Bourdieu, Pierre. 1997. Die männliche Herrschaft. In: Dölling, Irene und Beate Krais (Hg.). Ein alltägliches Spiel. Geschlechterkonstruktion in der sozialen Praxis. Frankfurt am Main, S. 153-216.

---

12 Thiessen erwähnt auch die erstaunlich häufige Bereitstellung ausgedienter Unterwäsche als Putzmittel und insgesamt den steten Mangel an adäquaten Arbeitsgeräten und Reinigungsmitteln. Anderson berichtet vom Verbot von Handschuhen beim Wechseln der Windeln von inkontinenten Personen, die Zuständigkeit für das Betätigen der Klospülung für die Familienmitglieder und das Entfernen gebrauchten Papiers aus dem Abfluss (Anderson 1999: 120) und Hess beschreibt das Verbot für Au Pairs, am selben Tisch zu essen wie die Familie (Hess 2002: 106). All diese Hinweise können, wie es Anderson tut, als Erniedrigung und psychologische Gewalt gegen die statusmäßig unterstellte Andere gelesen werden. In der vorgeschlagenen Perspektive könnten diese Vorfälle aber auch auf damit verbundene Fraugen nach Körperlichkeit, Reinheit und Intimität an der Schnittstelle von Öffentlichkeit und Privatheit verweisen.

Braun, Christina von, Ulrike Brunotte, Gabriele Dietze, Daniela Hrzán, Gabriele Jähnert und Dagmar Pruin (Eds./Hg.). 2006. ‚Holy War' and Gender. ‚Gotteskrieg' und Geschlecht. Berlin.

Caixeta, Luzenir. 2004. Housework and Caretaking, Part: Austria, Migrantinnen in Privathaushalten. Wien.

Cox, Rosie. 1999. The Role of Ethnicity in Shaping the Domestic Employment Sector in Britain. In: Momsen, Janet Henshall (ed.). Gender, Migration and Domestic Service. London, New York, pp. 134-147.

Ehrenreich, Barbara. 2002. Maids to Order. In: Ehrenreich, Barbara and Arlie Russel Hochschild (eds.). Global Woman. Nannies, Maids, and Sex Workers in the New Economy. New York, pp. 85-103.

Gather, Claudia, Birgit Geissler und Maria S. Rerrich (Hg.). 2002. Weltmarkt Privathaushalt: Bezahlte Haushaltsarbeit im globalen Wandel. Münster.

Geissler, Birgit. 2002. Die Dienstleistungslücke im Haushalt. Der neue Bedarf nach Dienstleistungen und die Handlungslogik der privaten Arbeit. In: Gather, Claudia, Birgit Geissler und Maria S. Rerrich (Hg.). Weltmarkt Privathaushalt: Bezahlte Haushaltsarbeit im globalen Wandel. Münster, S. 30-44.

Haidinger, Barbara. 2004. „Ich putze Dreck, aber ich bin nicht Dreck!" Migrantinnen in der bezahlten Haushaltsarbeit. Eine qualitative Untersuchung unter ArbeitgeberInnen und ArbeitnehmerInnen. In: Hartl, Katja und Margareta Kreimer (Hg.). Am Rande des Arbeitsmarktes. Haushaltsnahe Dienstleistungen. Wien, S. 63-80.

Heitmeyer, Wilhelm und Hans-Georg Soeffner. 2004. Einleitung: Gewalt. Entwicklungen, Strukturen, Analyseprobleme. In: dies. (Hg.). Gewalt. Entwicklungen, Strukturen, Analyseprobleme. Frankfurt am Main, S. 11-17.

Hess, Sabine. 2002. Au Pairs als informalisierte Hausarbeiterinnen. Flexibilisierung und Ethnisierung der Versorgungsarbeiten. In: Gather, Claudia, Birgit Geissler und Maria S. Rerrich (Hg.). Weltmarkt Privathaushalt. Bezahlte Haushaltsarbeit im globalen Wandel. Münster, S. 103-119.

Holzer, Brigitte. 1997. Das Verschwinden der Haushalte. Geschlechtsspezifische und gesellschaftliche Arbeitsteilung in der Wirtschaftstheorie. In: Komlosy, Andrea, Christof Parnreiter, Irene Stacher und Susan Zimmermann (Hg.). Ungeregelt und unterbezahlt. Der informelle Sektor in der Weltwirtschaft. Frankfurt am Main, S. 117-131.

Hondagneu-Sotelo, Pierrette. 2002. Blowups and Other Unhappy Endings. In: Ehrenreich, Barbara and Arlie Russel Hochschild (eds.). Global Woman. Nannies, Maids, and Sex Workers in the New Economy. New York, pp. 55-69.

Krondorfer, Birge. 2001. IN-EX-CHANGE-ABLE. Sketches on Women – Exchange – Desire. In: Gerschlager, Caroline (ed.). Expanding the

Economic Concept of Exchange. Deception, Self-Deception and Illusions. Boston et al., pp. 201-211.

Langheiter, Eva. 1989. Hinnehmen – mitmachen – zustimmen? Anmerkungen zu Maurice Godeliers Hypothese von der Zustimmung der Unterdrückten zu ihrer Unterdrückung. In: Arbeitsgruppe Ethnologie Wien (Hg.). Von fremden Frauen. Frausein und Geschlechterbeziehungen in nicht-industriellen Gesellschaften. Frankfurt am Main, S. 137-171.

LEFÖ. 1996. Frauenmigration – Spiegel einer ungerechten Welt: Systematisierung der Erfahrungen von LEFÖ über Frauenmigration und Frauenhandel im internationalen Zusammenhang. Wien.

Lutz, Helma. 2002. In fremden Diensten. Die neue Dienstmädchenfrage als Herausforderung für die Migrations- und Genderforschung. In: Gottschall, Karin und Birgit Pfau-Effinger (Hg.). Zukunft der Arbeit und Geschlecht. Diskurse, Entwicklungspfade und Reformoptionen im internationalen Vergleich. Opladen, S. 161-181.

Dies. 2005. Der Privathaushalt als Weltmarkt für weibliche Arbeitskräfte. In: Peripherie 97/98 (25): 65-87.

Dies. 2007. Vom Weltmarkt in den Privathaushalt. Die neuen Dienstmädchen im Zeitalter der Globalisierung. Opladen.

Malgesini Rey, Graciela et al. 2004. Hogares, cuidados y fronteras ...: derechos de las mujeres immigrantes y conciliación / Homes, caretaking, frontiers ...: immigrant women rights and conciliation / Häuser, Care-taking, Grenzen ...: einwandernde Frauen - Rechte und Versöhnung. Madrid.

Momsen, Janet Henshall. 1999. Maids on the Move. In: Momsen, Janet Henshall (ed.). Gender, Migration and Domestic Service. London, New York, pp. 1-20.

Nunner-Winkler, Gertrud. 2004. Überlegungen zum Gewaltbegriff. In: Heitmeyer, Wilhelm und Hans-Georg Soeffner (Hg.). Gewalt. Entwicklungen, Strukturen, Analyseprobleme. Frankfurt am Main, S. 21-61.

Peredo Beltrán, Elizabeth. 2004. „Muchachas". Reflexionen zum Kampf der bolivianischen Hausangestellten. In: Thallmayer, Claudia und Karin Eckert (Hg.). Sexismen und Rassismen. Lateinamerikanerinnen zwischen Alter und Neuer Welt. Wien, S. 73-85.

Rivas, Lynn May. 2002. Invisible Labors: Caring for the Independent Person. In: Ehrenreich, Barbara and Russel Hochschild (eds.). Global Woman. Nannies, Maids, and Sex Workers in the New Economy. New York, pp. 70-103.

Sauer, Birgit. 2002. Geschlechtsspezifische Gewaltmäßigkeit rechtsstaatlicher Arrangements und wohlfahrtsstaatlicher Institutionalisierungen. Staatsbezogene Überlegungen einer geschlechtersensiblen politikwissen-schaftlichen Perspektive. In: Dackweiler, Regina-Maria und Reinhild

Schäfer (Hg.). Gewalt-Verhältnisse. Feministische Perspektiven auf Geschlecht und Gewalt. Frankfurt am Main, New York, S. 81-106.

Scherr, Albert. 2004. Körperlichkeit, Gewalt und soziale Ausgrenzung in der ‚postindustriellen Wissensgesellschaft'. In: Heitmeyer, Wilhelm und Hans-Georg Soeffner (Hg.). Gewalt. Entwicklungen, Strukturen, Analyseprobleme. Frankfurt am Main, S. 202-223.

Schroer, Markus. 2004. Gewalt ohne Gesicht. Zur Notwendigkeit einer umfassenden Gewaltanalyse. In: Heitmeyer, Wilhelm und Hans-Georg Soeffner (Hg.). Gewalt. Entwicklungen, Strukturen, Analyseprobleme. Frankfurt am Main, S. 151-173.

Schwenken, Helen 2003. Weltwirtschaft im trauten Heim. Arbeitsmigrantinnen in deutschen Haushalten und der Kampf um Arbeits- und Aufenthaltsrechte. In: beiträge zur feministischen theorie und praxis 63/64: 139-151.

Schwind, Hans-Dieter, Jürgen Baumann et al. (Hg.). 1990. Ursachen, Prävention und Kontrolle von Gewalt. Band 1. Berlin.

Theweleit, Klaus. 2000 [1977]. Männerphantasien, Band 1: Frauen, Fluten, Körper, Geschichte. Zürich.

Thiessen, Barbara. 2002. Bezahlte Hausarbeit. Biografische Befunde zur Gestaltung von Arbeits-Beziehungen im Privaten. In: Gather, Claudia, Birgit Geissler und Maria S. Rerrich (Hg.). Weltmarkt Privathaushalt. Bezahlte Haushaltsarbeit im globalen Wandel. Münster, S. 140-152.

Trotha, Trutz von. 1997. Zur Soziologie der Gewalt. In: ders. (Hg.). Soziologie der Gewalt. Opladen.

Ders. 2002. Die Zukunft der Gewalt. In: Kursbuch 147: 161-173.

Wagner, Heike. 2006. Ermöglichung oder Verhinderung? Migrantische Haushaltsarbeit in Spanien. In: Frauensolidarität 3: 12-13.

Jens Kastner und Elisabeth Tuider

Zentrale RandBewegungen.
Zur Konstitution von Gewalt an der Schnittstelle von Geschlecht, Sexualität, Ethnizität

Si Adelita quisiera ser mi esposa,	Wenn Adelita meine Ehefrau sein möchte,
Si Adelita fuera mi mujer,	Wenn Adelita meine Frau wäre,
Le comparía un vestido de seda	dann würde ich ihr ein Seidenkleid kaufen
Y la llevaría a pasear el cuartel.	und mit ihr im Quartier ausgehen.
...	...
Si Adelita se fuera con otro La seguiría su huella sin cesar,	Wenn Adelita mit einem anderen fortgeht, dann verfolge ich sie zu Land und zu Wasser.
Si por mar en un buque de guerra.	Auf dem Meer in einem Kriegsschiff;
Si por tierra en un trén militar	und auf dem Land in einem Militärzug.
...	…
Si acaso yo muero en campana	Wenn ich trotzdem beim Feldzug sterben
Y mi cadaver en la tierra va a quedar,	und mein Körper unter der Erde bleiben sollte,
Adelita, por Dios te lo ruego	Dann, Adelita, bitte ich Dich bei Gott,
Que por muerte tu vayas a llorar.	dass Du über meinen Tod weinen mögest.

Als eine der legendärsten *soldaderas*[1] der mexikanischen Revolution wird „La Adelita"[2] in den Volksliedern und Balladen, den *corridos*, bis heute besungen und in der Literatur verehrt (vgl. zum Beispiel Mariano Azuela González 1942). Sie steht für den Mut, die Kraft und die Kampfbereitschaft der mexikanischen Frauen und gilt auch Teilen der feministischen Bewegung als Symbol. Denn im Zuge der Mexikanischen Revolution (1910-1920) haben Frauen gegen die traditionellen Regeln der weiblichen Zurückgezogenheit verstoßen: als *soldaderas* waren sie – durchaus in der Erfüllung ihrer familiären Rolle und weniger aus emanzipatorischen Gründen – an den Kämpfen und in der Revolution präsent. Als Kämpferinnen, Begleiterinnen und Geliebte der mexikanischen Revoluti-

---

1 Die Bezeichnung *soldadera* [Bezeichnung für weibliche Soldatinnen, die während der Revolution gegen das diktatorische Regime von Porfirio Díaz kämpften – Anm. der Hg.] ist auf das spanische *soldada*, den Lohn oder Wehrsold zurückzuführen.

2 Es ist nicht gesichert, ob Adelita tatsächlich existierte oder nur eine Legende ist. Ihr richtiger, bürgerlicher Name war angeblich Altagracia Martinez und obwohl sie aus der Oberschicht von Mexiko-Stadt stammte, sympathisierte sie mit der Revolution. Unabhängig davon wird die Bezeichnung Adelita heute als Synonym für alle *soldaderas* angewandt.

onshelden fanden die *soldaderas* ruhmvollen Eingang in die nationale mexikanische Mythologie. Die *soldadera* wurde zu einem Teil des kollektiven Ge-
dächtnisses und der nationalen Identität (vgl. Potthast 2003: 276f.), wobei aber
vor allem ihre mütterliche, unterwürfige Seite hervorgehoben wird. Denn die
mexikanische Revolution wird im Grunde als Tat „wahrer, ehrhafter Männer"
glorifiziert (vgl. Lang 2002a: 27) – und damit auch die mangelnde praktische
Umsetzung politischer Ziele zum Beispiel nach sozialer Gerechtigkeit gekonnt
vertuscht. Konstitutiver Bestandteil von Männlichkeit war bereits im postrevolutionären Diskurs Gewalt. Das heißt in der Konsolidierung der mexikanischen
Nation spielte Gewalt eine entscheidende Rolle (vgl. Lang 2002a: 21ff.) und
schon in der Nationenbildung wurde Gewalt mit Männlichkeit (*maskulini-
dad*)/Mannhaftigkeit (*hombría*) strukturell verwoben. Der zugrunde liegende
Herrschaftscode der Dominanz basierte auf der Beherrschung der Frau und der
Bereitschaft, Gewalt anzuwenden. Männlichkeit, Gewalt und politische Macht
wurden aber auch – auf der symbolischen Ebene – zu nationalen Eigenschaften
erhoben, sie sind Bestandteil der nationalen Identität (vgl. Monsiváis 1986). Als
das neue Nationalgefühl der *Mexicanidad* mit dem *macho mexicano* verwoben
wurde, wurde Alltagsgewalt im Geschlechterverhältnis positiv konnotiert. Gewalt und „das Idiom der Mannhaftigkeit" institutionalisierten sich im Staat und
spielen dort bis heute eine wichtige Rolle: So blieb die männerbündische *caudillaje*[3] das grundlegende Muster politischer Interaktionen im postrevolutionären
Mexiko und auch in der Staatspartei der PRI (*Partido Revolucionario Institu-
cional*).
Parallel zur Bildung der mexikanischen Nation kam es zu (neuen) Ausschlie-
ßungen: unter anderem der Indigenas und der Frauen im Allgemeinen. Letztere
hatten qua Geschlecht in dieser männlich konnotierten nationalen Identität keinen Platz. Frauen wurden vielmehr als Trägerinnen und Bewahrerinnen der Tradition konzipiert und ihr Platz war der in der Familie. Die „mexikanische Frau",
selbstlos, duldsam und gehorsam, galt – ebenso wie die „mexikanische Familie"
– als nationales Emblem. „Gewalt" wurde erst mit den erstarkenden feministischen und Frauenbewegungen Mexikos in den letzten 25 Jahren thematisiert.
Gewalt war aber nicht nur das zentrale feministische Thema, sondern auch ein
wesentliches Element des mexikanischen Modernisierungsprozesses. Aber, wer
spricht über Gewalt und wer spricht über welche Aspekte von Gewalt? Wie wird
Geschlecht, Ethnizität und Sexualität im Gewalt bzw. Anti-Gewaltdiskurs konzipiert bzw. berücksichtigt oder auch nicht? Und welche Auslassungen beinhaltet
dahingehend auch der feministische Diskurs?
Wir werden in unserem Beitrag zeigen, dass gerade durch die Thematisierung
von direkter, physischer Gewalt sowohl im Rahmen der feministischen aber
auch der zapatistischen Bewegungen in Mexiko ein bis dahin unthematisiertes

---

3 *Caudillaje* leitet sich vom Spanischen *caudillo*, Oberhaupt oder Heerführer, ab. Die *caudillaje* bezeichnet in Lateinamerika nicht nur im engeren Sinne die Machtmechanismen der
 Militärdiktaturen in den 1970er Jahren, sondern auch in einem weiteren Verständnis sämtliche durch männerbündische Strukturen und auf einen dominanten Patriarchen ausgerich-
 teten politischen Kulturen.

Terrain besetzt wurde. Andererseits wurden damit aber auch neue Auslassungen produziert. Denn die spezifischen Gewalt-Erfahrungen von lesbischen und indigenen Frauen spielen im feministischen Mainstream-Diskurs keine Rolle, indigene und lesbische Frauen sind darin nicht präsent.

Ausgehend von der These, dass Soziale Bewegungen an den gesellschaftlichen Rändern auf zentrale soziale Mechanismen aufmerksam machen, möchten wir einerseits den Begriff der symbolischen Gewalt (nach Pierre Bourdieu) wieder stark machen. Symbolische Gewalt äußert sich nicht nur in Mexiko für Frauen unter anderem als „Unsicherheitsregime" (Sauer 2005: 203). Andererseits werden wir Gewalt nicht nur an der Kategorie Geschlecht bzw. „Frau" festmachen, sondern Geschlecht und Gewalt am Kreuzungspunkt mit Ethnizität und Sexualität reflektieren. Symbolische Gewalt wird auch am Widerstand lesbischer Frauen und der Frauen in der zapatistischen Bewegung sichtbar.

Zugrunde liegt unseren Überlegungen eine konstruktivistische Lesart von Gewalt, in der wir Gewalt als die Summe derjenigen Praktiken definieren, die in einer Gesellschaft in einer bestimmten historischen Situation als – körperlich und psychisch – verletzend und (meist) illegitim gelten und ökonomische Ausbeutung, kulturelle Exklusion sowie politische und soziale Marginalisierung zur Folge haben, fördern und/oder reproduzieren. Sexualisierte Gewalt weist dabei auf die Geschlechterkomponente der Opfer und Täter, d. h. auf die strukturell eingelassenen vergeschlechtlichten und sexualisierten Machtverhältnisse, hin.

Feminismus in Mexiko

Vor dem Hintergrund einer jahrzehntelangen Alleinherrschaft der PRI und ihrem System eines ausgeprägten Klientelismus haben Frauen seit den 1970er Jahren versucht, sich gegen den allmächtigen Vater Staat abzusetzen (vgl. Küppers 2000: 24). Die von den Vereinten Nationen unterstützte Weltfrauenkonferenz, die 1975 in Mexiko stattfand, lieferte wichtige Impulse zur Aktivierung vor allem der städtischen Frauen und der akademischen Diskurse. Parallel dazu organisierten sich die Frauen der Basis und der Arbeiterklasse im gemeinsamen, marxistisch inspirierten Kampf mit Männern gegen die imperialistische Ausbeutung.

Im Zuge des so genannten Modernisierungsprozesses fanden das Thema und die Infragestellung von „Gewalt gegen Frauen" auch deutlichen Niederschlag in der Politik der Regierung. Das offizielle Aufgreifen feministischer Belange gelang im Kontext der bewegungsdynamischen Vorbereitung zur Abwahl der 70 Jahre regierenden PRI.

Bereits 1988 kam es unter der Präsidentschaft von Salinas de Gortari zur Umsetzung frauenspezifischer Anliegen, dies vor allem im Bereich der familiären Gewalt.[4]

---

4 1991 wurde die juristische Definition von Vergewaltigung erweitert, das Strafmaß erhöht sowie der Straftatbestand der sexuellen Belästigung eingeführt. 1996 und 1997 wurden spezielle Gesetze gegen Gewalt in der Familie erlassen und Vergewaltigung in der Ehe unter Strafe gestellt. Um die Jahrtausendwende kam es dann auf zivilrechtlicher Ebene zur Reformation der Scheidungsverfahren und der Schutzmaßnahmen für misshandelte Frauen.

Lang resümiert, dass „[d]er Reformeifer der Regierung unter de Gortari im Bereich der Gewalt gegen Frauen [...] so ausgeprägt [war], dass er den Feministinnen vorübergehend die Initiative aus der Hand nahm und diese zum großen Teil auf die von oben vorgegebenen Maßnahmen nur noch reagieren konnten" (Lang 2002b: 15).

Aber nicht nur in die staatliche Argumentation haben die feministischen Forderungen Eingang gefunden. Umgekehrt haben auch mexikanische Feministinnen Ende der 1990er das Vokabular des neoliberalen Diskurses aufgegriffen und strategisch genutzt. Die Interessen des Staates und des Marktes wurden zitiert, um Gewalt gegen Frauen als Hindernis für die ökonomische Entwicklung und die Demokratie Mexikos auszulegen.[5] Denn eine demokratische Gesellschaft könne nicht auf autoritären und despotischen Familienstrukturen aufbauen. In diesem Perspektivenwechsel[6] waren Frauen nicht mehr als Opfer sondern als Staatsbürgerinnen konzipiert. Als solche sollten sie aktiv die Modernisierung Mexikos und damit seine Beteiligung in der internationalen Politik und Wirtschaft mit gestalten (vgl. Tuider 2004a).

Während feministische Aktivitäten in den 1970er Jahren marginalisiert und minimal organisiert waren, können sie heute auf Institutionalisierung und Professionalisierung blicken. Dabei wurden aber die feministischen Bewegungen aufgesogen, ohne tiefer gehende Veränderungen nach sich zu ziehen. Stattdessen kann mit Küppers (2000: 31) von einem „feministischen Assistentialimus" gesprochen werden. Feminismus in Mexiko stellt heute eher einen Beruf im Rahmen einer Nichtregierungsorganisation (Non Governmental Organisation – NGO) denn eine soziale Protestbewegung dar. Lang (2002b: 15) spricht von einer „kleine[n], heterogene[n] frauenpolitische[n] Elite", die dabei an Einfluss gewann, der aber der Bezug zur politischen Basis verloren ging.

Mit der Implementierung der Anti-Gewalt-Programme und -Gesetze wurden auch die unterschiedlichen Lebenslagen von Frauen nivelliert und vor allem – wie im folgenden Abschnitt dargelegt wird – gewisse Kämpfe marginalisiert.

Auslassung I: Indigene Frauen und zapatistische Kämpfe

Mit der Professionalisierung ging ein Verlust der radikalen Forderungen und der marxistischen Grundsätze einher. Während „Frauen" unterschiedlicher sozialer Gruppen vormals als gemeinsame Kämpferinnen agierten, werden heute vor allem Unterschichtsfrauen und indigene Frauen wegen mangelnder Qualifikation aus der Mitarbeit in den NGOs ausgeschlossen. Von Verbündeten mutierten sie zu Empfängerinnen von Hilfsprogrammen. Nun sind sie die Klientinnen der feministischen Programme. Das heißt, es verfestigte sich damit auch die Differenz unter Frauen entlang der Achsen Klasse und Ethnizität, aber auch entlang

---

Im Zuge dessen wurden Therapie- und Beratungszentren sowie ein Frauenhaus (in Mexiko Stadt) eingerichtet (vgl. Lang 2001: 118 sowie Lang 2002a: 88f.).

5 Gemäß dem Motto: Das Private ist Politisch!

6 Nicht nur der Kampf zwischen Männern und Frauen, sondern die Diskussion um Demokratie und Staatbürgerschaftskonzepte, der Weg zu Chancengleichheit, Partizipation und Demokratie standen im Mittelpunkt.

von Sexualität. Die mexikanische Soziologin Margara Millán stellt in einem Interview das Verhältnis von Feminismus und indigenen Frauen folgendermaßen dar:

> „In Mexiko gibt es eine sehr stark ausgebildete feministische urbane Tradition, die die Rechte der Frauen im Terminus der Frauenemanzipation vorgetragen hat. Dieser sehr homogene Feminismus hat ein starkes Geschlechter-Bewusstsein beinhaltet und in die patriarchalen Geschlechterverhältnisse interveniert. Es war und ist aber schwierig für ihn, kulturelle Differenzen oder die Differenz aufgrund von Klasse zu beachten. So kam es zwar zu Arbeiten *über* indigene Frauen, aber kaum zu Versuchen, den Dialog *mit* indigenen Frauen zu etablieren.
> In zweierlei Hinsicht entpuppt sich der mexikanische Feminismus dabei als ethnozentrisch: Zum einen gibt es eine feministische Richtung, die die indigenen Frauen als Unterentwickelte ansieht und indigene Frauen an den Ort der Armut und der Marginalisierung situiert. Zum anderen gibt es einen Diskurs, der das feministische Bewusstsein der indigenen Frauen ‚erwecken‘ und sie aus ihrer Situation befreien will. Denn sie müssen lernen, wie Schuhe getragen werden und dass sie sich waschen müssen."
> (Millán in Tuider 2004b: 516)

Das versteckte Kulturkonzept des mexikanischen Feminismus wird eben so wenig thematisiert und problematisiert wie die Querverbindungen zwischen Geschlecht, „Rasse", Kultur und Klasse. Stattdessen wird die Gleichheit von Frauen und infolgedessen der für alle gültige Weg zur Emanzipation betont. Inhalt in Bewegung und Theorie ist vorrangig das asymmetrische, gewalthältige Geschlechterverhältnis, dessen Verschränkung mit der ethnischen Zugehörigkeit und/oder sexuellen Orientierung kaum thematisiert wird. Zu kritisieren sind dabei sowohl die Auslassungen der spezifischen Lebenssituationen indigener und lesbischer Frauen und deren spezifischen Gewalterfahrungen, als auch die Marginalisierung ihrer Kämpfe – gesamtgesellschaftlich und im Rahmen des Feminismus. Aus dem Interview mit Margara Millán dazu:

> „Ein wichtiges Moment in der Auseinandersetzung zwischen Feminismus und Zapatismus war, als einige wichtige Teile des mexikanischen Feminismus sich generell gegen Krieg und damit gegen die zapatistische Bewegung als bewaffnete Bewegung ausgesprochen haben. Die militärischen Strukturen wurden als patriarchal und phallozentrisch und damit konträr zum Feminismus stehende angeklagt.
> Aber für die zapatistischen Frauen, die bereit waren zu sterben, weil sie ihre Art zu leben als unwürdig empfanden, war der Vorwurf einer phallozentrischen Logik beizutreten, sehr schwierig. Dieser mexikanische ‚Hauptstadtfeminismus‘, der sein Nein zum Krieg, sein Nein zum Militär verkündete, ließ den indigenen Frauen, die stolz auf ihr Amt und ihre Beteiligung im Kampf waren, keinen Raum, sich in diesem pazifistischen Feminismus wieder zu finden.

Auch nachdem sich der Zapatismus von einer Waffen- zu einer ‚Diskurs-
guerilla' verändert hatte, blieben die militärischen Strukturen erhalten und
das war und blieb der kritische Punkt. Zusätzliches ungelöstes Problem ist
dabei, dass aus dem Feminismus zwar das ‚Nein zum Krieg und zur be-
waffneten Option des *Zapatismus*' kam, aber kein ‚Nein zum Krieg des
mexikanischen *Staates gegen den Zapatismus*'." (Millán in Tuider 2004b:
519)
Die zapatistischen Frauen veranschaulichen eine Form des Feminismus, der
einer spezifischen Problematik entspringt. Durch die Artikulation und das Auf-
treten der zapatistischen Frauen musste der Feminismus als weitläufiges, plura-
les Projekt, im Hinblick auf Ein- und Ausschlüsse neu konzipiert werden. Bis
heute bezeichnen sich die indigenen Frauen aber nicht als Feministinnen sondern als *Zapatistas*, weil sie sich mit den feministischen Frauen, die einer anderen sozialen Klasse, einer anderen ökonomischen und kulturellen Situation an-
gehören, nicht identifizieren.

Widerstand als Indikator für zentrale soziale Mechanismen

Als die Zapatistische Armee der Nationalen Befreiung (EZLN) mit Beginn ihres
Aufstands am 1.1.1994 die chiapanekische Provinzmetropole San Cristobal de
las Casas einnahm, wurde die Guerilla-Aktion von Ana Maria, einer indigenen
Frau, angeführt. Auffallend an der zapatistischen Bewegung war die von Beginn
an hohe Beteiligung junger, indigener Frauen in den militärischen Reihen, den
Märschen, in den Unterstützungsbasen und den Kooperativen.[7] Aber bereits im
März 1993, das heißt ein knappes Jahr *vor* dem ersten öffentlichen Erscheinen
der Guerilla, wurde in den mit den RebellInnen sympathisierenden Gemeinden
das „Revolutionäre Frauengesetz" erlassen. Darin werden „mit aller Schärfe

---

7 Auffallend ist, dass die paritätische Verteilung auf der Basisebene, z. B. bei der Beteiligung
an den *consultas* (wörtlich: Sprechstunden) (1995, 1999), den nationalen Befragungen, die
von der EZLN-Basis hinsichtlich der Zustimmung zu ihren Zielen unternommen wurden,
und dem Intergalaktischen Treffen (1996) [dieses Treffen „für eine menschliche Gesellschaft und gegen den Neoliberalismus" fand im Sommer, in Chiapas statt – Anm. der Hg.]
weitestgehend funktioniert. Auf der Führungsebene hingegen sind von den 23 Komman-
deurInnen nur vier Frauen. Dennoch scheint gerade innerhalb der militärischen Struktur der
Guerilla der Frauenanteil immer noch wesentlich höher als in den 2003 neu geschaffenen zi-
vilen Verwaltungseinheiten, den *Juntas de Buen Gobierno* (Räte der Guten Regierung –
JBG). Der Sprecher der EZLN, *Subcomandante* Marcos (2004) erklärte im zweiten Teil
seines Textes „Ein Video lesen", „dass ein Mangel, den wir schon seit langer Zeit mit uns
herumschleppen, die Stellung der Frauen betrifft. Die Einbeziehung der Frauen an den Aufgaben der Organisation ist immer noch gering, und in den autonomen Räten und den JBG
praktisch nicht vorhanden. Während der Prozentsatz der Frauenbeteiligung an den Geheimen Revolutionären Indigenen Komitees zwischen 33% und 40% liegt, sind es in den
autonomen Räten und den Juntas der Guten Regierung durchschnittlich weniger als 1%."
Ein Jahr später hat sich dieser Anteil offenbar schon etwas erhöht (vgl. Lang 2005).

Fragen von Modernität, Tradition und Demokratie" (Millán 2000: 208) problematisiert.[8]
Ein Jahrzehnt der Selbstorganisation indigener Frauen gipfelte in einem Programm, das als „Aufstand vor dem Aufstand" (Topitas 1994) und als „der vielleicht größte Erfolg der EZLN" (Rovira 1997) bezeichnet worden ist. Denn die
Reolutionären Frauengesetze haben weitreichende soziale Prozesse ausgelöst
und langsam einsetzende Veränderungen bewirkt.

> „Durch die sehr direkten Forderungen, die einfach wirken mögen, hinter-
> fragen die zapatistischen indigenen Frauen die Grundlagen der patriarcha-
> len Ordnung in den Gemeinden. Sie zeigen auch die Ebenen auf, wo die
> Gemeinde mit dem mexikanischen Staat und der ihm inhärenten ökono-
> mischen und kulturellen Rationalität zusammenstößt, und verorten gleich-
> zeitig ihren spezifischen Raum als Frauen innerhalb dieser Konfrontation
> mit der Regierung." (Millán 2000: 204)

Der basale Inhalt der Gesetze – Recht auf freie Partnerwahl, Recht auf körperliche Unversehrtheit etc.[9] – vermittelt nicht nur einen Eindruck davon, unter
welchen (ungeheuerlichen) Umständen indigene Frauen vor dieser Bewegung zu
leben hatten. Die Inhalte des Revolutionären Frauengesetzes können auch als In-
dikator für symbolische Gewalt dienen. Denn die Frauengesetze weisen auf das
unhinterfragte Funktionieren patriarchaler Strukturen hin, die – wie eingangs
dargestellt – immer eine bestimmte Verbindung von Männlichkeit und Gewalt
beinhalten.

Auslassung II: Lesbische Frauen und homosexuelle Kämpfe

„Überall auf der Welt werden Menschen wegen ihrer sexuellen Orientierung
mißhandelt, vergewaltigt, inhaftiert, gefoltert und ermordet." (AI 2000: 7) – das
heißt die Sexualität eines Menschen kann zu spezifischen Gewalterfahrungen
führen. Während zum Beispiel in Nicaragua (vgl. AI 2000: 46-47) noch immer
eine explizit antihomosexuelle Gesetzgebung vorzufinden ist und im Iran die
Tötung von Lesben erlaubt ist, ist Homosexualität in Mexiko nicht illegal. Aber
ebenso wie in Chile und in Argentinien ist in Mexiko eine Bestrafung wegen des
„Verstoßes gegen die öffentliche Ordnung" gesetzlich verankert.[10] Gewalttätige
Übergriffe auf Lesben, Schwule und Transgenders gibt es von staatlichen und
nicht-staatlichen Organisationen, der Familie und Sicherheitskräften. Oft wird

---

8 „Die zehn Punkte des Revolutionären Frauengesetzes sind normative Rechte der Frauen. Sie
beziehen sich auf verschiedene Ebenen: das Recht auf politische Partizipation und auf die
Übernahme politischer Posten innerhalb der Organisation [...] [und] [...] innerhalb der Gemeinden, das Recht auf Arbeit, Bildung und Gesundheit, das Recht auf physische Integrität
und das Recht, über ihren eigenen Körper zu entscheiden" (Millán 2000: 205).
9 Auf Deutsch beispielsweise nachzulesen unter http://www.npla.de/poonal/p134.htm
(URL 1).
10 Die Definition als „Gefahr für die Gesellschaft" ermöglicht in Venezuela polizeiliches
Aufgreifen und Gefängnis; die „Bewahrung der öffentlichen Ordnung" dient auch in
Kolumbien als Vorwand Todesschwadronen zur *limpieza social* (Säuberung der Gesellschaft) loszuschicken.

von polizeilicher Willkür in Form von Razzien an Szene-Treffpunkten berichtet. Das polizeiliche Eingreifen wird dann als Vorgehen gegen „unmoralisches Verhalten" gerechtfertigt (vgl. AI 2000).

Das *Closet* zu verlassen[i] und – im wahrsten Sinne des Wortes – Gesicht zu zeigen, kann dabei je nach geographischer Einbettung zu gewalttätigen Übergriffen oder „nur" zu hassvollem Sprechen (*hate speech*) führen. Denn homophobe Unterdrückung und Diskriminierung ist immer auch abhängig von der ethnischen und Klassenzugehörigkeit und dem geographischen Ort. Es ist in Mexiko also nicht gleichbedeutend, ob eine Lesbe oder ein Schwuler in der Hauptstadt oder im ländlichen Süden des Landes lebt.[11] Eine „*Feria del Amor*" („Liebesmesse") (2004) – mit zahlreichen Ständen zu HIV und Aids, Familienplanung und Schwangerschaftsabbruch, Jugend und Sexualität, innerfamiliäre Gewalt und lesbischer Mutterschaft – sowie der „*marcha lesbica*" („Lesbenmasch") (2003 und 2004)[12] und die „*encuentros lésbico feminista latinoamericano y del caribe*" („lesbisch-feministischen lateinamerikanischen und karibischen Begegnungen") sind – anders als in den meisten ländlichen Regionen Mexikos wie auch in vielen Vierteln der Hauptstadt – im Zentrum von Mexiko Stadt ebenso möglich wie der Besuch homosexueller Clubs und Bars in der Zona Rosa[ii].[13]

Die seit den 1980er Jahren veröffentlichten Zeitschriften – zum Beispiel „*Del otro lado*", „*Las Amantes de la Luna*" (seit 1992), sowie die an der Universidad Autónoma Metropolitana (UAM) herausgegebene "*Ollinhuitzicalli*" – sind wesentliches Sprachrohr der Homosexuellenbewegungen.[14] Ihr explizites Anliegen ist es, Information und Netzwerke über die regionalen und nationalen Grenzen hinweg zu schaffen. In diesem Prozess der *visibilidad* (Sichtbarkeit) geht es auch darum zu zeigen, dass Homosexualität nicht nur ein weißes Gesicht hat, sondern Teil der *lateinamerikanischen* Frauen ist.[15]

Während in den 1990er Jahren für lesbische Aktivistinnen hauptsächlich eine Bestandsaufnahme zur Situation lesbischer Frauen in Mexiko und Lateinamerika im Vordergrund stand, hat sich das Hauptinteresse Ende der 1990er/Anfang des folgenden Jahrhunderts verschoben: Vorträge, Workshops, Videoproduktionen und Märkte dienen Präsentationszwecken. Ziel ist es für die Situation lesbischer Frauen zu sensibilisieren und gegen Lesbophobie anzugehen. Ebenso wie im feministischen Diskurs wird dabei der Begriff der *ciudadania* (BürgerInnenrecht) in „*ciudadania sexual*" (sexuelles BürgerInnenrecht) erweitert (Conciencia Lati-

---

11 Wenngleich auch in Mexiko Stadt jeden dritten Tag ein Schwuler umgebracht wird (vgl. URL 2).

12 An der ersten Lesbendemo in Mexiko Stadt – „nur für Frauen" – haben ca. 2500 Frauen teilgenommen (vgl. Ocaña 2003: 6).

13 Dies ist das Fazit eigener Forschungen in den jeweiligen Landesteilen, aber auch Ergebnis aus ExpertInneninterviews, vor allem mit Cecilia Riquelme, Begründerin von „Las Amantes de la Luna", in Mexiko Stadt am 18. August 2004.

14 1996 entstand die eher separatistische agierende lesbische Zeitschrift „*Les VOZ*", deren Untertitel Programm ist: „*solo mujeres para mujeres*".

15 Interview mit Cecilia Riquelme, Begründerin von „Las Amantes de la Luna", in Mexiko Stadt am 18. August 2004.

noamericana 09/2001: 13).[16] Dabei wird an das Konzept der Menschenrechte, an
das Recht auf Gesundheit, auf freie Entscheidung und auf Sicherheit angeknüpft.
Je nach eigener politischer Verortung zum Beispiel als „lesbische Feministinnen" oder als „radikal autonome Lesben" werden Bündnisse mit anderen Gruppen eingegangen und Veranstaltungen initiiert. Autonomie und die Unabhängigkeit von politischen Parteien sowie die Kritik an den patriarchal-machistischen
Strukturen der Schwulenbewegungen werden beispielsweise von Mariana Ocaña
(2003: 5), Mitarbeiterin der Zeitschrift „*Les VOZ*" für eine autonome Lesbenbe-
wegung gefordert. Andere Gruppen, zum Beispiel „Las Amantes de la Luna"
sind erst im Kontext einer sich etablierenden schwulen Zeitschrift entstanden.
Die Zusammenarbeit lesbischer, schwuler und feministischer Gruppen zu den
Themen Geschlecht, Frauen, sexuelle Diversität, Gewalt und Prävention trägt
also sowohl identitäts- als auch bündnispolitische Züge. Und es ist letztlich auch
eine Frage bzw. Notwendigkeit der mangelnden finanziellen Unterstützung sowohl von Seiten des Staates als auch ausländischer NGOs warum und wie sich
Kooperationen ergeben.

Fassen wir nun die wichtigsten Punkte der mexikanischen Frauenbewegungen
zusammen, so lässt sich feststellen, dass

- indigene Frauen zu Klientinnen der feministischen Programme gemacht
  und die Kämpfe der zapatistischen Frauen dabei negiert oder abgewertet
  werden;
- das Thema Homosexualität innerhalb der feministischen Bewegungen
  kaum eine Rolle spielt;
- Gewalt an Frauen vorwiegend in heterosexuellen Beziehungen thematisiert wird;
- der Fokus auf familiäre oder häusliche Gewalt lesbische Lebenswelten ka-
  tegorisch ausschließt. Indigene Frauen fallen zwar in die Kategorie auf die
  fokussiert wird, ihre besonderen Lebensumstände (vom frühen Aufstehen
  über die Vielfachbelastung bis zur strukturellen Unmöglichkeit zur
  Selbstständigkeit) werden aber kaum berücksichtigt.
- Der gesetzliche Fokus auf direkte physische Gewalt setzte einerseits
  feministische Forderungen durch, produziert andererseits neue Ausblen-
  dungen: die Erfahrungen und Kämpfe indigener und lesbischer Frauen.
- Indem der Schwerpunkt auf den physischen Gewaltaspekt gelegt wird,
  werden phsysische und institutionelle Strukturen vernachlässigt.

Auslassung III: Strukturelle Gewalt

Der Fokus auf direkte physische Gewalt und die daraus folgende Schaffung
rechtlicher Straftatbestände (Erweiterung der Definition von Vergewaltigung,
sexuelle Belästigung, etc.) ist ein Erfolg feministischer Bewegungen bzw. Forderungen und macht einerseits konkrete Anklagen möglich. Andererseits lenken

---

16 Weil sexuelle Identitäten, Orientierungen, Optionen und Praktiken als zentral für das
individuelle wie kollektive Leben betrachtet werden, fordern (lesbische und queere) Feministinnen eine Explizitheit der Sexualität bei Menschenrechten und Konzepten der BürgerInnenschaft.

diese Erfolge aber auch ab von der strukturellen Gewalt, denen Frauen – in ganz unterschiedlichen Ausmaßen und Formen, je nach sozialer Lage, ethnischer Zugehörigkeit und/oder sexueller Präferenz – ausgesetzt sind.

Plädoyer für einen weiten Gewaltbegriff angesichts neoliberaler Realitäten

Der französische Soziologe Pierre Bourdieu (2005) hat in „Die männliche Herrschaft" darauf hingewiesen, dass die soziale Ungleichheit zwischen den Geschlechtern durch „symbolische Gewalt" gestützt, aufrechterhalten und reproduziert wird.[17] Er meint damit, dass die besondere Form der symbolischen Gewalt nicht auf Repression oder auf bewusster Zustimmung beruht, sondern sie fußt auf habituellen Wahrnehmungs-, Bewertungs- und Handlungsschemata. Symbolische Gewalt sei folglich nur zu begreifen, indem man „die Alternative von Nötigung (durch Kräfte) und Zustimmung (zu Gründen), von mechanischem Zwang und willentlicher, freier, überlegter, ja kalkulierter Unterwerfung überwindet" (ibid.: 70).

Weil auch Leidenschaften und Emotionen auf einer „somatisierten sozialen Beziehung" (ibid.: 72) beruhen, sind sie nicht durch bewusste Willensakte allein aufzuheben. Bourdieu wendet sich hier ein weiteres Mal gegen jene Politik, die ausgehend von Marx' und insbesondere von Lukács Rede vom „falschen Bewusstsein" auf die „Bewusstwerdung" der Unterdrückten zielt und hofft. Denn die symbolische Herrschaft sei weniger eine bewusste Konstruktion als vielmehr der Effekt eines Vermögens, Dispositionen und Wahrnehmungsschemata zu schaffen, die für sie empfänglich machen und sie in das Innerste der Körper einprägen. „Das Fundament der symbolischen Gewalt liegt ja nicht in einem mystifizierten Bewußtsein, das es nur aufzuklären gälte", so Bourdieu, „sondern in Dispositionen, die an die Herrschaftsstrukturen, ihr Produkt, angepaßt sind" (ibid.: 77). Allein die Umgestaltung der Produktionsbedingungen der Dispositionen könne demnach eine gesellschaftliche Veränderung herbeiführen.

Auch wenn in Bourdieus Modell die Möglichkeiten vielleicht als zu gering eingeschätzt werden, diese Produktionsbedingungen der Dispositionen zu verändern – sprich widerständige Praktiken zu entwickeln –, ist doch sein Beharren auf der Dimension symbolischer Gewalt von großer Bedeutung für das Verständnis gegenwärtiger Geschlechterverhältnisse. Denn Bourdieu verdeutlicht, dass Gewalt in die psychischen und sozialen Strukturen einer Gesellschaft eingelassen ist, ihr „Unbewusstes" ausmacht.[18]

---

17 Bourdieu räumt zunächst zwei Missverständnisse hinsichtlich seines Begriffs der symbolischen Gewalt aus: Erstens versteht Bourdieu das Adjektiv „symbolisch" nicht als Gegensatz zu „real", meint damit auch keine rein „geistigen" Angelegenheiten und verharmlost deshalb auch nicht die physische Gewalt (sondern ergänzt die Wahrnehmung dieser). Zweitens versucht er gerade nicht, den Mythos des „ewig Weiblichen" fortzuschreiben, da er die patriarchalen Herrschaftsstrukturen als „das Produkt einer unablässigen (also geschichtlichen) Reproduktionsarbeit" (Bourdieu 2005: 65) ausmacht, an der Institutionen wie auch einzelne AkteurInnen beteiligt sind.

18 Zur strukturellen Dimension von Gewalt in Bezug auf Ethnizität vgl. Kastner 2005.

In einer zeitdiagnostischen Sicht bezieht sich auch die Politikwissenschaftlerin Birgit Sauer auf Bourdieu. Sie betont, dass Bourdieu ebenso wie Michel Foucault angesichts der vielfältig wirksamen Politiken der Privatisierung eine „Restrukturierung symbolischer Gewalt" (Sauer 2005: 203) als zentralen Aspekt des neoliberalen Umbaus des Staates ausmacht. Auch wenn diese Mechanismen, die von Foucault als Gouvernementalisierung des Staates beschrieben werden und auf die ökonomische Selbststeuerung der Individuen zielen, nicht unbedingt grundsätzlich neu sind, zumindest für Frauen nicht, stellt Sauer neue „Unsicherheitsregime" (Sauer 2005: 203) heraus. Diese Unsicherheitsregime haben ihr zufolge auch „neue geschlechtsspezifische Gewaltsignaturen".

Sauer widmet sich grundsätzlich der Transformation von Gewalt bzw. Gewaltstrukturen in der Moderne. Gewaltabwehr und Sicherheit vor Gewalt, die der Staat garantieren sollte, seien für Frauen nie durchgesetzt worden. Die Frauenforschung habe gezeigt, dass das staatliche Gewaltmonopol die Beziehungen von Männern schützt und regelt. Aber das staatliche Gewaltmonopol sichert Frauen nicht gegen die Gewalt und Abhängigkeit, denen sie durch das herrschende Geschlechterverhältnis ausgesetzt sind. „Die *systematische Unsicherheit* der Frauen ist eine dem Staate immanente Form von Gewalt" (ibid.: 199). Grundlage der Argumentation ist, dass schon im keynesianischen Wohlfahrtsstaat[iii] Frauen nicht nur qua Geschlecht benachteiligt waren, sondern das „Frausein" auch als Risiko konstruiert wurde, das von sozialstaatlichen Arrangements angeblich nicht abzusichern war. Modell für Selbstbestimmung war immer der Mann, Frauen wurden als abhängig und schützenswert bestimmt. Die Zuständigkeit für diesen Schutz musste der Staat erst gegen die Gruppe der Väter und Ehemänner durchsetzen: Die Durchsetzung des Gewaltmonopols bis in den vermeintlich privaten Bereich des Hauses (in dem der „Familienvorstand" herrscht), muss also in Bezug auf Gewalt als Errungenschaft gewertet werden. Sauer diskutiert die Umstrukturierung des fordistischen Nationalstaates[iv] hinsichtlich seiner geschlechtsspezifischen Gewaltpotenziale. Ihre These ist dabei, „dass die aktuellen [neoliberalen] Veränderungen von Staatlichkeit dazu beitragen, die im keynesianischen Wohlfahrtsstaat in Teilen zurückgedrängten geschlechtsspezifischen Gewaltverhältnissen wieder in den Alltag von Frauen einbrechen zu lassen" (ibid.: 200). Sauer gebraucht dabei ausdrücklich einen weiten Gewaltbegriff, der nicht nur körperliche Versehrung betrifft, sondern auch soziale, reproduktive und politische Unsicherheiten erfasst. Ihrem Verständnis folgend können wir nun Gewalt als in die „Organisation und Ordnung von Gesellschaft, also in Staat und Politik, (...) eingelagert und abgesichert" (ibid.: 201) erfassen.[19] Ausschluss, Marginalisierung und Benachteiligung sind dabei For-

---

19 „Um die Vielfältigkeit von Bedrohungs- und Unsicherheitsverhältnissen von Frauen analytisch in den Blick zu bekommen, scheint mir ein ‚weiter' Gewaltbegriff unabdingbar: *Ökonomische Unsicherheit* und Ausbeutung durch geschlechtssegregierte Arbeitsmärkte, niedrige Frauenlöhne und Benachteiligung im System sozialer Sicherheit, *soziale Unsicherheit* durch die gesellschaftliche Abwertung von Fürsorgearbeit, *reproduktive Unsicherheit* durch Abtreibungsbeschränkungen oder Pränataldiagnostik sowie *politische Unsicherheit* durch

men institutioneller Gewalt, von denen Frauen in besonderer Weise betroffen sind. In Mexiko betrifft dies besonders auch die Lebenssituation indigener und lesbischer Frauen; ihre Kämpfe werden – wie wir dargestellt haben – auch innerhalb emanzipatorischer Bewegungen wenig berücksichtigt.

Die Zentralität der Bewegungen an den Rändern

Die von Birgit Sauer so genannten „Unsicherheitsregime" sind einerseits als neue, durch neoliberale Politiken ausgelöste Form der strukturellen Gewalt gegen Frauen zu verstehen, basieren andererseits aber auch auf der Reaktivierung alter, traditioneller Unsicherheiten. Ausgehend von *speziellen* gesellschaftlich marginalisierten Positionen – nämlich ethnischen und geschlechtlichen – machen die Kämpfe indigener und lesbischer Frauen auf beide Ebenen dieser *allgemeinen* strukturellen Gewalt aufmerksam. Das soll im Folgenden kurz an vier Punkten ausgeführt werden, die Sauer als zentrale Gewaltsignaturen der Unsicherheitsregime ausmacht:

1. Der neue Gesellschaftsvertrag, der durch die Transformation des „Sicherheits- zum Wettbewerbsstaat" (Joachim Hirsch) entsteht, basiert wie der alte auf der unbezahlten Arbeit von Frauen. „Die neoliberale Deregulierung, Entstaatlichung bzw. Privatisierung von sozialer Sicherheit lösen staatlich institutionalisierte Gewaltverhältnisse nicht auf, sondern rekonfigurieren sie im Kontext eines marktradikalen und wettbewerbszentrierten Diskurses, neuen Formen unterlassener Sicherheit und mithin von Gewalt [...]" (Sauer 2005: 204). Die Nicht-Umsetzung der geforderten Selbstregierung wird mit Ausschluss bestraft.

Die Kämpfe der indigenen Frauen in der EZLN beziehen sich direkt auf diesen Aspekt der unbezahlten Arbeit – Punkt zwei des Revolutionären Frauengesetzes lautet: „Die Frauen haben das Recht zu arbeiten und das Recht auf einen gerechten Lohn" – so wie auch lesbische Aktivistinnen durch ihre Ablehnung des klassischen Familienmodells diesen Aspekt des Unsicherheitsregimes implizit anprangern.

2. Es kommt zu einer „Rekonfiguration von geschlechtsspezifischer Arbeitsteilung im Verdichtungsfeld von Klasse und Ethnizität" (Sauer 2005: 205), weil Frauen als „Unternehmerinnen ihrer selbst" (Pühl 2003) einer mehrfachen Überbelastung ausgesetzt sind. Die Prekarisierung der Arbeitsverhältnisse betrifft Frauen in besonderer Weise, die Ausbreitung von Teilzeitbeschäftigungen verhindert selbstbestimmtes Leben, weil zusätzliche Einkommen notwendig werden. Hinsichtlich der Situation in Mexiko ist Sauer hier insofern zu ergänzen, als vormals typisch weibliche Aufgaben von Herd-Heim-Kinder oftmals an die ethnisierte Bedienstete abgegeben werden und sich so ein Verhältnis von „Her-

---

Ausschluss und Marginalisierung sind Formen struktureller und institutioneller Gewalt gegen Frauen" (Sauer 2005: 200f.).

rin und Magd" (vgl. Young 2000) in der Schicht der emanzipierten Mittel-schichtsfrauen (re)etabliert.[20]
Indem der fünfte Artikel des Revolutionären Frauengesetzes das Recht auf ge-sundheitliche und ernährungsmäßige Mindestversorgung einklagt, wird aus der Position der ethnisch anders Markierten zugleich deren spezifische – die hier so-gar Sauer etwas aus den Augen zu verlieren scheint –, als auch die allgemeine Prekarität von Frauen thematisiert.

3. Die Aushöhlung der sozialen Sicherungssysteme untergräbt das staatliche Ge-waltmonopol in intimen Beziehungen erneut, das heißt Frauen werden wieder abhängiger und oft in gewaltgeprägten Beziehungen gehalten bzw. in diese zu-rückgedrängt. Die Rückverteilung der Verantwortung für Sicherheit in private Hände personalisiert auch die Verfügungsgewalt über die Sicherheit.
Die basisdemokratische, kollektive Organisierung der indigenen Gemeinden stellt ein Gegenmodell zur Privatisierung der Sicherheit dar, das entscheidend von indigenen Frauen mitgetragen wird. Lesbische Politiken haben sich von jeher gegen die auf weibliche Abhängigkeit beruhenden Beziehungsstrukturen gewandt und damit das „soziale Sicherungssystem: Ehemann" wesentlich kriti-siert.

4. Die Gesetze gegen häusliche Gewalt, die in den letzten Jahren erlassen wor-den sind, schätzt Sauer als äußerst ambivalent ein: Sie verschieben das staatliche Handeln auf das *nach* der physischen Gewalt, anstatt Vorsorge zu betreiben, und gliedern sich somit ein in eine „Aufwertung polizeilicher Macht" (Sauer 2005: 206). „Die Skandalisierung von Männergewalt gegen Frauen wird so instrumen-talisierbar für den kontrollierenden und disziplinierenden und sein Machtmono-pol durchsetzenden Staat" (ibid.: 206). In diesem Diskurs habe die Idee des Em-powerment von Frauen keinen Platz, Frauen bleiben Opfer. Auch in der Rede von „häuslicher Gewalt" (statt von Gewalt gegen Frauen zu sprechen) zeigt sich eine Negation der Herrschaftsstrukturen in den Geschlechterverhältnissen.
Mit dem von den Frauen in den zapatistischen Gemeinden durchgesetzten Alko-holverbot wurde die Problematik der „häuslichen Gewalt" entpersonalisiert und als gesellschaftliches Problem von Gewalt gegen Frauen benannt, das nur durch kollektive Regelungen zu bewältigen ist.[21] Auch hier verweisen die Kämpfe in-digener Frauen also auf strukturelle Gewalt gegen Frauen. Hingegen sind Ge-waltangriffe aufgrund sexueller – aber auch geschlechtlicher – Nonkonformität nicht nur in Mexiko weder in Gesetzestexten noch in den Sozialen Bewegungen ein Thema. Lesbischer Aktivismus ist deswegen auch ein Kampf gegen Homo-und Lesbophobie, und mithin oftmals auch ein Kampf gegen die heteronormati-ven gesellschaftlichen Strukturen.

---

20 Dabei gehen wir von einem Verständnis von „Ethnizität als Existenzweise" (Kastner 2005: 121) aus, die einen real vorhandenen und, wie in diesem Falle, ökonomische und soziale Marginalisierung perpetuierenden Effekt symbolischer Klassifikation bezeichnet.
21 In den von den Zapatistas kontrollierten Gemeinden in Chiapas haben die Frauen als Kon-sequenz aus der häufigen Verbindung von Alkoholgenuss und Gewalt ein striktes Verbot von Alkohol und anderen Drogen durchgesetzt.

Schlussbemerkungen

Freiheit von diversen Gewaltformen in öffentlichen und in privaten Räumen fungiert seit der Vierten Weltfrauenkonferenz in Peking als die zentrale Forderung der internationalen Frauenbewegung. In der Umsetzung der damit einhergehenden – auch für die lateinamerikanischen Frauenbewegungen zentralen – Empowerment-Strategie verschob sich aber der Fokus von der „Selbstbestimmung der Frau" auf „Frauen als Individuen" und ihre „aktive Partizipation" geriet zur diskursiven Notwendigkeit. Die 1990er sind, so Pühl und Schultz (2001: 108), „von einem liberalistischen Rückzug feministischer Forderungen auf die Maxime der individuellen Selbstbestimmung geprägt". Die Kosten der Konsenspolitik zeigten sich vor allem an der Übernahme kritischer Begriffe aus Sozialen Bewegungen in die politische Rhetorik wie zum Beispiel des Empowerment-Begriffs, der „weichgespült und seiner herrschaftskritischen Substanz entkernt wurde" (Wichterich 2003: 79).

Empowert, bewusstseinsgeschult, kompetenzerweitert und zu politischen AkteurInnen gemacht, sind die GewinnerInnen die mittelschichtsgeprägten NGO-Feministinnen und die VerliererInnen eine wachsende Mehrheit „ökonomisch Untauglicher", die ihre Freiheiten nicht zu nutzen verstünden und es vermeintlich an Initiative und Flexibilität fehlen lassen: vor allem indigene, aber auch lesbische Frauen. Diskriminierung und die Erfahrung von Gewalt erscheint darin als individuelles und selbst verschuldetes Problem.

Gegen diesen, von etablierten Feministinnen übernommenen Diskurs der Individualisierung und Privatisierung haben sich in den vergangenen Jahren sowohl lesbische als auch indigene Aktivistinnen formiert. In ihren Kämpfen geht es allerdings nicht nur um ihre eigenen, „partikularen" Anliegen, sondern sie verweisen – wie wir hoffentlich zeigen konnten –auf generelle und keineswegs aufgelöste Formen struktureller Gewalt.

Bibliographie

Al (Dinkelberg, Wolfgang, Eva Gundermann, Kerstin Hanenkamp und Claudia Koltzenburg) (Hg.). 2000.[2] Das Schweigen brechen. Menschenrechtsverletzungen aufgrund sexueller Orientierung. Berlin.

Azuela González, Mariano. 1942. Los de abajo: Novela de la Revolución Mexicana. New York.

Bourdieu, Pierre. 2005. Die männliche Herrschaft. Frankfurt am Main.

Conciencia Latinoamericana. 2001. Sexualidades. México, XIII (3).

Kastner, Jens. 2005. Staat und kulturelle Produktion. Ethnizität als symbolische Klassifikation und gewaltgenerierte Existenzweise. In: Schultze, Michael, Jörg Meyer, Britta Krause und Dietmar Fricke (Hg.). Diskurse der Gewalt – Gewalt der Diskurse, Frankfurt a. M. et al., S.113-126.

Küppers, Gabriele. 2000. In Bewegung geraten. Frauen und Feminismus in Lateinamerika. In: Geschlecht und Macht. Lateinamerika Jahrbuch 24. Münster, S. 17-37.

Lang, Miriam. 2001. Alltagsdemokratie und Alltagsgewalt. Neue Herausforderungen für Diskurs und Praxis der Mexikanischen Frauenbewegung. In: Beharren auf Demokratie. Lateinamerika Jahrbuch 25. Münster, S. 116-136.

Lang, Miriam. 2002a. Gewalt und Geschlecht in Mexiko. Strategien zur Bekämpfung von Gewalt gegen Frauen im Modernisierungsprozeß. Münster.

Lang, Miriam 2002b. Frauen handeln. Hauptsache Macht. Ist der Feminismus noch eine subversive Kraft oder längst ein Bestandteil der neoliberalen Herrschaftsstrukturen? Das Beispiel Mexiko zeigt die Widersprüche feministischer Praxis. In: Jungle World 0416.01.2002: 15.

Lang, Miriam. 2005. Der Fortschritt ist ein Schneckenhaus. Die vor zwei Jahren von der südmexikanischen Guerilla EZLN gegründeten regionalen Autonomiezentren gelten als wichtigste Errungenschaft des zapatistischen Kampfes, sie sind auch Vorbilder für andere indigene Gruppen. Wie funktioniert die Selbstverwaltung im lakandonischen Urwald? In: Jungle World 31: 28-31.

Les VOZ. 2003. La revista lésbica de México, para todas las mujeres. II (26).

Millán, Márgara. 2000. Indigene Frauen in der *neuen* Politik. In: Brand, Ulrich und Ana E. Cecena (Hg.). Reflexionen einer Rebellion. „Chiapas" und ein neues Politikverständnis. Münster, S. 198-215.

Monsiváis, Carlos. 1986. De la construcción de la sensibilidad femenina. In: fem 43: 14-18.

Ocaña, Mariana P. 2003. Solo mujeres relato de la 1a marecha lésbica. In: Lez Voz II (26), Sept./Oct..

Potthast, Barbara. 2003. Von Müttern und Machos. Eine Geschichte der Frauen Lateinamerikas. Wuppertal.

Pühl, Katharina. 2003. Der Bericht der Hartzkommission und die ‚Unternehmerin ihrer selbst': Geschlechterverhältnisse, Gouvernemenalität und Geschlecht. In: Pieper, Marianne und Encarnación Gutiérrez Rodríguez (Hg.). Gouvernementalität und Subjektivität. Frankfurt am Main/New York, S. 111-135.

Pühl, Katharina und Susanne Schultz. 2001. Gouvernementalität und Geschlecht. In: Hess, Sabine und Ramona Lenz (Hg.). Geschlecht und Globalisierung. Ein kulturwissenschaftlicher Streifzug durch transnationale Räume. Königstein/Taunus, S. 102-127.

Rovira, Guiomar. 1997. Revolution der Sitten. Der vielleicht größte Erfolg der EZLN: Die Zersetzung der patriarchalen Strukturen in den indigenen Gemeinden. In: Jungle World 33: 18.

Sauer, Birgit. 2005. Gewaltige Reformen – Neoliberalismus und Gewalt gegen Frauen. In: Das Argument. Zeitschrift für Philosophie und Sozialwissenschaften 263 (5/6): 199-208.

Subcomandante Marcos. 2004. Ein gelesenes Video. Teil II – Über zwei Mängel und einige, die keine sind. http://www.free.de/bankrott/basta/c20040823.html (Zugriff: 09.08.2005)

Topitas (Hg). 1994. Ya Basta! Der Aufstand der Zapatistas. Hamburg.

Tuider, Elisabeth. 2004a. ‚Estamos en diferentes lugares'. Feministische Identität & Gouvernementalität am Beispiel der mexikanischen Frauenbewegungen. In: Kaltmeier, Olaf, Jens Kastner und Elisabeth Tuider (Hg.). Neoliberalismus – Autonomie – Widerstand. Soziale Bewegungen in Lateinamerika. Münster, S. 157-183.

Tuider, Elisabeth. 2004b. „Das Fleisch des Diskurses". Zum Verhältnis von feministischer und zapatistischer Bewegung. In: Peripherie 24 (Dez.): 515-521.

URL 1: http://www.npla.de/poonal/p134.htm (Poonal. Deutsche Ausgabe des wöchentlichen Pressedienstes lateinamerikanischer Agenturen, Nr. 134 vom 14.03.1994 (Zugriff: 12.03.2007)

URL 2: www.sergay.com.mx/redseguridad.shtm (Zugriff: 12.03.2007)

Wichterich, Christa. 2003. Femme global. Globalisierung ist nicht geschlechtsneutral. Attac Basis Texte 7. Hamburg.

Young, Brigitte. 2000. Die Herrin und die Magd. Globalisierung und die Rekonstruktion von ‚class, gender and race'. In: Widerspruch. Globalisierung und Widerstand 38: 47-61.

Weitere Quellen:

Interview mit Cecilia Riquelme, Begründerin von „Las Amantes de la Luna", in Mexiko Stadt am 18. August 2004.

---

i Anm. der Hg.: Der Ausdruck „Das Closet verlassen" bezieht sich darauf, dass Homosexuelle aus dem Verborgenen heraustreten, sich offen zu ihrer Sexualität bekennen.

ii Anm. der Hg.: Vergnügungsviertel in Mexiko Stadt.

iii Anm. der Hg.: Im keynesianischen Wohlfahrtsstaat, wie er nach dem 2. Weltkrieg den westlichen Industrienationen zugrunde lag, bestand der Theorie nach ein soziales Vorsorgeprinzip des Staates.

iv Anm. der Hg.: Fordismus beruht auf standardisierter Massenproduktion und –konsumtion, eine Art der Wirtschaft wie sie im Anschluss an den Ersten Weltkrieg entstanden ist. Neben Fließbandproduktion strebte der Fordismus auch eine gewisse Zusammenarbeit zwischen ArbeiterInnen und KapitalistInnen (soziale Absicherung) an. Den ArbeiterInnen sollten hohe Löhne bezahlt werden, um so die Nachfrage anzukurbeln.

Martina Mezgolits

Sexualisierte Gewalt und Apartheid in Südafrika

Einleitung

Gewalt gegen Frauen war lange kein Thema – weder politisch noch wissenschaftlich. Erst in den 1970er Jahren wurde in vielen Teilen der Welt, im Kontext der „zweiten Welle" der Frauenbewegung erstmals auf politischer Ebene über Gewalt gegen Frauen diskutiert.[1] Ab den 1980er Jahren interessierten sich zunehmend PsychotherapeutInnen und PsychosomatikerInnen für die Auswirkungen von Gewalt auf die Opfer – die feministische Sichtweise spielte hier eine Vorreiterrolle zur Eröffnung der Debatte und lieferte auch den Rahmen für wietere Untersuchungen zum Thema. Im Laufe der Forschungen kristallisierte sich zunehmend ein Zusammenhang zwischen Geschlecht und Gewalt heraus und es wurde deutlich, dass häusliche und sexuelle Gewalt als geschlechtsbezogen angesehen werden müssen, das heißt, ohne Bezug auf die Kategorie Geschlecht nicht adäquat untersucht oder verstanden werden können (vgl. u.a. Hagemann-White 2001).

> „Die ‚Erkenntniszäsur', dass sexualisierte und häusliche Gewalt mit dem Geschlecht zu tun haben (auch dann, wenn sie zwischen Männern oder zwischen Frauen stattfinden), lässt sich gleichermaßen in der neueren kriminologischen Forschung, in sozialwissenschaftlichen Studien, in der Psychiatrie und Psychotraumatologie auffinden, wie in der feministischen Literatur selbst. Sie findet in den politischen Verlautbarungen der Europäischen Union und des Europarates Niederschlag: Gewalt gegen Frauen gilt als Symptom der noch nicht eingelösten Gleichberechtigung der Geschlechter." (ibid.: 131)

Im Südafrika der Apartheid bestand die Diskrepanz zwischen der tatsächlichen Gewalt gegen Frauen und ihrer politischen und wissenschaftlichen Thematisierung länger als in anderen Regionen der Welt. Sexualisierte Formen von Gewalt im Allgemeinen sowie gegen Frauen im Besonderen waren ein wesentlicher und konstituierender Bestandteil des Apartheidregimes: häusliche Gewalt, Vergewaltigung, sexualisierte Folter in den Gefängnissen, aber auch institutionalisierte Formen wie zum Beispiel der schlechtere Zugang zu Bildung, geringere Entlohnung für gleiche Arbeit und die Abwesenheit von Frauen in der politischen Arena etc. waren die Regel (vgl. u.a. Baßmann 1978, Bernstein 1985, Schäfer 2005). Dennoch, oder gerade deswegen, stand im Mittelpunkt des Interesses der schwarzafrikanischen Bevölkerungsmehrheit – die von diesen verschiedenen Formen von Gewalt in besonderem Maße betroffen war – die Abschaffung der

---

1 Entscheidend dafür, dass (sexualisierte) Gewalt gegen Frauen im häuslichen Bereich schließlich auch in der Gesetzgebung verankert wurde, waren die internationalen Frauenkonferenzen im Rahmen der UN-Frauendekade (1975-1985). Vor allem auf der Konferenz in Kopenhagen (1980) wurde häusliche und sexualisierte Gewalt breit thematisiert (vgl. u.a. Antrobus 2004: 50).

Apartheid, als primäre Verursacherin der tagtäglichen Gewalt, an erster Stelle des politischen Interesses. Gewalt gegen Frauen wurde höchstens im Kontext rassistischer Unterdrückung registriert und angeprangert. Erst in den 1990er Jahren, kurz vor dem Ende der Apartheid, wurden verschiedene Formen sexualisierter und geschlechtsbezogener Gewalt in die politische Diskussion mit einbezogen (Schäfer 2005). Trotzdem ist auch heute in Südafrika Gewalt gegen Frauen noch alltäglich (Röhrs 2005, Wittmann 2005, URL 1).

Gewaltbegriff und Fragestellung[2]

Das Konzept der Gewalt – grundlegend für die Konstituierung einer „universellen Schwesternschaft" im Feminismus der 1970er und 1980er Jahre, in dem die gemeinsame Gewalterfahrung von Frauen ins Zentrum gerückt wurde (Sum 2000) – gerät in den letzten Jahren im Kontext der allgemeinen Infragestellung von Universalismen und Essentialismen ins Kreuzfeuer der Debatten. Zum Einen lassen sich kulturspezifische Unterschiede identifizieren, zum Anderen erschwert die Fokussierung auf diese Differenzen kulturübergreifende vergleichende Analysen. Zunächst ist es wichtig zu erkennen, dass Gewalt nicht in allen menschlichen Gemeinschaften in gleicher Weise vorkommt: Es gibt Gesellschaften die kein solches Konzept haben, gleichzeitig kann ein bestimmter Akt in ein und derselben Gruppierung, je nach Kontext, entweder als gewalttätig betrachtet werden, oder aber nicht. Aus diesem Grund wird in der Kultur- und Sozialanthropologie grundsätzlich zwischen zwei Ebenen der Gewalt unterschieden:

a) einer situativen Ebene, die durch einen emischen, nach innen gerichteten Blick auf eine Gesellschaft oder Gruppe gekennzeichnet ist. Diese Ebene bezieht sich auf den Akt an sich, auf das Hier und Jetzt und auf die augenblicklichen Gefühle der TäterInnen und Opfer.

b) einer gegenständlichen Ebene, die auf einem etischen, nach außen gerichteten Blick beruht, der wiederum auf der Annahme gründet, dass den verschiedenen Konzepten von Gewalt eine Gemeinsamkeit zu Grunde liegt. Auf dieser Ebene besteht die Möglichkeit eines Konsens zwischen allen Beteiligten (TäterInnen, Opfer, ZeugInnen) hinsichtlich der Legitimität einer Tat (Riches 1986; ders. 1991).

Die Definition von Gewalt ist auch deshalb schwierig, weil es sehr unterschiedliche Formen von Gewalt gibt – in diesem Artikel beziehe ich mich in erster Linie auf eine Definition, die auf Johan Galtung (1975: 9) zurückgeht und von Amesberger, Auer und Halbmayr (2004: 18) um die feministische Perspektive erweitert wurde. Gewalt wird hier definiert als die dahingehende Beeinflussung eines Menschen, dass seine aktuelle somatische und geistige Verwirklichung geringer ist als die potentielle Verwirklichung. Diese Definition impliziert verschiedene Dimensionen, die sich grundsätzlich auf zwei Ebenen unterscheiden lassen:

---

2 Für die folgenden theoretischen Ausführungen vgl. Zuckerhut in diesem Band; dies. 2009 sowie dies. 2011.

- direkte/personale Gewalt, bei der es ein handelndes Subjekt gibt; und
- indirekte/strukturelle[3] Gewalt, bei der es kein handelndes Subjekt gibt.

Beide Formen bedingen einander und stehen in einem dialektischen Verhältnis zueinander. Es gibt aber darüber hinaus noch weitere nennenswerte Unterscheidungen: die zwischen physischer und psychischer, intendierter und nicht intendierter, objektloser und objektbezogener oder manifester und latenter Gewalt. Die feministische Diskussion um Gewalt von Männern gegenüber Frauen lehnt sich weitgehend an die Unterscheidung zwischen physischer und psychischer sowie manifester und latenter Gewalt an und differenziert in:

- manifeste physische Gewalt: das einmalige oder wiederholte Zufügen von Verletzungen und Schmerzen;
- manifeste psychische Gewalt: die Wahrnehmung der Verringerung des eigenen Handlungsspielraums durch die Einflussnahme einer anderen Person, wobei sich die Beeinflussung auf den Handlungsspielraum bezieht, den die bedrohte Person trotz aktueller struktureller Gewalt hat;
- latente physische Gewalt: die dauerhaft vorhandene Möglichkeit einer Person, einer anderen Person Verletzungen und/oder Schmerzen zuzufügen;
- latente psychische Gewalt: die dauerhaft vorhandene Möglichkeit einer Person, den Handlungsspielraum einer anderen Person zu verringern (ibid.: 18f.).

Sexualisierte Gewalt

Bei sexualisierter Gewalt handelt es sich um eine Form von Gewalt, die sich bewusst und gezielt auf die Verletzung der Integrität eines Menschen als Angehörige/r einer Geschlechtsgruppe richtet und somit sind „(...) alle Angriffe und Übergriffe, die auf eine Verletzung des sexuellen Intimbereichs eines Menschen abzielen" mit einzubeziehen (Mischkowski 2004: 18). Obwohl es eine Tatsache ist, dass Gewalt von Männern gegenüber Frauen häufig mit sexuellen Handlungen verbunden ist, bedeutet das nicht unbedingt, dass der Tat an sich sexuelle Motive zu Grunde liegen – Sexualität wird vielmehr als eine Form der Unterdrückung und Machtausübung benutzt. Vergewaltigungen (sowohl innerhalb als auch außerhalb der Ehe), Sexualmorde oder sexuelle Belästigungen sind somit weniger aggressive Ausdrucksform von Sexualität sondern ein sexualisierter Ausdruck von Aggressionen (ibid.). Bei geschlechtsspezifischer Gewalt geht es darüber hinaus nicht nur um direkte/personelle körperliche Gewalt, sondern auch um alle möglichen Arten von Grenzüberschreitungen wie der Verletzung des Schamgefühls, Erniedrigungen, psychische Nötigungen zu sexuellen Handlungen etc. Aus diesen Gründen wird der Terminus sexualisierte Gewalt in der feministischen Literatur an Stelle von sexueller Gewalt bevorzugt (Amesberger et al. 2004: 19). Der Begriff sexualisierte Gewalt bezieht sich sowohl auf direk-

---

3 Bei struktureller Gewalt handelt es sich um eine Form der Machtausübung, die einem System innewohnt und sich in ungleichen Machtverhältnissen und daraus resultierenden ungleichen Lebenschancen äußert (ibid.).

te/personale als auch auf indirekte/strukturelle Gewalt. Amesberger et al. (a.a.O.) schlagen des Weiteren, in Bezug auf die Analyse der Situation in den Konzentrationslagern des nationalsozialistischen Deutschland, eine weitere Unterteilung sexualisierter Gewalt in sexualisiert-frauenfeindlich, sexualisiert-rassistisch, sexualisiert-eugenisch und sexualisiert-heterosexistisch vor. Letztere Unterscheidungen möchte ich für die Analyse sexualisierter Gewalt in Südafrika fruchtbar machen – ohne damit einen Vergleich zwischen dem Apartheidsystem in Südafrika und dem nationalsozialistischen System in Deutschland anzustreben oder nahezulegen. Vielmehr geht es darum, anhand des Begriffsinstrumentariums von Amesberger et al. Formen sexualisierter Gewalt im Südafrika der Apartheid herauszuarbeiten und zu präzisieren.

Im Folgenden gebe ich als Einstieg einen kurzen und stark verallgemeinerten Überblick über das Apartheidsystem in Südafrika, bevor ich auf die verschiedenen Formen sexualisierter Gewalt eingehe.

Das Südafrikanische Apartheidsystem

Zunächst möchte ich die wesentlichen Grundlagen des Apartheidsystems skizzieren, wie es 1948 nach dem Wahlsieg der Nationalen Partei als staatstragende Ideologie eingeführt worden war. Das Wort Apartheid stammt aus dem Afrikaans und bedeutet soviel wie „Trennung" oder „Separation" – die Apartheid diente in erster Linie der Sicherung der Vorherrschaft der Weißen Bevölkerungsminderheit (Fisch 1990). Auf der Basis früherer Verfügungen der britischen Kolonialregierung wurde die bereits existierende Diskriminierung der Schwarzen Bevölkerung zunehmend verschärft; sie sollte auf alle Bereiche des Alltaglebens ausgedehnt werden (Wittmann 2005). Die Apartheid wurde vor allem in drei Richtungen vorangetrieben. Zum Einen sollte eine radikale und vollständige geographische Trennung der durch den *Population Registration Act* von 1950 festgelegten Haupt„rasse"gruppen (Schwarze bzw. Bantu, so genannte Coloureds[4] und Weiße) stattfinden. Zweitens sollte die soziale und politische Entrechtung aller Nicht-Weißen forciert und drittens ein Polizeistaat errichtet werden, der einen möglichen Aufstand der unterdrückten 87 Prozent der südafrikanischen Bevölkerung verhindern sollte (Jaenecke 1989).

Im Wesentlichen lässt sich das Apartheidsystem auf drei Ebenen beschreiben:

1. auf der Mikroebene, verkörpert durch die Gesetze der „kleinen Apartheid";

2. auf der Mesoebene, mit dem Ziel einer geographischen Trennung der „Rassen" durch die Schaffung eigener Lebensbereiche für Schwarze und Weiße; und

3. auf der Makroebene, bezogen auf das politisch-staatliche Zusammenleben ethnisch homogener Nationen (Wittmann 2005).

---

4 Da sich die reale Unterdrückungssituation von Bantus und so genannten Coloureds kaum unterschied, werden in diesem Artikel unter dem Terminus „Schwarz" alle Nicht-Weißen subsumiert.

Auf der Mikroebene wurden durch zahlreiche Gesetze sämtliche Möglichkeiten für Schwarze und Weiße beseitigt, sich in der Öffentlichkeit als Gleiche zu begegnen. Diese so genannte „kleine" oder „soziale" Apartheid wurde international am bekanntesten und trug am meisten zur Mobilisierung der Weltöffentlichkeit bei. Das Ziel der „kleinen" Apartheid war, den Kontakt zwischen den „Rassen" auf ein Minimum zu reduzieren – falls ein Kontakt stattfand, dann nur im Kontext von Über- und Unterordnung.

Die „Rassen"trennung bezog sich sowohl auf die Benutzung öffentlicher Verkehrsmittel, Parkbänke, Hotels oder Badestrände als auch auf sportliche Veranstaltungen (Fisch 1990) – in Museen gab es getrennte Besuchstage für Schwarze und Weiße (Jaenecke 1989); eine Weiße Ambulanz durfte keine Schwarzen Verletzten transportieren und es gab getrennte Blutkonservenbanken (Wittmann 2005).

Auf der Mesoebene fand die geographische Trennung der „Rassen" statt – diese wird auch als „große" Apartheid bezeichnet (Fisch 1990). Der Schwarzen Bevölkerungsmehrheit wurden durch den *Group Areas Act* von 1950 eigene Lebensbereiche, so genannte *Bantustans* oder *Homelands* zugewiesen, die aber insgesamt nur etwa 13 Prozent der Gesamtfläche des Landes ausmachten – die restlichen 87 Prozent Südafrikas wurden zum „Weißen Gebiet" erklärt. Im Zuge der Durchsetzung des *Group Areas Act* wurden Hunderttausende Schwarze zwangsumgesiedelt, einige Personen auch mehrmals (Bernstein 1985). Die *Bantustans* waren klein, zerstückelt und zum Großteil von schlechter Bodenqualität, weswegen nicht genug Land für die Subsistenzwirtschaft der ansässigen Bevölkerung vorhanden war. Da die *Homelands* zumeist auch weit entfernt von den industriellen Zentren lagen und außerdem kaum Arbeitsmöglichkeiten vorhanden waren, musste ein Großteil der arbeitsfähigen männlichen Bevölkerung als Wanderarbeiter in die städtischen Zentren abwandern. Auf Grund der Gesetzeslage bestand die überwiegende in den *Bantustans* verbleibende Mehrheit aus Frauen, Kindern, Alten und Kranken. Da die Weiße südafrikanische Wirtschaft aber nicht auf die Schwarzen Arbeitskräfte verzichten konnte, wurden in den Industriezentren ebenfalls eigene Wohnbereiche für die Schwarzen WanderarbeiterInnen – so genannte *Townships* – geschaffen.

Auf der Makroebene ging die Apartheid von der Existenz von zehn (bzw. elf) kulturell verschiedenen „Völkern" oder „Nationen" aus, die als einander feindlich gesinnt galten und sich deshalb getrennt voneinander entwickeln sollten. Alle Weißen konstituierten, unabhängig von ihrer Muttersprache, die „Weiße Nation"[5] während die verschiedenen Schwarzen Bevölkerungsgruppen durch Dif-

---

5 Die Weiße Bevölkerung war keineswegs homogen, sondern setzte sich auf Grund der spezifischen Siedlungsgeschichte Südafrikas aus BurInnen (ehemalige NiederländerInnen, Franzo/ösInnen sowie Deutsche) und BritInnen zusammen. Die Beziehung zwischen BritInnen und BurInnen war durch zahlreiche Spannungen und Auseinandersetzungen um die Vorherrschaft innerhalb der Weißen Gruppe geprägt und gipfelte schließlich im Anglo-Boer-Krieg (1899-1902). Die Weiß-Weißen Differenzen wurden aber schließlich überwunden, um die Weiße Vorherrschaft im überwiegend Schwarzen Südafrika aufrechterhalten zu können (Fisch 1990, Jaenecke 1989).

ferenzierung nach Sprache oder Dialekten (Landis 1973) sowie nach ethnischen Gesichtspunkten festgelegte Gruppen bildeten, die in jeweils eigenen *Homelands* leben sollten (Fisch 1990).

Zwar war das erklärte Ziel der Apartheid die getrennte Entwicklung, aber die verantwortlichen Regierenden erkannten schon bald, dass sich diese Vision nicht verwirklichen lassen würde. Zum einen waren die *Bantustans* wirtschaftlich nicht in der Lage, das Überleben ihrer Bevölkerung zu sichern, zum anderen war die südafrikanische Wirtschaft, wie schon erwähnt, von den Schwarzen Arbeitskräften abhängig, da diese besonders billig waren (Jaenecke 1989). Die Gründe hierfür liegen in der Geschichte Südafrikas: Als ab der Mitte des 19. Jahrhunderts Gold, Diamanten und andere wertvolle Mineralien gefunden wurden, kam es zu einer raschen Industrialisierung und Verstädterung um die Fundgebiete. Um die Minderheit der Weißen Arbeitskräfte vor der Konkurrenz der Schwarzen WanderarbeiterInnen am Arbeitsmarkt zu schützen, wurde ein ungleiches Lohnniveaumuster geschaffen: Schwarze erhielten nur etwa 15 Prozent des Lohns von Weißen und wurden zudem nur in untergeordneten Positionen angestellt, während Weiße die qualifizierten Stellen besetzten. Die hohe Lohndifferenz wurde mit den (angeblich) unterschiedlichen Bedürfnissen erklärt: Weiße kämen von weiter her, müssten ihre Familien ernähren und hätten mehr Bedürfnisse nach europäischen Waren, während Schwarze aus der Region in der Nähe des Arbeitsplatzes kämen, ihre Familien könnten sich in der Heimat selbst ernähren und sie seien zudem weniger an europäischen Gütern interessiert. Im Laufe der Jahre und durch die zunehmende rassistische Diskriminierung kam es in Südafrika schließlich zu einer Spaltung der ArbeiterInnenklasse[6] in hochqualifizierte und gut bezahlte Weiße Arbeitskräfte einerseits und unqualifizierte und extrem schlecht bezahlte Schwarze ArbeiterInnen andererseits (Fisch 1990; Marx 1998).

Die Apartheid wurde mittels eines dichten Netzes rassistischer Gesetze durchgesetzt – innerhalb von zwei Jahrzehnten nach der Machtübernahme der Nationalen Partei wurden über 200 Gesetze, Verfügungen und Beschlüsse erlassen (Plumelle-Uribe 2004), von denen 96 ausschließlich die Schwarze Bevölkerung betrafen (Runge 1987). Die Gesetze wurden vorschriftsmäßig, regulär und schonungslos angewandt und dienten nicht nur dazu, die Überlegenheit der „Weißen Rasse" zu demonstrieren (vgl. Plumelle-Uribe 2004) sondern auch zur Verfestigung der untergeordneten Position der Schwarzen Bevölkerungsgruppe (vgl. Weiss 1989). Der Großteil der Gesetze betraf Männer wie Frauen. Südafrika war während der Apartheidzeit aber darüber hinaus auch eindeutig durch eine gesetzlich verankerte geschlechtsspezifische Unterdrückung gekennzeichnet (Wittmann 2005),

Die gravierendsten Auswirkungen auf das Leben der Schwarzen Bevölkerung hatten die Passgesetze. Diese stellten das effektivste Instrument der südafrikanischen Apartheidregierung zur Durchsetzung der „Rassen"trennung und der Kon-

---

6 Für mehr Informationen zur Spaltung der ArbeiterInnenklasse siehe u.a. Fisch (1990), Jaenecke (1989) und Marx (1998).

trolle über die Mobilität der Schwarzen Bevölkerung Südafrikas dar und waren für die Betroffenen daher auch eines der verhasstesten Instrumente der Apartheidregierung (vgl. Bernstein 1985). Sie wurden bereits 1709 erlassen, galten jedoch lange Zeit nur für Schwarze Männer (Weiss 1989). Erst im Jahr 1952 gelang es, die Passgesetze auf die Schwarzen Frauen auszudehnen – frühere Versuche waren am vehementen weiblichen Widerstand gescheitert (Schmidt 1983). Damit mussten nun alle AfrikanerInnen, die südafrikanische StaatsbürgerInnen waren, ab dem vollendeten 16. Lebensjahr ständig ein so genanntes *Reference Book* (Runge 1987), das als Personalausweis fungierte, bei sich tragen. In diesem Buch wurden vom zuständigen Beamten der Name, die Identitätsnummer, die Volkszugehörigkeit, das zugewiesene *Bantustan*, der Familienstand und die Wohnadresse eingetragen (Wolpe 1976). Der/die ArbeitgeberIn und das Tätigkeitsfeld wurden ebenso registriert wie die Bezahlung der Steuern; jede Ortsveränderung wurde streng überwacht (Runge 1987). Die Stempel über Arbeits- und Steuernachweise mussten monatlich von den jeweiligen ArbeitgeberInnen unterschrieben werden – fehlte ein Stempel wurde die betroffene Person auf der Stelle verhaftet (Jaenecke 1989).

Die Strenge dieser Verfügungen führte dazu, dass viele Schwarze unwillentlich dagegen verstießen – der Großteil der erwachsenen Schwarzen Bevölkerung hatte während der Apartheid mindestens einmal im Laufe des Lebens Probleme mit der Polizei auf Grund eines Vergehens gegen die Passgesetze (Wittmann 2005). Seine Übertretung stellte somit das häufigste Delikt dieser Bevölkerungsgruppe dar (Jaenecke 1989). Wegen der bedeutenden Rolle, die die *Reference Books* im täglichen Leben spielten, spricht Veronika Wittmann (2005) von einer Subordination der Schwarzen SüdafrikanerInnen unter die *Reference Books*. Die Pässe wurden de facto wichtiger als die Individuen selbst.

Apartheid und Gewalt

Die Basis des Apartheidregimes lag in der Gewalt. Seit den 1960er Jahren wurde systematisch ein Polizeiapparat aufgebaut, der „ausschließlich auf den Kampf gegen den politischen Feind ausgerichtet war" (Schäfer 2005: 82). Ab den 1980er Jahren verfolgte die Regierung die so genannte „totale Strategie", die darauf abzielte, die politische Opposition durch verschärfte Sicherheitsgesetze zu zerschlagen. Es wurde ein staatliches *Security Council*" eingerichtet, das eigenmächtig über den Einsatz von Polizei und Militär entscheiden konnte – Ende der 1980er Jahre erhielt das Militär vom *Security Council* ein Drittel der jährlichen Staatsausgaben. Nach Ausrufung des Ausnahmezustands 1985 eskalierte die Spirale der staatlichen Gewalt weiter – zwischen 1983/84 und 1988 wurden etwa 51 000 Personen ohne Anklage verhaftet und an 700 Inhaftierten die Todesstrafe vollzogen. Zwischen 1960 und 1990 wurden insgesamt etwa 100 000 Menschen verhaftet, davon an die 20 000 gefoltert (ibid.). Ebenfalls in den 1980ern wurden innerhalb von drei Jahren 18 000 Kinder verhaftet – der Großteil von ihnen (ca. 11 000) ohne Anzeige – weitere 173 000 Kinder wurden in Polizeigewahrsam genommen. Viele Jugendliche wurden auch ausgepeitscht, weil sie sich politisch engagierten (ibid.).

Neben diesen zahlreichen rassistisch motivierten Gewaltakten gab es aber auch vielfältige Übergriffe von Männern gegenüber Frauen, unabhängig von der Hautfarbe. Gewalt gegen Frauen war im Südafrika der Apartheid an der Tagesordnung und kam in unterschiedlichen Bereichen vor.

Sexualisierte Gewalt während der Apartheid

An dieser Stelle soll nun die Apartheidsituation auf verschiedene Formen sexualisierter Gewalt hin untersucht werden. Dabei werden zunächst Phänomene wie Vergewaltigung, häusliche Gewalt, Gewalt in den Gefängnissen, sexualisierte Gewalt im Kontext des Anti-Apartheidskampfes und Gewalt am Arbeitsplatz herausgegriffen. In einem nächsten Schritt werden sie im Hinblick auf ihre spezifische Ausrichtung entsprechend den von Amesberger et al. (2004) entwickelten Kategorien zugeordnet.

Vergewaltigungen

Südafrika war und ist das Land mit einer der höchsten Vergewaltigungsraten der Welt (Röhrs 2005: 17, URL 1) – es ist aber unmöglich, genaue Zahlen zu Vergewaltigungen während der Zeit der Apartheid zu bekommen. Dies liegt einerseits an den hohen Dunkelziffern die generell in diesem Bereich existieren, und andererseits an den unterschiedlichen Zahlen in den verschiedenen Studien. Einige gehen von etwa 280 000 Fällen pro Jahr aus (Critical Health No 9 Mai, 1983), andere sprechen von 300 000 Vergewaltigungen jährlich (inklusive der geschätzten Dunkelziffern) (Bernstein 1985) – der ANC[7] meinte, dass in Südafrika während der Apartheid etwa alle zwei Minuten eine Frau das Opfer einer Vergewaltigung wurde (ANC 1981).

Die Täter stamm(t)en aus allen sozio-ökonomischen Klassen, Alters-, Berufs- und ethnischen Gruppen (Critical Health No.9 Mai 1983). Auch bei den Opfern spielte weder das Alter, die Hautfarbe noch die Schichtzugehörigkeit eine Rolle: „Rape affects all women no matter how young or old, no matter what you are wearing or what you are doing. Babies as young as 6 months and women as old as 93 have been raped" (ANC 1981: 13).

Während Vergewaltigung alle Bevölkerungsgruppen sowohl auf der Opfer- als auch auf der Täterseite betraf, war die Verurteilungs- und Rechtssprechungspraxis tendenziell rassistisch. Dies zeigte sich insbesondere bei den Verurteilungen von Tätern. Im Falle einer Vergewaltigung drohte als Höchststrafe Tod durch Erhängen – de facto wurde die Todesstrafe aber nur bei Schwarzen Männer, die Weiße Frauen vergewaltigt hatten, verhängt und vollzogen. Vergewaltigungen von Schwarzen Frauen durch Schwarze Männer wurden in der Regel mit Haftstrafen geahndet, während Weiße Männer, die Schwarze Frauen vergewaltigten

---

7 Der African National Congress (ANC) wurde 1912 gegründet und gilt sowohl als die älteste als auch populärste afrikanische Widerstandsbewegung (Wittmann 2005). Berühmte Mitglieder des ANC waren und sind: Nelson und Winnie Mandela, Walter Sisulu, Oliver Tambo u.a. (Bernstein 1985, Mandela 1988 u.v.a.m.).

nur mit Geld- oder Bewährungsstrafen rechnen mussten (ANC-Vertretung in der BRD 1987).

Häusliche Gewalt

Ein Hintergrund für die weit verbreitete häusliche Gewalt in Südafrika kann in den Ehegesetzen gesehen werden (Unterhalter 1983). Eine Heirat schränkte die Rechte von Frauen, egal welcher Hautfarbe, stark ein. Unter Berufung auf eine festgeschriebene „eheliche Macht" wurden Frauen als Minderjährige unter der Vormundschaft ihrer Ehemänner angesehen. Sie durften ohne deren Erlaubnis keine Verträge unterzeichnen oder Bankkonten eröffnen und lange Zeit hatte der Mann sogar Anspruch auf das Einkommen seiner Frau (Landis 1973). Wenn Männer ihre Frauen schlugen, weil diese ihre häuslichen „Pflichten" nicht (gut genug) erfüllten, galt dies als gesellschaftlich akzeptiertes Verhalten (Speak 1988). Vergewaltigungen innerhalb der Ehe wurden, unter Berufung auf die ehelichen Rechte und Pflichten, nicht als Verbrechen angesehen. Die häusliche Gewalt war, wie Vergewaltigungen, in allen sozio-ökonomischen Schichten verbreitet – Frauen wurden unabhängig von Hautfarbe, Bildungsstand oder Alter Opfer gewalttätiger Ehemänner aber auch ihrer Väter, Brüder oder Onkeln (Speak 1986).

Gewalt in den Gefängnissen

In Hinblick auf die Haftbedingungen gab es gravierende Unterschiede zwischen politischen und nicht-politischen Gefangenen wie auch hinsichtlich der Hautfarbe: Weiße Häftlinge wurden unabhängig vom Geschlecht und dem Haftgrund wesentlich besser behandelt als Schwarze (Joseph 1987). Politische Gefangene wurden überwiegend in Isolationshaft gehalten, während andere Häftlinge in zumeist überfüllte Zellen gesperrt wurden. Mangelnde Hygienemöglichkeiten waren typisch für die Situation Schwarzer Frauen und Männer in den Gefängnissen. Frauen waren hiervon in besonderer Weise betroffen: wenn sie menstruierten bekamen sie manchmal Toilettenpapier, manchmal wurde ihnen aber auch gesagt sie sollen „ihre großen, fetten Hände" benützen (Mandela 1988). Es kam vor, dass menstruierenden Frauen Ratten in die Zellen gesteckt wurden, die die Binden (wenn vorhanden) auffraßen oder auch auf die Frauen losgingen (Schäfer 2005). Frauen, die mit ihren Kindern zusammen eingesperrt waren, erhielten für diese weder adäquate Nahrung noch Windeln und auch die medizinische Versorgung war mangelhaft (Vukani-Makhosikazi-Kollektiv 1986).

Gewalt an Schulen

Das südafrikanische Bildungssystem war ebenfalls nach Hautfarben differenziert. Auf Grund der angespannten finanziellen Situation vieler Nicht-Weißer Familien, konnten in der Regel nicht alle Kinder zur Schule geschickt werden. Söhne wurden meist gegenüber den Töchtern, unabhängig vom Alter, bevorzugt. Viele Mädchen, die dennoch die Schule besuchten, brachen ihre Ausbildung oft vorzeitig ab. Der Grund hierfür war häufig eine ungewollte Schwangerschaft, die zumeist auf Vergewaltigungen, u.a. auch in Form von erpresstem Geschlechtsverkehr durch Mitschüler oder Lehrer, zurückzuführen war. Sexuelle Übergriffe waren in den Schwarzen Schulen weit verbreitet, da die Täter kaum mit Konsequenzen zu rechnen hatten.

Bestimmungen hinsichtlich der Geburtenkontrolle und Abtreibungen

"Women need to be able to control their own fertility. But when birth control becomes population control as it has in South Africa, it acquires a new significance. The total control over population that apartheid seeks to obtain in all fields extends to this area of social relations." (Bernstein 1985)

In Hinblick auf die Bestimmungen zur Geburtenkontrolle und Abtreibung zeigten sich sowohl rassistische als auch sexistische Tendenzen. In den 1960er Jahren sprach sich die größte Kirchengemeinde in Südafrika – die *Dutch Reformed Church* (DRC) –, die die theologische und ideologische Basis des Apartheidregimes bildete, noch generell gegen die Geburtenkontrolle aus. Als die Regierung einige Jahre später beschloss die „Antibabypille" gratis zu verteilen, bezog die DRC plötzlich eine andere Position. Aufgrund der „Pflicht der Weißen sich zu vermehren" (Mezgolits 2008) und weil die Pille angeblich zu vermehrter Promiskuität führen würde, sprach die DRC sich gegen die Pille für Weiße Frauen aus, während Schwarze Frauen die Pille auf jeden Fall nehmen sollten. Dazu hieß es, dass „die Moral der *Bantu* bereits so weit gesunken [sei], dass die Pille die Promiskuität nicht weiter verschlimmern könnte" (Bernstein 1985).

1974 wurde eine staatliche Familienplanungskampagne gestartet, um die Geburtenrate der Schwarzen Bevölkerung zu senken: in den Schwarzen Schulen, Fabriken und Farmen wurden Verhütungsmittel an Schwarze Mädchen und Frauen verteilt. In den Krankenhäusern und an den Arbeitsstellen wurde der Schwarzen Bevölkerung durch Werbeplakate mitgeteilt, „dass nur eine kleine Familie eine große Zukunft hat" (Khumalo 1986: 185). Weißen Familien wurde gleichzeitig nahe gelegt, mehr Kinder zu bekommen, wobei sieben und mehr Kinder von der Regierung als das Ideal einer Weißen Familie propagiert wurde (ibid.).

Abtreibung war in Südafrika lange Zeit illegal – erst 1975 wurden mit dem *Abortion and Sterilisation Act* Abtreibungen in speziellen Fällen erlaubt, wenn: a) die Abtreibung für die Rettung des Lebens oder der Erhaltung der Gesundheit der Frau notwendig war, b) die Schwangerschaft der Frau schweren seelischen Schaden zufügen würde (vgl. Khumalo 1986), c) die Mutter als „schwachsinnig" galt (vgl. Bernstein 1985), d) die Schwangerschaft das Resultat einer Vergewaltigung oder von Inzest war und e) der Fötus ernsthaft geschädigt war (vgl. Khumalo 1986).

Die Richtlinien wurden strengstens kontrolliert und die Beweise mussten von drei verschiedenen Ärzten (darunter ein Psychiater) vorgelegt werden, was zur Folge hatte, dass 12 Monate nach Einführung des Gesetzes nur 570 medizinische Abtreibungen durchgeführt worden waren – der Großteil davon (402) bei Wießen Frauen. Zeitgleich wurden etwa 100 000 Fälle so genannter „Hinterhofabtreibungen" bekannt – der überwiegende Teil bei Schwarzen Frauen. Für viele von ihnen hatten die illegalen Abtreibungen schwerwiegende gesundheitliche

Konsequenzen – rund 70 Prozent der Todesfälle von Schwarzen Frauen im gynäkologischen Bereich ließen auf unsachgemäß durchgeführte Abtreibungen schließen (vgl. Bernstein 1985).

Sexualisierte Gewalt im Kontext des Anti-Apartheidkampfes

Ab den 1960er Jahren wurde die Anwendung sexualisierter Gewalt zu einer gängigen „Ermittlungsmethode" der südafrikanischen Behörden, wovon zahlreiche ANC-Aktivistinnen Zeugnis ablegten. Obwohl es auch Aussagen von Männern über sexualisierte Folter gibt, kann davon ausgegangen werden, dass in den meisten Fällen Frauen die Opfer waren.

Es gibt Berichte über Vergewaltigungen, Verletzungen der primären oder sekundären Geschlechtsorgane mit spitzen Gegenständen, Elektroschocks, sowie über erzwungenen Geschlechtsverkehr mit anderen Gefangenen. Die Opfer waren nicht nur Widerstandskämpferinnen sondern auch Ehefrauen, Partnerinnen oder Schwestern von Widerstandskämpfern. Damit sollten die Männer gedemütigt werden. Sexualisierte Gewalt gegenüber diesen Frauen wurde als Angriff auf die Männlichkeit gesehen und führte so zu einem Machtverlust des betreffenden Freiheitskämpfers. Zudem sollte die Weiße männliche Überlegenheit demonstriert und gleichzeitig sollten Schwarze Frauen dauerhaft traumatisiert werden (Schäfer 2005: 84).

Frauen wurden auch innerhalb der Befreiungsbewegung zu Opfern sexualisierter Gewalt – es existieren Berichte über Vergewaltigungen durch Guerillakämpfer oder einzelne ANC-Aktivisten, was zu einem doppelten Dilemma der betroffenen Frauen führte. Zum Einen mussten sie mit der erlittenen Gewalterfahrung leben, zum Anderen wurden die Täter als Helden im Kampf gegen rassistische Unterdrückung gefeiert – dieses Bild würde durch den Vorwurf der Vergewaltigung Schaden nehmen. Viele Frauen hatten auch Angst durch die Thematisierung des Erlebten dem rassistischen System Argumente zu liefern, im Sinne des Stereotyps des „gewalttätigen Schwarzen Mannes" oder des Schwarzen als „Vergewaltiger schlechthin". Aus diesen Gründen schwiegen viele Schwarze Frauen, die von Schwarzen Männern vergewaltigt worden waren, häufig über die erlittene Gewalt (Mezgolits 2008). Rita Schäfer (2005) vermutet, dass sexualisierte Gewalt innerhalb des Widerstands auf die Demütigung jener Frauen abzielte, die außergewöhnlichen Mut bewiesen oder sogar Führungspositionen übernommen hatten, um sie auf ihre ursprünglichen Positionen zurückzuverweisen.

Gewalt am Arbeitsplatz

Der Großteil der Schwarzen Frauen war in drei verschiedenen Bereichen tätig: in der Landwirtschaft, als Hausangestellte und in geringer Anzahl als ungelernte Arbeiterinnen in der verarbeitenden Industrie. Nur sehr wenige Schwarze Frauen fanden eine Anstellung außerhalb dieser drei Sphären und wenn, dann arbeiteten sie in Aufgabenkreisen, die einen engen Bezug zur häuslichen Domäne haben: in Wäschereien, bei Botendiensten, als Kellnerinnen oder Küchenhelferinnen (Bernstein 1985). Selbst Schwarzen Frauen, die eine höhere Bildung genossen hatten, blieben auf Grund der rassistischen und sexistischen Strukturierung der südafrikanischen Gesellschaft, nur wenige berufliche Möglichkeiten, wie auch das folgende Zitat verdeutlicht:

> "I remember being a child, I said, I want to be a judge. And my dad said to me, I'm sorry my child, that's not for you. You are a woman and you are black: so either a teacher, or a nurse." (Van Louw 2005)

In allen Tätigkeitsbereichen verdienten Frauen generell weniger als Männer und Schwarze weniger als Weiße – Schwarze Frauen standen somit auf dem untersten Ende der Lohnskala. Die Arbeitszeiten waren lang, die Arbeitsbedingungen hart und die minimalen Löhne reichten zumeist nicht, um das Überleben der Familie zu sichern. Zudem waren die beiden Hauptbereiche, in denen Schwarze Frauen beschäftigt waren (in der Landwirtschaft und als Hausangestellte) von arbeitsrechtlichen Maßnahmen ausgeschlossen. LandarbeiterInnen und Hausangestellte waren lange Zeit nicht in Gewerkschaften organisiert und hatten somit weder ein Recht auf Mindestlöhne, Mindestarbeitsstandards, Pensionsvorsorge oder Krankenversicherungen, noch auf Mutterschutz oder Arbeitslosengeld. Industriearbeiterinnen hatten zwar Anspruch auf diese Formen sozialer Sicherheit, aber in der Regel fanden ArbeitgeberInnen Möglichkeiten diese Bestimmungen zu umgehen (Wittmann 2005). In der Nahrungs-, Textil- und Kleiderindustrie beispielsweise betrug der Durchschnittslohn von Schwarzen Frauen nur 20 Prozent des festgelegten Mindestlohns (Cock 1989).

Eine weitere (indirekte) Gewaltform im Zusammenhang mit Arbeit bestand darin, dass es für die Schwarze Bevölkerung kaum Kinderbetreuungseinrichtungen gab – im Jahr 1980 waren nur für 0,37 Prozent der vier Millionen Schwarzer Kinder im Vorschulalter ein Krippen- oder Kindergartenplatz vorhanden. Schwarze Frauen die einer Erwerbsarbeit nachgingen, mussten somit auf alternative Möglichkeiten (bezahlte Tagesmütter, NachbarInnen, Verwandte oder ältere Kinder) der Kinderbetreuung zurückgreifen – wenn sie keine finden konnten, mussten sie ihre Kinder während ihrer Arbeitszeit unbeaufsichtigt zu Hause lassen (Vukani-Makhosikazi-Kollektiv 1986). Die Sorge um die unbeaufsichtigten Kinder führten häufig dazu, dass die Frauen unkonzentriert waren – gepaart mit unzureichender Schutzkleidung und mangelnder Kenntnis über die benutzten Maschinen oder Chemikalien führte dies häufig zu Unfällen und schweren Verletzungen (Baard 1986).

Bei einem Großteil der Arbeitsstellen gehörten Schläge und Auspeitschungen zur alltäglichen Praxis – vor allem in der Landwirtschaft (Bernstein 1985). Auch sexuelle Belästigungen waren an der Tagesordnung: angefangen von sexistischen Witzen über Berührungen bis hin zu Vergewaltigungen durch Vorgesetzte. Zudem gibt es zahlreiche Berichte darüber, dass manche Jobs nur an Frauen vergeben wurden, die sich bereit erklärten, sexuelle Beziehungen mit ihrem Vorgesetzten einzugehen (Cock 1989).

Resümee

Südafrika war in der Ära der Apartheid durch zahlreiche Formen sexualisierter Gewalt geprägt. An dieser Stelle soll nun die eingangs angekündigte Bezugnahme auf das Klassifikationsschema von Amesberger et al. (2004) gemacht werden, um so eine weitere Differenzierung dieser verschiedenen Formen von Gewalt vorzunehmen. Die jeweilige Bezeichnung richtet sich dabei auf ihre primäre Ausrichtung auf Frauen als Frauen oder auf Frauen als Repräsentantinnen/Symbole einer bestimmten Gruppe. Als passend erweisen sich vor allem die Kategorien der sexualisiert-frauenfeindlichen und der sexualisiert-rassistischen Gewalt, auf die ich daher in der Folge näher eingehen werde.

Sexualisiert-frauenfeindliche Gewalt – wie sie sich in Südafrika in vielfältiger Weise[8] findet – bezieht sich in erster Linie auf direkte/personale Formen von Gewalt – man versteht darunter jene Methoden, die tätlich bzw. körperlich oder verbal die Grenzen von Frauen überschreiten, indem die Intimsphäre, die sexuelle Integrität und das Geschlecht einer Person in demütigender Art und Weise angegriffen werden.

> „Bei der Anwendung sexualisiert-frauenfeindlicher Gewalt liegt das Interesse des Täters vorrangig darin, die Frau(en) zu erniedrigen, auf ihren Körper zu reduzieren, die psychische und physische Existenz des Opfers zu bedrohen, Macht zu demonstrieren, die Solidarität der Frauen zu negieren sowie das aktuelle und zukünftige Erleben ihres Körpers untrennbar mit der erfahrenen Gewalt zu verbinden." (Amesberger et al. 2004: 328)

Sexualisiert-frauenfeindliche Gewalt kann in Kriegs- oder kriegsähnlichen Situationen auch eine politische Botschaft transportieren: Vergewaltigungen können dazu dienen, die männliche Macht der dominierenden Gruppe für alle Männer und Frauen sichtbar zu machen oder patriarchalische Strukturen zu verfestigen – Vergewaltigungen sollten die Macht und Dominanz über rassistisch erniedrigte Frauen demonstrieren.

Unter sexualisiert-rassistische Gewalt fallen alle direkten und indirekten Gewaltformen, deren Methoden von den TäterInnen zwar nach dem biologischem Geschlecht des Opfers gewählt werden, aber nicht das Geschlecht sondern die Metaebene „Rasse" ist entscheidend. Hierzu zählen Zwangssterilisationen, Zwangsabtreibungen, erzwungene Befruchtung und andere Methoden zur Erreichung bevölkerungspolitischer Ziele. Diese Form sexualisierter Gewalt richtet sich gegen Frauen als Repräsentantinnen und Symbole einer verfolgten Gruppe, die stellvertretend gedemütigt, schikaniert oder ermordet werden. Sie richtet sich allerdings auch gegen Frauen, die sich der rassistischen Bevölkerungspolitik widersetzen.

Zu den zahlreichen sexualisiert-rassistischen Gewaltformen des Apartheidsystems zählt auch die extrem schlechte Situation in den Schwarzen Gefängnissen, ebenso wie das unterschiedliche Maß bei der Bestrafung von Vergewaltigern nach Hautfarbe von Tätern und Opfern, die generelle Situation am Arbeitsmarkt, die Lebensbedingungen in den *Bantustans* oder Bestimmungen hinsichtlich Geburtenkontrolle und Abtreibung. Auch sexualisierte Gewalt als südafrika-

---

8 Angefangen von den Ehegesetzen über Vergewaltigungen, bis zu sexistischen Witzen, sexueller Belästigung am Arbeitsplatz oder häuslicher Gewalt.

nische „Ermittlungsmethode", die überwiegend bei Frauen eingesetzt wurde, fällt unter diese Kategorie.

Zusätzlich zu diesen beiden Gewaltformen ist im südafrikanischen Kontext eine weitere Form höchst relevant, nämlich die sexualisiert-ökonomische Gewalt: der Ausschluss des Großteils der erwerbstätigen Schwarzen Frauen von arbeitsrechtlichen Maßnahmen, die geringen Möglichkeiten zur Kinderbetreuung und die hohe Lohnkluft zwischen Männern und Frauen in gleichen beruflichen Positionen sind eine Art sexualisierter Gewalt, die auf manifest-physischer Ebene genauso vorkam wie auf manifest-psychischer, latent-physischer und latent-psychischer. Viele Schwarze Frauen waren (und sind) allein erziehend, oder aber die einzigen VerdienerInnen der Familie und somit die Hauptverantwortlichen für die Ernährung der von ihnen abhängigen Personen. Auf Grund der für sie zur Verfügung stehenden beruflichen Positionen und der extrem niedrigen Löhne, die ihnen gezahlt wurden, war es fast unmöglich, die Familien zu erhalten. Dank der hohen Arbeitslosenrate hatten ArbeitgeberInnen die Möglichkeit, Schwarze Frauen zusätzlich zu schikanieren und zu erpressen. Ein nicht außer Acht zu lassender Aspekt ist hierbei auch der erschwerte Zugang zu Bildung, der vor allem Schwarze Frauen betraf. Somit war im Südafrika der Apartheid die sexualisiert-ökonomische Gewalt sehr eng mit sexualisiert-rassistischer Gewalt verknüpft. Aber auch Weiße Frauen erhielten für gleiche Arbeit weniger Lohn als ihre männlichen Kollegen, weswegen sexualisiert-ökonomische Gewalt eine eigenständige Kategorie bilden sollte.

Gewalt, und zwar massive Formen sexualisierter Gewalt in ihren unterschiedlichsten Formen, gehört/e zum Lebensalltag aller Südafrikanerinnen (vor allem der Schwarzen) – ein Faktum, das sich auch heute, mehr als ein Jahrzehnt nach Abschaffung der Apartheid, nicht wesentlich geändert hat. Eine genaue Analyse der geänderten Formen von Gewalt aufgrund der neuen Verhältnisse steht allerdings noch aus.

Bibliographie

Antrobus, Peggy. 2004. The Global Women's Movement. Origins, Issues and Strategies. London, New York.

Amesberger, Helga, Katrin Auer und Brigitte Halbmayr. 2004. Sexualisierte Gewalt: Weibliche Erfahrungen in NS-Konzentrationslagern. Wien.

Baßmann, Winfried (Hg.). 1978. Menschenrechte in Südafrika: Perspektiven von Widerstand und Unterdrückung. München.

Baard, Francis. 1986. My spirit is not banned. Harare. http://www.sahistory.org.za/pages/library-resources/online%20books/baard/intro.htm (Zugriff: 19.3.08).

Bernstein, Hilda. 1985. For their triumphs and for their tears: Women in the Apartheid Society. London: International Defence and Aid Fund. http://www.anc.org.za/books/triumphs.html (Zugriff 19.3.08).

Cock, Jacklyn. 1989. Maids and Madams: Domestic Workers under Apartheid. London.

Fisch, Jörg. 1990. Geschichte Südafrikas. München.

Galtung, Johan. 1975. Strukturelle Gewalt. Beiträge zur Friedensforschung. Reinbek bei Hamburg.

Hagemann-White, Carol. 2001. Gender-Perspektiven auf Gewalt in vergleichender Sicht. In: Hagen, John und Wilhelm Heitmeyer (Hg.). Internationales Handbuch der Gewaltforschung. Wiesbaden, S. 124-149.

Jaenecke, Heinrich. 1989. Die weißen Herren: 300 Jahre Krieg und Gewalt in Südafrika. Hamburg.

Joseph, Helen. 1987. Allein und doch nicht einsam: Ein Leben gegen die Apartheid. Reinbeck bei Hamburg.

Khumalo, Maureen. 1986. Wer auch immer die Familienplanung ausgedacht hat. In: Vukani-Makhosikazi-Kollektiv (Hg.). Frauen in Südafrika: Ein Bild-Text-Band. Köln, S. 185-190.

Landis, Elizabeth S. 1973. Apartheid and the disabilities of African Women in South Africa. In: United Nations Centre against Apartheid: Notes and Documents. Special, Dezember.

Marx, Christoph. 1998. Im Zeichen des Ochsenwagens: Der radikale Afrikaaner-Nationalismus in Südafrika und die Geschichte der Ossewabrandwag. Studien zur Afrikanischen Geschichte Band 22. Münster.

Mandela, Winnie. 1988. Ein Teil meiner Seele ging damals mit ihm. Reinbek bei Hamburg.

Mezgolits, Martina. 2008. Zwischen multipler Unterdrückung und politischem Widerstand: Schwarze Frauen und Apartheid in Südafrika. Eine theoretische Analyse aus feministisch-anthropologischer Perspektive. Diplomarbeit. Universität Wien.

Mischkowski, Gabriele. 2004. Sexualisierte Gewalt im Krieg – eine Chronik. In: Medica Mondiale e.V. (Hg.). Sexualisierte Kriegsgewalt und ihre Folgen: Handbuch zur Unterstützung traumatisierter Frauen in verschiedenen Arbeitsfeldern. Frankfurt am Main, S. 17-56.

Plumelle-Uribe, Rosa Amelia. 2004. Weiße Barbarei: Vom Kolonialrassismus zur Rassenpolitik der Nazis. Zürich.

Riches, David. 1986. The Anthropology of Violence. Oxford.

Ders. 1991. Aggression, War, Violence: Space/Time and Paradigm. In: Man (N.S.) 26: 281-298.

Röhrs, Stefanie. 2005. Vergewaltigung von Frauen in Südafrika. Primäre, Sekundäre und Tertiäre Viktimisierung. Würzburger Schriften zur Kriminalwissenschaft. Band 21. Frankfurt am Main.

Runge, Erika. 1987. Südafrika: Rassendiktatur zwischen Elend und Widerstand. Protokolle und Dokumente zur Apartheid. Reinbeck bei Hamburg.

Schäfer, Rita. 2005. Im Schatten der Apartheid: Frauen-Rechtsorganisationen und geschlechtsspezifische Gewalt in Südafrika. Münster.

Schmidt, Elizabeth. 1983. „Now you have touched the women!": African Women's Resistance to the Pass Laws in South Africa 1950-1960. United Nations Centre against Apartheid: Notes and Documents, No 6, März.

Sum, Ngai-Ling. 2000. From Politics of identity to politics of complexity. In: Ahmed, Sara, Jane Kilby, Celia Lury, Maureen McNeil and Beverley Skeggs (eds.). Transformations. Thinking Through Feminism. London and New York, pp. 130-144.

Unterhalter, Elaine. 1983. South Africa: Women in Struggle. In: Third World Quaterly 5 (4): 886-893.

Vukani-Makhosikazi-Kollektiv (Hg.). 1986. Frauen in Südafrika: Ein Bild-Text-Band. Köln.

Weiss, Ruth. 1989. Frauen gegen Apartheid: Zur Geschichte des politischen Widerstandes von Frauen. Reinbek bei Hamburg.

Wittmann, Veronika. 2005. Frauen im neuen Südafrika: Eine Analyse zur *gender*-Gerechtigkeit. Frankfurt am Main.

Wolpe, Harold. 1976. Kapitalismus und billige Arbeitskraft in Südafrika: von der Rassentrennung zur Apartheidpolitik. In: Wellmer, Gottfried u.a (Hg.). Wanderarbeit im südlichen Afrika: Ein Reader. Bonn, S. 99-156.

Zuckerhut, Patricia. In diesem Band. Einleitung: Geschlecht und Gewalt.

Dies. i. Dr. (2011). Feminist Anthropological Perspectives on Violence. In: Ennaii, Moha and Fatima Sadiqi (eds.). Gender and Violence in the Middle East and North Africa. London.

Sonstige Quellen

ANC. 1981. WOMEN IN SOUTH AFRICA TODAY.

ANC-Vertretung in der BRD. 1987. Frauen in Südafrika..

Critical Health. 1983. Rape. No. 9, Mai: 59-62.

Speak. 1986. Rape. No. 10, Februar-April: 13-15.

Speak. 1988. Breaking the silence: women say our men must stop beating us. No. 19, April-Mai: 4-7.

URL 1: http://www.suedafrika-aktuell.de/content/view/20/2/ (Zugriff: 19.3.08)

Van Louw, Christa Dr.: Interview vom 28.10. 2005 in Paarl, Südafrika.

Zuckerhut, Patricia. 2009. Towards a Feminist Anthropological Theory of Violence. Vortrag im Rahmen des "SECOND BI-ANNUAL PACSA MEETING 2009, Austrian Study Center for Peace and Conflict Resolution (ASPR) "Continuities and ruptures between conflict, post-conflict and peace", Stadtschlaining, 9.-11.October 2009.

AutorInnen

Brigitte Fuchs, Dr.[in] phil., externe Lektorin an den Universitäten Wien und Graz. Ihre Forschungsinteressen liegen auf den Gebieten der Intersektionalität von Gender, „Rasse", soziale Klasse, Nation und Ethnizität, der postkolonialen Universalismuskritik sowie der anthropologischen und medizinischen Theoriebildung. Sie ist u.a. Autorin der Monographie *„Rasse', ‚Volk', Geschlecht. Anthropologische Diskurse in Österreich 1850–1960"*, Frankfurt/M.: Campus 2003.

Barbara Grubner, Dr.[in] phil., Kultur- und Sozialanthropologin, Lehrbeauftragte am Institut für Kultur- und Sozialanthropologie und im Rahmen des Masterstudiums Gender Studies der Universität Wien. Arbeits- und Forschungsschwerpunkte: Feministische Theorie, Gewalt und Geschlecht, Migration und Haushaltsarbeit, Sexualität und Tausch. U.a. Herausgabe von: *„Pop-Korn und Blut-Maniok. Lokale und wissenschaftliche Imaginationen der Geschlechterbeziehungen in Lateinamerika."* Frankfurt/M., Berlin, Bern, Bruxelles, New York, Oxford, Wien: Peter Lang Verlag 2003 (gemeinsam mit P. Zuckerhut und E. Kalny)

Gabriele Habinger, Dr.[in] phil., Kultur- und Sozialanthropologin, Lehrbeauftragte an der Universität Wien und anderen Universitäten Österreichs sowie Verlagslektorin und Herausgeberin der „Edition Frauenfahrten". Forschungsschwerpunkte: Fremdrepräsentation und Othering, postkoloniale Theorie; Rassismus und koloniale/imperiale westliche Diskurse in ihrer Verknüpfung mit Gender-Theorien; der soziale und symbolische Raum als geschlechtsspezifische und ethnisierte Kategorie; Geschichte europäischer Forschungsreisen(der) sowie reisende Europäerinnen und ihre soziohistorische (Selbst-) Positionierung. Zahlreiche Publikationen, darunter: *„Frauen Reisen in die Fremde. Diskurse und Repräsentationen von reisenden Europäerinnen im 19. und beginnenden 20. Jahrhundert"*, Wien: Promedia 2006.

Gerlinde Heindl, Mag.[a] phil., studierte Anglistik und Hispanistik in Wien und Barcelona. Sie ist bei British Council Austria beschäftigt und absolviert nebenbei den Masterlehrgang Deutsch als Fremd- und Zweitsprache in Wien. Ihre Diplomarbeit verfasste sie zum Thema der postmodernen Fiktion (Julian Barnes, Peter Ackroyd und Peter Carey).

Jens Kastner, Dr. phil., Soziologe und Kunsthistoriker, lebt als freier Autor und Dozent in Wien und ist wissenschaftlicher Mitarbeiter/Senior Lecturer am Institut für Kunst- und Kulturwissenschaften der Akademie der bildenden Künste Wien. Veröffentlichungen in diversen Zeitungen und Zeitschriften zu Sozialen Bewegungen, Cultural Studies und zeitgenössischer Kunst, koordinierender Redakteur von *„Bildpunkt. Zeitschrift der IG Bildende Kunst."* Arbeitsschwerpunkte: Kunst- und Kulturtheorien, soziale Bewegungen in Lateinamerika. Zuletzt erschienen: *„Die ästhetische Disposition. Eine Einführung in die Kunsttheorie Pierre Bourdieus"*. Wien: Turia + Kant 2009.

Martina Megzolits, Mag.[a] phil., Studium der Kultur-und Sozialanthropologie; Praktikum bei World Vision Österreich; Tätigkeit im Wiener Neustädter Stadtmuseum (Arbeit mit SchülerInnen zum Themenfeld HIV und Aids im südlichen Afrika). Sie schrieb eine Dipomarbeit zum Thema Schwarze Frauen und Apartheid in Südafrika.

Elisabeth Tuider, Dr. phil., ist Professorin für Erziehungswissenschaft mit dem Schwerpunkt "Diversity Education" an der Universität Hildesheim; Arbeits- und Forschungsschwerpunkte: Gender- und Queer-Studies, Postcolonial- und Cultural-Studies, Migrationsforschung, Intersektionalitätsforschung, Qualitative Forschungsmethoden, Soziale Bewegungsforschung, Lateinamerikaforschung. Zahlreiche Publikationen, u.a.: Tuider, Elisabeth/Wienold, Hanns/Bewernitz, Thorsten (Hg.): *„Migration – Arbeit – Geschlecht in Mexiko zu Beginn des 21. Jahrhunderts"*. Münster: Westfälisches Dampfboot 2009

Patricia Zuckerhut, Dr.[in] phil.,Studium der Kultur- und Sozialanthropologie; Senior Lecturer an der Universität Wien und Lektorin an verschiedenen Universitäten Österreichs; ihre Forschungsschwerpunkte sind Feministische Anthropologie, Lateinamerika insbesondere in den Feldern Gewalt, Haushaltsstrukturen und Globalisierung, Beziehungen von Autorität, Macht und Herrschaft (Differenzen und Intersektionen), Weltbilder und Personenkonzepte. Zahlreiche Veröffentlichungen, darunter: *„Pop-Korn und Blut-Maniok. Lokale und wissenschaftliche Imaginationen der Geschlechterbeziehungen in Lateinamerika"*. Frankfurt/M., Berlin, Bern, Bruxelles, New York, Oxford, Wien: Peter Lang Verlag 2003 (gemeinsam mit B. Grubner und E. Kalny)

Printed by
CPI books GmbH, Leck